今村 修
IMAMURA Osamu

植田誠治
UEDA Seiji

岡崎勝博
OKAZAKI Katsuhiro

野津有司
NOZU Yuji

野村良和
NOMURA Yoshikazu

森 良一
MORI Ryoichi

編著

保健科教育学の探究

研究の基礎と方法

大修館書店

まえがき

　洋の東西を問わず、「健康」は人々の最大の関心事の一つであろう。そうした「健康」を対象事象として真正面から捉え、授業として広く展開を図ろうとする、小学校では「体育」という教科の中の「保健領域」、中学校・高等学校では「保健体育」の中の「保健分野」であり「科目保健」が重要でないはずがない。それにもかかわらず、かつては「保健」軽視の風潮が見られ、例えば「雨降り保健」という、「雨が降った時だけ（仕方なく）保健の授業」と揶揄されたりもした。しかし、その原因を外部に求めるよりは、むしろ保健科教育関係者自身にある、との研究姿勢で斯界の先達らは幾多の業績を残してくれていた。

　私たちには、その蓄積を何としてでも継承・発展させなければならないという使命がある、との強い思いが実を結び、2016年4月に「日本保健科教育学会」が設立された。翌年の2017年には、当の学会編により『保健科教育法入門』という書籍も、大修館書店から発刊されるに至った。

　このように保健科教育の学会ができ、保健科教育法のテキストも出版されたことにより、いよいよ保健科教育も新たな胎動を始めたといえるが、「学問」として確立させるための前途はなお険しい。研究対象や研究方法の再吟味を迫られるのはもちろんのこと、親学問である「教育学」や教科内容の基盤となる「関連諸科学」との関係性、あるいは他教科における「教科教育学」との連携など、課題は山積している。特に、近接領域といえる「体育科教育学」への目配りは不可欠である。

　そして、何といっても、当該学問の発展に欠かせないものの一つは、次世代を担う若手研究者の育成・輩出であろう。本書は、まさにそうした人たちに向けて刊行された。全国の大学等に勤務する保健（体育）科教育担当の若手教員、これから保健科教育を担おうとする大学院生らには、本書をぜひ手に取って、保健科教育学の探究にさらに取り組んで欲しいと強く願って編集した。

　本書は、序章に続いて第1部・第2部に分かれている。第1部では、保健科教育学を志し深化させるにあたって、最低限必要と思われる「保健科教育学」の基礎・基本についての論考が中心となっている。第2部では、「保健科教育学」

研究を進めようとする際に、今すぐにでも着手したくなり、かつ実際に着手できるような、具体的な手立てを提供したつもりである。なお、本書の編集にあたっては、日本保健科教育学会に所属している有志によって、ことを進めた。

　省みて、「保健科教育学」への熱い思いの丈に相当程度の自信はあるものの、これまでに積み上げられた「保健科教育学」の水準を凌駕し得たか否かについては、いささか心許ない。しかし、現時点での「保健科教育学」関係者による到達レベルを、外に向かって発信することには、大いなる価値があると考えている。今後の「保健科教育学」発展のための、堅固な足場になることを切に願うものである。

　結びとして、本書の企画の段階から完成に至るまで、労を惜しむことなく大いなるご尽力をいただいた大修館書店の川口修平さんに、心より深甚の謝意を表する次第である。

2020年早春　編集委員一同

CONTENTS

第3章 保健科の学習指導論

第2章 保健授業の実践研究

序章

現代社会における
保健科教育への期待

1. 保健科教育が担うべき役割
2. 保健科教育研究の必要性
3. 保健科教育学の学問的特性

保健科教育が担うべき役割

1●「保健科教育の役割」を明確にする際の留意点

1)「教育」の階層性

　いうまでもないことであるが、「教育」には階層性がある。すなわち「教育」の中には家庭教育や学校教育、社会教育等が含まれる。保健科教育は、学校教育の中の教科（≒授業）の一つとして存在する。そうした構造を有しているのであるならば、いきなり「保健科教育の役割」に言及する前に、まずは、「教育」や「学校教育」の役割を押さえておく必要があるだろう。

　結論を先取りしていうならば、教育の中の、学校教育の中の保健科教育は、それらの階層としての共通的な役割を担い、かつ、一教科として保健科教育独自の役割を持っているはずである。

2)「役割」の多義性

　「役割」を国語辞典[1]で引くと、「それぞれに割り当てられた役目・任務」と書かれている。この言語は、実際には様々な意味内容を含んでいる。例えば、家庭における父親の役割といった時、その意味するところは、家庭における父親の存在意義・意味・根拠などでもある。場合によっては、何のために父親は存在するのかといった目的性や必要性をも含意している。したがって、「保健科教育の役割」を論ずる際には、こうした言語（「存在意義・意味・根拠」「機能」「目的」[*1]「必要性」等）への目配せも重要となる。後で述べるように、事実、ほぼ同じ内容を論じていても、過去の文献にはそれらの言語が混在している。

2●教育の役割

1)「教育」とは

　「教育」を完全に解明し、明確な定義を導き出すことが本節の趣旨ではない。

この後展開する論を読み進めるにあたって、当面、共通に認識しておいた方がよさそうな「教育とは何か」を粗描しようとしている。教育に携わる全ての人において、この問いかけは常に意識しておくべきである。

多くの識者は、教育を広義と狭義に分けて考えている。広義には、人間形成に影響する全ての作用と捉えられ「無意図的教育」とも呼ばれる。狭義には、一定の目的を持って対象者に、意図的・計画的・継続的に働きかける営みを指す。学校教育・各教科・保健科教育は明らかに後者であり、本節では（多くの場合、第2章以降においても）、教育を狭義に捉えることを前提としている。

2) 2つの「教育の役割」

柴田は、「教育なしに個人の成長・発達はありえないが、それとともに社会の持続・発展のためにも教育は不可欠である」[2] と述べている。相澤は、「教育の機能・役割とはどのようなものなのかを考えてみよう。そうすると、われわれは『文化の伝達』と『発達の助成』というキーワードにたどり着く」[3] という。さらに平井は、「子ども個人の幸福や自由、可能性を増大させるために教育する、という目的は、個人に向けている意味において、〈個人志向的な教育目的〉と呼べる。対して後者のように、社会を維持したり発展させたりするために子どもを教育する、という目的は、個人というよりも、社会に意識を向けている意味において、〈社会志向的な教育目的〉と呼ぶことができる」[4] と指摘している。

これらの論考から読み取れるのは、教育の役割（目的・機能）は2つに大別され、個人の成長・発達を促し助成する個人志向の役割と、社会や文化の持続・発展を企図する社会志向の役割とがある、ということである。当然のことながら、保健科教育も両者の一翼を担っているわけである。

3 ● 学校教育の役割（法的な位置付け）

柴田は別の著書で、「人は、社会の構成員として必要な労働能力やコミュニケーション能力などの社会的能力を教育によって身につける。したがって、教育のあり方は、社会の統治者にとって重要な関心事とならざるをえない。国民教育は、政治家にとって社会統治の一手段にほかならない」[5] と述べている。まさに意図的・計画的・継続的に行われる学校教育は、国からの一定程度の制約（コントロール）を受けざるを得ないのである。

そこで、法体系の中で、学校教育がどのように位置付けられているのかを、一通り概観しておこう。日本国憲法においては第26条第1項で、「すべて国民は、

法律の定めるところにより、その能力に応じて、ひとしく教育を受ける権利を有する」とされている。教育は、基本的人権の一つとされ、子どもの学習権を保障するという側面を持っているところが重要である。

　教育基本法では、第1条（教育の目的）において、「教育は、人格の完成を目指し、平和で民主的な国家及び社会の形成者として必要な資質を備えた心身ともに健康な国民の育成を期して行われなければならない」としている。先に述べた個人志向（人格の完成）と社会志向（国家及び社会の形成者）の両方の教育役割（目的）が含まれていることがわかる。また、「心身ともに健康な国民の育成」という文言も、保健科教育にとっては重要な意味を持ち、存在根拠の一つともされる。

4●保健科教育の役割

1）これまでの主な論考

　比較的多くの研究者によって保健科教育研究が盛んに行われ出したのは、1970年代に入ってからである。ここでは、それ以降、保健科教育の役割（目的等）をめぐって、どのような論が展開されてきたのかを、時系列的に概観する。

　1974年、日本教職員組合は、『私たちの教育課程研究』を著し、その中で、「保健教育の役割と目標」と題し、「子どもたちをそのような科学的判断ができ、身体の権利を主張し、みんなと連帯していける人間に発達させていくことが保健教育の役割だといえる」[6]と述べている。

　同じく1974年に大塚は、保健科教育の目的を、「まず『健康』というものに対する知識を開発してこれを理解し、正しい健康認識に立って、どのようにしたら個人としてもまた自らが参加する集団もともに健康を獲得することができるかということに努力を惜しまない、そして到達した健康を保持し、さらに増進するための能力を児童・生徒の中に培っていくということである」[7]といい、その後、①健康の理解、②健康への到達、③健康の保持増進、という3つを表に掲げている。

　1981年、小倉は、「学校保健教育の位置と役割」という章の中で、「学校保健教育の効果を期待できる、そして学校教育にしか果たせない目標は何かということになれば、やはり知識と知的能力に焦点をおくべきであると考えられる」と語り、その後、「適用能力や実践的能力を認識に含めるならば、保健の主たる目標は、『保健の科学的認識の発達』であるといってもよいと思われる」[8] *2 と

している。

1996年、森は、雑誌『体育科教育』誌上で、「保健科教育課程の歴史的変遷の推移を概観し、その時々に保健科教育が担ってきた基本的性格（役割）があることを述べた。…（中略）…教科としての保健科の存在根拠といってもよいであろう。次の3側面である」と述べた後、

(1)社会を構成する一員として健康に関わる公共的責任を積極的に担う市民を育成する保健科

(2)保健科学教育（健康〈問題〉現象を把握し解明していく方法の学習）としての保健科……教科主義

(3)現実の健康問題の探求（健康問題の解決）としての保健科……生活主義

とし、「これらの3側面（層）は、その軽重は別として、保健教科の存立根拠としてつねに担わなければならないと考える」[9]と記している。

また和唐は、2002年、「現代社会における保健科教育への期待」という節において、①生活習慣病への対応、②ヘルスプロモーションへの対応、③青少年の健康問題への対応、④健康リテラシーへの対応、と4つを示した上で、「保健科教育の成果は、それを学ぶ個人に止まるものではない。エイズや環境の学習に象徴されるように、それを学ぶことは、今を生きる世界の人々や、まだ生まれていない未来の人々との関係性を学ぶことでもある。保健科教育を学ぶことや教えることは、時間的にも空間的にも、広がりと他者とのつながりをもつ可能性があるということを意識化することで、個体能力主義を脱却する健康教育としての保健科教育の新たな役割と地平が開けてくる」[10]と述べている。

2010年、家田は、「保健教育の役割と歴史」という章の中で、大要、「心身ともに健康な国民の育成という目的達成のための保健、健康なライフスタイル獲得のための保健、責任ある市民としての行動がとれるための保健」[11]という論を展開している。

最後に黒川は、2016年、「保健科教育に期待される役割」という項において、おおむね、「環境などの変化に対応でき、生涯を通じて健康を保持増進することができるようにするための保健、国の施策としての保健、保護者からの期待としての保健」[12]の必要性・重要性の高まりについて述べている。

2) 現代における「保健科教育の役割」

先にも触れたが、学校教育には、人々の様々な権利を保障するという重要な役割がある。それは例えば、教育権であり学習権であり、生存権であり発達権であり、健康権や環境権でもある。このことについて森は、すでに1974年、「『国

民保健の課題』をにないうる主権者の形成をこそ、保健科教育の出発点におかなければならない」[13]と指摘している。こうした考え方を踏まえつつ、これまでの論考を参考にしながら「保健科教育の役割」を整理すれば、以下のようになるだろう。

(1)諸権利を保障し、かつ世界の健康課題に積極的に関われる主体的な人間を育成するという役割。

(2)保健の科学的な認識を発達させ、健康課題を論理的に考えられる人間を育成するという役割。

(3)様々な健康課題に対し、自ら的確に判断し行動できる能力を有する人間を育成するという役割。

　結局、端的にいうならば、個人にとっても社会にとっても大切な「健康」の獲得・保持・増進という役割を、認識の面から中心的に担っているのが保健科教育であり、子ども自身と社会の、現在と未来とにその責務を負っている。保健科教育のより一層の充実のためにも、基盤となる「保健科教育学」のさらなる発展が望まれる所以である。

（今村　修）

注

*1　「目的」と「目標」は区別すべきである。一般に「目的」は、「的」すなわちターゲットの存在が前提とされ、「～のために」という意味を含む。一方「目標」は、多くの場合、「目的」の下位概念とされ、目的実現のための方向性や到達度（方向目標・到達目標）を示す。次章で「保健科の目標論」が展開されることもあり、本節においては、「目的」のレベルまでしか言及しない。

*2　ここでは「目標」という言語が使われているが、保健科教育研究上、小倉学の論考は重要であり、章のタイトル（第1章「学校保健教育の位置と役割」）との関連から、ここに取り上げた。

引用・参考文献

1)　北原保雄編『明鏡国語辞典　第二版』p. 1748、大修館書店、2011.
2)　柴田義松編『教育学を学ぶ』p. 11、学文社、2004.
3)　相澤信幸『教育学の基礎と展開　第3版』p. 9、ナカニシヤ出版、2015.
4)　平井悠介・滝沢和彦編『教育学原論』p. 37、ミネルヴァ書房、2018.
5)　柴田義松編『新・教育原理　改訂版』p. 5、有斐閣双書、2013.
6)　日本教職員組合編『私たちの教育課程研究』p. 153、一ッ橋書房、1974.
7)　大塚正八郎他編『新・保健科教育法』p. 10、講談社、1974.
8)　小倉学編『中学校保健教育の計画と実践』p. 20、ぎょうせい、1981.
9)　森昭三「教育課程の改訂と健康教育への期待」、『体育科教育』44(10)：p. 16、1996.
10)　森昭三・和唐正勝編『新版　保健の授業づくり入門』pp. 2-8、大修館書店、2002.
11)　家田重晴『保健科教育法　改訂第3版』pp. 33-34、杏林書院、2010.
12)　森良一編『中学校・高等学校　保健科教育法』pp. 8-9、東洋館出版社、2016.
13)　森昭三・小倉学『現代保健科教育法』pp. 104-105、大修館書店、1974.

序章 — 2

保健科教育研究の必要性

　保健科教育の優れた授業実践を実現、普及するには、それを基礎付ける学問あるいは科学としての「保健科教育学」の発展が不可欠である。なぜなら、保健科教育の研究成果が蓄積され活かされてこそ、授業実践の改善・充実が強力に推進されると考えられるからである。しかし、これまでの保健科教育研究の足跡を振り返ると、残念ながら、「学」として確かな道標となるには十分ではないといわざるを得ない。他のいくつかの教科教育に目を向けると、1960年代から蓄積された研究成果のレビューに基づいて「学」の構築の議論が相当に活発になされてきており、例えば『教科教育学の成立条件─人間形成に果たす教科の役割─』（東洋他編、東洋館出版社、1990）などにまとめられたりしている。こうした知見も踏まえた、保健科教育学のさらなる発展が期待される。

　また、保健科教育は、体育科教育との合一的な教科形態として指導されることなどの固有の背景がある中で、保健科教育の研究が体育科教育のそれに比べても乏しい状況であるといわれ、大きな課題となっている。教科「保健体育」の拡充、あるいは「保健科」の成立に向けた確固たる基盤を築く上でも、保健科教育研究の充実は不可欠である。なお、保健科教育研究をより活性化し、強力に推進していくためには、その研究者の養成も重要な課題の一つとして指摘される。

　このたび、保健科教育学について、本書が刊行されたことは極めて意義深く、保健科教育研究の一層の飛躍に大きく貢献するものと思われる。ここでは、保健科教育研究の推進、充実のための具体的な示唆を若干述べたい。

1●他教科の研究に学ぶとともに、保健科教育研究からの発信を

　保健科教育研究を前進させるためには、先行する他教科の研究から学ぶことがまずは推奨される。岩田・野津ら[1]によれば、関連教科の研究動向として、①諸外国とのカリキュラム比較研究や歴史研究による教科の本質論への接近が

多く見られること、②授業研究では、学習指導要領の内容改善を起点とした実証的な研究が多く、対照群の設定や、教師や学習者の多面的な評価指標を用いた検討等がよくなされていること、③担当教師の養成や現職教育に関する実証的研究に基づく教師論が深められていることなどが指摘されている。

　保健科教育研究においては、授業研究、評価及び教師教育等に関する研究が他教科に比べて圧倒的に不足しており、精力的な取組が求められる。また、諸外国の健康教育プログラムの内容について、日本の実情を踏まえつつ教育学的な視点から精選し、再構築を図るなどの研究も重要である。

　さらには、保健科教育の固有性を活かした研究成果を先進的に発信していくことも考えられる。例えば体育科教育研究では、体育実技という学習形態を背景としながら独自の視点で盛んに取り組まれており、体育科教育学の構築に貢献する成果が多く見られる。例えば、高橋らによる「ALT観察法」(1989)[2]や「形成的評価法」(1994)[3]などの開発は、体育授業を科学的に分析することに大きく寄与し、授業研究を発展させたものといわれる。保健科教育では、「主体的・対話的で深い学び」が最近重視される中で、「正解」が一つとは限らない健康課題に関する学習において、他教科でも適用が可能なブレインストーミングやケーススタディなどの指導方法を評価する研究がさらに進められることが望まれよう。

2●授業研究の推進と発表の機会の拡充を

　教科教育研究は、授業実践の発展のために取り組まれるものであることから、保健科教育研究においても、保健授業の改善、充実に直接的に寄与する授業研究をとりわけ重視する必要がある。すなわち、よりよい保健授業のあり方について、実践を通して探究し、その知見を蓄積していくことによって原則を見出していくという実践的研究である。関連教科における授業研究では、例えば授業分析の方法について見ても、質問紙調査等から得られたデータを数量的に分析する方法とあわせて、ディスコース分析や談話分析等の質的な分析方法も近年多用されている。保健科教育の授業研究については、そうした質的な研究が乏しく、また実験的な介入評価による研究なども決して多いとはいえない。

　そもそも保健の授業研究を進める上で、対象となる研究授業の実践が量的にも十分でないことが障害になっていると思われる。まずは、保健の研究授業が実践されなければならないのである。そのための鍵の一つは、担当教師の保健の指導意欲にあると筆者は考えている。保健科教育に関する大規模な全国調

査[4)5)]において、保健の指導意欲に関する仮説モデルを共分散構造分析により
検証した結果、指導意欲が高い教師は、指導する際の準備、適切な評価、指導
方法の工夫など、保健授業の実施状況が良好であることが確認された。そして、
そうした指導意欲は、保健授業に熱心な教師仲間がいること、有用な教材や教
具が容易に利用できること、研修状況が良好であること、養成課程での保健科
教育法等の履修や教育実習での保健授業の指導の状況が良好であること等に
よって支えられていることが明らかにされた[6)]。こうした知見を踏まえながら、
保健授業を担当する教師の指導意欲を高め、研究授業の拡充を着実に図ってい
くことが改善の一つとなろう。

　また、保健の研究授業が活性化しにくい背景には、その成果を公表する機会
が十分に保障されていないことも挙げられよう。例えば、保健体育に関する研
究会や研修会などにおいても体育授業に関するものばかりでなく、保健授業の
発表も必ず取り上げるようにすべきである（第2部第2章第5節「実践研究の
展開④　公開授業研究」参照）。また、保健授業の実践研究の成果を学術雑誌
や専門雑誌等へ投稿する意識の啓発も重要であろう[7)]。

3●学習指導要領の改訂を視野に入れた研究成果の蓄積を

　日本では、各教科等の教育の目標や内容等を示す学習指導要領が約10年ご
とに改訂されており、法的にはその改善、充実が図られてきている。しかし、
より重要なことは、改訂された学習指導要領に基づいて、学校現場ではどのよ
うに実践していくのか、そしてその教育の成果はどうなのかということである。
もちろん、教科教育の研究としては、学習指導要領に関する根源的なあるいは
本質的な研究から、学習指導要領に示された目標や内容等の学術的な検証や目
指す授業の実践化のための実証的な研究まで、幅広く取り組まれる必要がある。

　ところで、保健科教育研究においては、学習指導要領が最も重要な研究対象
であるにもかかわらず、その批判的検討や、あるいはその授業実践や評価に関
する検証は、これまで必ずしも十分ではなかったと思われる。

　2017・2018年に改訂された新しい学習指導要領では、子ども達が身に付け
る資質・能力について「知識及び技能」「思考力、判断力、表現力等」「学びに
向かう力、人間性等」の3つの観点から整理され、各教科等の「見方・考え方」
を働かせて、これらの資質・能力の育成が目指されることとなった。これは、
全ての教科等に共通の視点であり、資質・能力を育成する学びの過程がより重
視されたものであるといえる。2017・2018年改訂のポイントとしては、身に

付けるべき資質・能力を育む「主体的・対話的で深い学び」の実現や、各学校における「カリキュラム・マネジメント」の確立などが挙げられる。

　この新学習指導要領は、小学校では2020年度から、中学校では2021年度からそれぞれ全面実施、高等学校では2022年度から年次進行で実施される。こうした中で、「これからの10年における保健科教育の推進、充実のための研究」の方向性としては、次のようなことが考えられる[8]。

(1)教科等横断的なカリキュラム・マネジメントの実現に向けて、保健科教育と他の教科等との連携に寄与する研究が必要である。また、教科等横断的なカリキュラムによる成果をどう評価するかも重要な課題である。

(2)アクティブ・ラーニングの視点を重視した保健授業の実践とその普及に向けて、主体的・対話的で深い学びの学習展開の授業研究が必要である。また、先導的な授業実践の普及を図るための研究の取組も求められる。

(3)保健の学力の育成に関わって、身に付けるべき資質・能力の評価方法の開発に関する研究も急務といえる。例えばこの点については、他教科等と共通する部分も多くあると思われることから、他教科等の先行知見を参考に進めることも一つの方法と考えられる。

　また、ここで加えて指摘しておきたいことは、2017・2018年改訂のさらに先にある次期学習指導要領での保健科教育のあり方、充実に向けた研究成果を、今の段階からしっかり蓄積していく必要があるということである。それは、今からの学術成果の発信こそが、次の学習指導要領の改訂に重要な示唆を与えるものとなるからである。

　なお、2017・2018年の学習指導要領の改訂に関わって、中央教育審議会の総則・評価特別部会では、各教科を学ぶ本質的な意義についても話題に上がった[9]。そこで例えば、今後の懸念の一つとして教科再編の問題を視野に入れるならば、保健科教育の本質や固有性とは何かについて論究した研究成果は理論的根拠として重要になる。

　いずれ、次期学習指導要領の改訂に向けた保健科教育研究では、これから30年先、40年先の社会において求められる人間像（力）をどのように想定し、その育成にどう貢献できるか、の観点を踏まえて取り組む必要がある。また今後、著しい社会の変化に伴って、授業の形態や教材、さらには学校自体のあり方も大きく変わっていくことが想像される中で、どのような学習指導が可能で、より効果的なのかについての探究も重要な課題となろう。

（野津有司）

引用・参考文献

1)　岩田英樹・野津有司・久保元芳他「教科教育学研究の動向と保健科教育学の課題」、『日本体育学会大会予稿集』57：p. 201、2006.

2)　高橋健夫・岡沢祥訓・大友智「体育のALT観察法の有効性に関する検討─小学校の体育授業分析を通して─」、『体育学研究』34：pp. 31-43、1989.

3)　高橋健夫・長谷川悦示・刈谷三郎「体育授業の『形成的評価法』作成の試み─子どもの授業評価の構造に着目して─」、『体育学研究』39：pp. 29-37、1994.

4)　野津有司・和唐正勝・渡邉正樹他「全国調査による保健学習の実態と課題─児童生徒の学習状況と保護者の期待について─」、『学校保健研究』49：pp. 280-295、2007.

5)　日本学校保健会保健学習推進委員会『保健学習推進委員会報告書─第3回全国調査の結果─』2017.

6)　野津有司・今関豊一・植田誠治他「保健担当教師の指導意欲、実施状況等について─平成16年と平成22年の全国調査の比較から─」、『学校保健研究』53（Suppl.）：p. 233、2011.

7)　日本学校保健会保健学習授業推進委員会『中学校の保健学習を着実に推進するために（平成25年度報告書）』2013（http://gakkohoken.jp/book/ebook/ebook_H250010/index.html#1）

8)　野津有司「新学習指導要領と今後のビジョン」、『学校保健研究』60：p. 4、2018.

9)　文部科学省「教育課程部会総則・評価特別部会（第1回）議事録」2015（http://www.mext.go.jp/b_menu/shingi/chukyo/chukyo3/061/siryo/1365153.htm）

保健科教育学の学問的特性

1●教科教育学の特徴

　教科教育学という学問の特徴として、池野[1] は、「教育学の研究領域であるとともに、教育学から独立した領域であること」「教科教育実践に焦点化し、実践的提案を重視すること」「研究者と実践者が理論と実践、研究と提案の両方を往還し、実践や提案に対して改善・改革を果たすこと」の3つがあると述べている。この指摘は、教科教育学の研究は、教育学研究を補完しつつ独自性を備え、教科教育の理論と実践を往還しながら教科教育実践に貢献するという役割があることを表している[2]。教科教育学の一領域としての保健科教育学では、こうした教科教育学の有する特徴を踏まえて、学問的特性を明らかにする必要がある。

　さて、保健科教育学は学問として、どのような性格を有するものであろうか。いい換えれば、保健科教育学は学問領域上、どのような位置にあるものであろうか。保健科教育学の構築に向けては、こうした学問的特性を明確にすることがその前提として必要となる。

　この問いに関わっては、教科教育学の学問体系についての代表的な知見が参考になろう。例えば、1966年に示された「教科教育学の基本構想案」[3] では、教科教育学は「当該教科に関する基礎科学と教育科学とをふまえて、その教科の目標、内容、及び方法を明らかにし、教授学習過程の理論的実践的研究を行う科学」と定義され、「その教科に関する基礎科学と教育科学との交さ領域に統合的関係位置を占める」と述べられている。また、高久[4] は、教科教育学の構成原理は人間形成にあることから、教育科学と各教科に関する基礎科学との中間領域にあるのではなく、あくまでも教育科学の一部門であることを強調している。

2●保健科教育学の基礎科学とは

　これらを踏まえて、まず保健科教育学において、「教科に関する基礎科学」として位置付く学問分野は何かについて考えてみる。これは、保健科教育において何を教えるかという内容論の議論に関わるものである。例えば、理科教育学では自然科学[5]が、また家庭科教育学では家政学[6]が、従来ではそれぞれ挙げられていた。

　保健科教育でも、例えば1958年改訂の学習指導要領を見ると、医学に基づく内容であったと端的にいえる。しかし近年では、心理学や行動科学などの関連科学に基づく内容が増えてきている。人々の健康課題がますます多様で複雑化する社会の変化の中で、保健科教育学の「教科に関する基礎科学」については、様々な学問分野を包括した健康諸科学として位置付ける必要がある。

　また、科学の発展に伴って学際的な知見がより多く創出されるようになり、"教科の学習内容に関わる基礎科学のボーダーレス化"が一層進んできている。今後は、教科としての保健科教育で教えるべき内容に関する研究を推進していくとともに、他の関連教科とどうつながりながら求められる学力の育成を図っていくかという探究も重要な課題となろう[7]。

　また、保健科教育学の学問的な特性を論じるには、保健科教育で子ども達に「どのような能力を身に付けるのか」という人間形成的な意義から検討することが不可欠である。このことは、保健科教育で「何を」「どう」教えるか、そのために「どのような担当教師を養成するか」などの様々な保健科教育の研究の根幹をなすものである。保健科教育学は教育の視座がなければ成り立つことのない学問であり、保健科教育で育成すべき資質・能力は何かという教科としての存在意義に関する本質的な議論は、今後もさらに深めていかなければならない[7]。

3●固有の研究方法論の再考

　さらに、学問領域が成立する重要な条件の一つとして、その領域に固有の研究方法論が存在することが挙げられる。教科教育研究の方法論については、従来「理論的・規範的研究」と「実践的・実証的研究」からなることが示されてきたが[8]、最近では、社会科学などの飛躍的な進歩に伴い、その研究方法論についても再考が求められている。そうした中で例えば、社会科教育学においては「規範的・原理的研究」「開発的・実践的研究」「実証的・経験的研究」とい

う3つの類型が提唱されている[9]。

「規範的・原理的研究」とは、教科の本質に迫る研究であり、主たる研究の関心は、教科の規範や原理を論じるもの、すなわち望ましい教科のあり方を模索し、それがなぜ望ましいのかを説明するというものである。

「開発的・実践的研究」とは、そうした望ましい教科教育を実現するためにはどうしたらよいのか、という問いに答える研究といえる。具体的には、教科のカリキュラム、教育内容、教育方法、教材、評価等を開発するものである。また、開発した授業等を実践してその有効性を検証し、その結果を踏まえて再吟味することを目的とする研究も含まれる。

「実証的・経験的研究」とは、質問紙法や面接法、観察法、文献研究などの方法によって、経験的事実（データ）を収集して調査を行う研究のことである。

保健科教育学は今日、一つの専門科学として組織化されてきていると思われるが、厳しく見れば、実質的には学問的研究が立ち遅れているといえよう。保健科教育を「学」として、より確かなものにしていくためには、保健の諸科学や教育学との関係、保健科教育学の研究の対象・領域や方法などの学問的な特性を十分理解した上で、価値ある研究の成果を蓄積していくことが期待される。

（野津有司）

引用・参考文献

1) 池野範男「教科教育に関わる学問とはどのようなものか」、日本教科教育学会『今なぜ、教科教育なのか』文溪堂、2015.
2) 山元隆春「教科教育学の研究」、日本教科教育学会編『教科教育研究ハンドブック』教育出版、2017.
3) 日本教育大学協会教員養成課程検討委員会「教科教育学の基本構想案」1966.
4) 高久清吉「教科教育学の基本構想」（リレー討論／教授学の建設・第1回）、『現代教育科学』140:pp. 112-120、1969.
5) 高野恒雄「教授学の構造に基づく教科教育研究―現代の理科教育研究へのアプローチ―」、真野宮雄他編『教科教育学の創造への道標―研究方法論の検討―』pp. 54-68、東洋館出版社、1992.
6) 原田一「家庭科教育学の展望」、『家庭科教育学会誌』1:pp. 13-16、1960.
7) 野津有司「保健科教育学への道」、『体育科教育』63（9）:pp. 18-21、2015.
8) 佐藤園「教科教育研究とその方法」、日本教科教育学会編『教科教育研究ハンドブック』教育出版、2017.
9) 草原和博・溝口和宏・桑原敏典編著『社会科教育学研究法ハンドブック』明治図書、2015.

第 **1** 部

保健科
教育学の
基礎

第 1 章

保健科教育学の基本的性格

保健科教育学の構築

1●保健科教育学の構築

1）実践的課題に取り組んできた保健科教育（法）

　これまでにも、「保健科教育（法）」に関する著書は多くの名だたる研究者達によって上梓されてきたが、「保健科教育学」というタイトルの著書はこれまで存在しなかった。先人達は、これまでなぜ「学」をつけなかったのか、つけないことに意図があったのか、その理由については推測の域を出ないが、次のことが考えられる。既出の保健科教育に関する著書を概観すると、内容論、教材論、授業方法論に関する内容は充実している。これらは教員養成あるいは教師教育という立場から、いずれ保健の授業担当教員となる学生、現職教師に向けて執筆されたものがほとんどであり、教育現場での実践に即した内容といえる。このように実践が強く意識されたからこそ、「学」の文字が入らなかったのかもしれない。

　保健科教育に関する著書が最も多く出版された1970年代は、全国の教員養成系大学で教科教育法の整備が急がれた時期である[1]。そのため、教育方法に関する理論や教育内容の構成についての検討などが盛んに行われ、これらが現在の教科教育を形成する基盤となった。また、この時期は全国の教員養成大学・学部で大学院設置の動きが広まった[2]。それに合わせて学問としての教科教育についての議論が盛んに行われた。日本教科教育学会が設立されたのもこの時期（1976）である（表1）。また、多くの教科ではこの時期を挟んで「○○科教育学」と題する著書が見られるようになり、各教科では学問的位置付けを強く意識するようになった。そのような中で、保健科教育学については、そうした議論が活発になされたかどうかは不明である。あるいは、活発な議論はあったものの、著書や論文など、記録として残されていない、という方が正しいのかもしれない。当時の資料を概観すると、原理、理論、歴史研究などは散見されるが、研究方法論について言及した著書や論文は少ない。そして「保健科教

表1　日本の主な教科教育関連学会の設立状況

教科	学会名称	設立年	教科	学会名称	設立年
国語	全国大学国語教育学会	1950	美術	日本美術教育学会	1951
	日本国語教育学会	1954		大学美術教育学会	1963
社会	全国社会科教育学会	1951		美術科教育学会	1982
	日本社会科教育学会	1952	保健体育	日本体育学会*	1950
数学	日本数学教育学会	1919		日本体育科教育学会	1995
	数学教育学会	1959		日本保健科教育学会	2016
	全国数学教育学会	1994	技術	日本産業技術教育学会*	1957
理科	日本地学教育学会	1948	家庭	日本家政学会*	1949
	日本理科教育学会	1952		日本家庭科教育学会	1958
	日本物理教育学会	1952	外国語	大学英語教育学会	1962
	日本生物教育学会	1957		全国英語教育学会	1975
音楽	日本音楽教育学会	1970	生活科・総合	日本生活科・総合的学習教育学会	1992
	全国大学音楽教育学会	1984	道徳	日本道徳教育学会	1951
	日本学校音楽教育実践学会	1996	全教科	日本教科教育学会	1976

＊　分科会として設置　　　　　　　　　　　　　　　　　　　（今村、2015を改変）

育学」をタイトルとした著書がこの時期に上梓されることはなく、現在に至る。

2) 学問としての保健科教育

　保健科教育について、学問として明確に言及している数少ない著書の一つとして、森の『健康教育学』が挙げられる[3]。書名こそ健康教育学であるが、森も「まえがき」で述べているように、内容は保健科教育につながるものである。そのまえがきで森は、「健康教育と題する書物が幾種類か世に出されてきたが、健康教育の学問的性格を明らかにするに至っていないように思われる。…（中略）…健康教育の独自性、つまり学問的性格が明白になされてこそ、他の学問との生産的協力がのぞめるのであり、健康教育の成果が期待できるものと考えられるからである」と述べている。これは、出版後50年以上を経た現在でも、そのまま保健科教育学の現状にあてはまるのではないだろうか。また、福井も保健科教育学の確立について論考している[4]。福井は、教科教育学の成立過程の文脈の中で「保健科教育学を構築する際の課題原理は教科教育学のそれと一致する」としている。そして、教科教育学と歩調を合わせるように、「保健科教育学は、…（中略）…保健科教育の実践を理論的に裏づけ、指導する原理を提供するものである」と保健科教育学の学問的位置付けについて述べている。

　学問としての保健科教育が再び意識されるようになったのは2000年代に入ってからである。日本体育学会第57回大会保健専門分科会（2006）の一般演題で、岩田ら[5]が「教科教育学研究の動向と保健科教育学の課題」というタ

イトルで発表している。その後、日本体育学会第65回大会保健専門領域（2014）のキーノートレクチャーとして、日本の保健科教育を牽引してきた森[6]が「我が国の保健科教育の課題と今後の発展に向けて―私の保健科教育学への歩みと自省から―」と保健科教育学を明言している。さらに、日本体育学会第67回大会保健専門領域（2016）ではシンポジウムで「保健科教育学への道」として明確に意識した議論がなされている[7]。また、雑誌『体育科教育』では「保健科教育学の構築を求めて」という特集が組まれ、あらゆる視点から保健科教育学の構築に向けて論じられている[8]。このような流れの中、2016年に日本保健科教育学会が立ち上がり、学問としての保健科教育学の探究がスタートした。他教科及び体育と比較して、低調であると指摘され続けてきた保健科教育の実践及び研究であるが、その礎となる学問、科学としての「保健科教育学」の構築によって活性化が期待される。

3) 研究方法論の開発

　学問の構築と発展には、それを支える研究方法論が不離一体であることはいうまでもないが、保健科教育学においては、その研究方法論に関する基礎的研究及び基盤が脆弱であることは否めない。研究方法論の確立とまではいわないまでも、ある程度、当該学問分野で共通認識された方法によって研究が遂行されることが必要である。加えて、他分野などで用いられている方法論の導入や、その応用可能性の検証、新たな方法論の開発などにも積極的に取り組んでいく必要がある。もちろん、これまでにもそうした取組は行われてきたが、やはり他分野に比べると、層の薄さは否定できない。多彩な方法論を活用できれば、一つの事象を多様な方法、多様な視点から捉えることが可能になる。このような考え方は、実験的手法が取りづらい、あるいはデータの取り直しができないような実践（臨床）場面においては特に重要であり、学校で行われる授業はまさにそれである。例えば、質的研究などでよく取られるトライアンギュレーションは、理論的視点、研究方法、データ収集方法、調査者、分析方法を複数化（多元化）することによって、研究の妥当性を高めることをねらいとしている。質的研究と量的研究を組み合わせる混合研究法なども同様である。

4) 実践研究と事例（授業）報告の位置付けと活性化

　保健科教育学の構築に向けて、実践研究及び事例（授業）報告の位置付けの共通認識と確立は必須である。実践、臨床を扱う研究分野においては、多かれ少なかれ、このことに関する議論に時間を費やしており、学会としてその位置

付けを明確にした上で、学会誌を構成している[9)-12]。一方、保健科教育学の分野に関係する学会（日本保健科教育学会、学校保健学会等）においては、実践研究の価値や重要性については認識しながらも、その位置付けは必ずしも確立していない[13]。本分野は実践があってこそ成立するものであり、その活性化のために、まずは研究者の共通認識を図った上で、実践研究及び事例（授業）報告を積み重ねていくことが求められる。参考になるのが、医学分野における症例報告の位置付けである。医学分野において症例報告は重要な位置を占めているが、保健科教育学においても、事例（授業）報告を同様に位置付けることは可能であろう。そのためには以下の整理が必要である。

(1)実践研究と事例（授業）報告を明確に区別し、事例（授業）報告が公表されやすい環境整備を行う。

(2)事例報告についてはフォーマット（テンプレート）を作成し、形式を統一する。

(3)どのような事例報告なら掲載に値するかを明確にする。

(4)データベース化する。

　特に(3)については、その基準化が求められるが、その際も医学分野における症例報告の基準が参考になる[14) 15]。例えば、BMJ Case Reports誌[15]においては、以下の2つの原理に基づいて採否を決定している。

(1)学生や若手医師を含む医療関係者が興味関心を持ち、学ぶべきことがある症例であること。

(2)多くの人が経験しそうにない稀な症例よりも、一般的な傷病に対するこれまでにない処置、診断、倫理的あるいは管理上の挑戦的な取組、あるいは落とし穴や失敗など、学ぶべきことが多くある症例であること。

　上記の整理や基準化については、学会等を中心に議論を進めていく必要があり、その中でも日本保健科教育学会が果たすべき役割は大きい。

2●保健科教育学の構造と固有性

1) 教科教育学の定義と構成

　保健科教育学について論を進める前に、教科教育学の定義と構成について確認しておきたい。

　教科教育学は「学校における教科教育実践を中心に、それにかかわる諸事象を対象とする科学的研究」と定義される[16) 17]。一方、その詳細については、国語科教育学、数学科教育学など各教科教育学の集合体として捉えるのか、そ

れとも各教科とは切り離した、教科教育学という独自の学問分野とするのかは概念規定が定まっていないことが指摘されている[1]。また、一般に支持されている前者の考え方にしても、その構成については、教科内容までを含む広義の捉え方と、含まない狭義の捉え方があり、議論が残る。概念規定については、保健科教育学の構築と発展という本書の目的からは離れるので、ここでは言及しない。もう一つの教科内容を含むのか否か、という議論であるが、保健科の内容は多岐にわたり、その内容によっては用いられる学習方法、学習材も多様であり、それらは常に有機的に結びついている。だとすれば、保健科教育学では、教科内容を含む広義の捉え方で学問領域を構成していく方がよいだろう。

2) 保健科教育学における保健授業

　保健科教育学は、教科教育学の定義[16] [17] に倣うならば、「学校における保健の授業実践を中心に、それに関わる諸事象を対象とする科学的研究」を行う学問といえる。この時、研究内容や方法、学問の広がり方、あるいは時代の要請によっても程度の差はあるだろうが、この学問分野で行われる全ての研究は、保健の授業実践の進歩発展に寄与するものでなければならない。換言すれば、全ての研究成果及び実践によって得られた知見は、保健の授業という形に凝集・集約された上で児童生徒等に伝えられ、彼らの健康の保持増進に資するものでなければならない。また、児童生徒等はいずれ大人になっていくことを考え合わせれば、この学問の目的は、「保健の授業を通して人々のヘルスリテラシーを高め、生涯を通して健康の保持増進に寄与すること」といえる。これは森[3] [18] が指摘する「学問的性格」、あるいは、この学問の存在意義、存在価値を表すものといえる。このことについては、本書序章で今村が「現代における『保健科教育の役割』」としてまとめており、参照されたい。

　ここで「保健の授業」について定義しておくと、従来「(狭義の) 保健学習」と呼ばれてきた、小学校体育科「保健領域」、中学校保健体育科「保健分野」、そして高等学校保健体育科「科目保健」だけではなく、教育課程内で実施される保健授業全てを指す。特別の教科である道徳、総合的な学習 (探求) の時間、特別活動、それ以外の教科の中には、保健と関連性の強い内容、あるいは保健そのものの内容を取り扱う授業が少なくない。保健科教育だけで完結するのではなく、これらの教科等と縦横に、かつ有機的に結び付きながら、これらを包摂した形で保健科教育学を構成する必要がある。

　ただし、注意しなければならないのは、保健教育の中心はあくまでも体育科・保健体育科であることを常に意識する必要があるということである。例えば、

総合的な学習の時間や特別活動で保健の内容を扱うにしても、やはり、体育科・保健体育科との関連性や系統性、相違点（役割分担）などについて意識しながら研究、実践を進めていかなければならない。

3) 保健科教育学の研究領域設定

森[19] は保健科教育研究の課題を挙げ、それらを研究領域と見なして、①国民保健の現状と課題、②保健科教育の歴史、③性格・理念・目標、④内容、⑤方法、⑥評価、⑦研究の進め方、として帰納的に分類している。研究領域の設定の際に、内容で区分しようとすると、その時代の社会的背景や要請によってしばしば変更を迫られることになり、混乱をきたす恐れがある。この点、日本体育学会の体育科教育学専門領域コード表は綱と目を組み合わせて領域を分類しており、参考になる（表2）。また岡出[20] は、教科教育学の研究領域は、それぞれの教科で差異があるものの、共通性を持ち合わせていることを指摘している。それは、①教科教育学の科学論、②カリキュラム論、③学習指導論、④

表2 日本体育学会体育科教育学専門領域コード表

類	綱	目	コード番号	
体育科	カリキュラム論		11	1
教育学	教授・学習指導論		11	2
	体育教師教育論		11	3
	科学論、研究方法論		11	4
	〈注〉	幼稚園		00
	綱と目を組み合わせて	小学校		01
	コード番号とする。	中学校		02
		高等学校		03
		大学		04
		現職教育		05

表3 保健科教育学の研究領域分類表（試案）

A分類（領域）	
a1	科学論（歴史、原理、理論、研究方法、他）
a2	内容論（教授内容、単元、カリキュラム、他）
a3	学習指導論（教授方法、教材・学習材、評価、他）
a4	教師教育（教員養成、現職教育、他）
B分類（対象）	
b1	幼稚園・保育所（幼児・小児）
b2	小学校（児童）
b3	中学校・高等学校（生徒）
b4	大学等（学生）
b5	教師
b6	その他

教師教育論ということである。これらを参考に、保健科教育学の研究を分類するために試案したのが、表3である。A分類として領域をいくつかに分け、B分類として対象を設定し、A分類とB分類を組み合わせて分類番号とする。これを叩き台に学会等で議論を深めることで、保健科教育学構築の一助となることを期待したい。

4) 保健科教育学の対象

　保健科教育学の研究対象として、まずは小学校、中学校、高等学校の児童生徒を中心に据えるのは当然であるが、これに幼児、大学生等を加えるかどうかは議論が必要である。幼稚園においては、当然授業というものは存在しないため、教科教育学も成立しないとする考え方もあろう。だが、小学校においても、1、2年生では幼稚園と同様、体育科の中での保健授業は存在しない。だからといって、小学校低学年は保健科教育学の対象外であると考える研究者、実践者は皆無であろう。小学校低学年においては、内容的には体育科、生活科を中心に、様々な教科にまたがって位置付けられている。（現時点では）授業として存在しないから研究対象とはならない、とするのは、学問領域の狭小化や多様性の喪失につながりかねない。また、これでは研究や学問が制度に準ずることになってしまう。例えば、カリキュラム論や内容論の視点から、幼小の連携を研究対象とすることは十分にあり得ることである。

　大学等においては、授業の名称や枠組みについてはさておき、保健科教育の実践、研究をより積極的に推進すべきであろう。なぜならば、日本全体における健康課題を考えた場合、10代後半から20代にかけてのヘルスリテラシーをいかに向上させるかが大きな鍵となるからである。喫煙率の増加、運動・身体活動の不足、体力低下、睡眠行動の悪化、精神疾患の発症率増加など、多くの健康課題がこの時期に噴出する。ほぼ全ての人が対象となる高等学校までの教育とは違い、大学だけで考えると対象が半分になってしまうが、短期大学、専修学校等を含めると、約75％をカバーすることができる。この層への働きかけを探究することは、保健科教育学の大きな使命なのではないだろうか。

　4年制大学においてはもう一つの課題がある。1991年の大綱化によって、必修4単位だった一般体育において単位数が削減されたり、必修から外されたりする動きが進み、その際、保健に関する講義内容も大きく削減された。これにより、広く一般学生に対して健康に関する知識や情報を提供し、学んでもらう場を失ってしまった。さらには、このことが保健研究者の絶対数の減少にも影響したことは論を俟たない。ただし、ここで求めるのは大綱化以前の状況への

回帰ではない。大学においても保健の授業を積極的に展開することによって、多くの学生がヘルスリテラシーを向上させるための機会を保障すること、そのための基盤となる理念、理論、エビデンス、内容、評価方法などの構築のために保健科教育学が実質的に機能し、寄与していくことを求めたい。

最後に、教員養成、現職教育の課題がある。これは保健科教育学における最も大きな課題ともいえる。詳細については先行研究[21]に譲るが、根本は教員養成段階における指導法や内容研究に関する授業単位数（時間数）が圧倒的に不足している点にあることは、多くの研究者が指摘するところである。この状況を改善していくには、エビデンスの蓄積に加え、関係各所やステイクホルダーに対するアドボカシー活動が必要であろう。そのためにも保健科教育学関係者（研究者、実践家、その他）がそれぞれの場で存在感を増し、発信力、発言力を高めていかなければならない。

5）保健科教育学の研究者養成

保健科教育学の構築のために、避けて通れない大きな課題がある。それは、この学問分野で学位（博士号）を取得できるよう環境を整備することである。これまでは、修士号を取得していれば研究者として認められ、大学教員として採用されてきた。しかし、他の分野ではオーバードクターがあふれ、問題になっている昨今、保健科教育学の分野では逆に学位取得もままならない状況である。このままでは、他分野にますます遅れをとるばかりであり、学問分野の確立どころか、存続も危うい。いうまでもなく、この分野で活躍している研究者には、学位取得者も少なくない。しかし、多くが医学、教育学、体育科学などを専攻し、公衆衛生、学校保健、健康教育などを学位論文のテーマとしており、保健科教育学のテーマで学位を取得している研究者は少ない。無論、これらの学位論文を否定するものではなく、かくいう筆者もその一人である。しかし、肝心要の保健科教育学での学位取得が難しいという現状は一刻も早く改善しなければならない。学位取得者を持続的に自前で輩出できるようになることが、学問分野確立の一つの要件となる。

6）保健科教育学発展のための条件

教科教育学は、学校教育課程の枠組みと密接に結び付いているため、その枠組みが教科の再編や統合などによって変更された場合は、教科教育学もそれに対応せざるを得ない。例えば、1989年の学習指導要領改訂で小学校1・2年生の教科「生活科」が新設されると、1992年には「日本生活科教育学会」が設

立され、2000年に「総合的な学習の時間」が創設されると、「日本生活科・総合的学習教育学会」として再出発し、発展してきている。逆に考えると、教育課程から教科がなくなれば、該当する教科教育学の存在意義は大きく損なわれてしまう。これは教科教育学の宿命であり、他の学問分野とは異なる点である。

しかし、政策等によって存続が左右されるのは、学問分野としては脆弱であるとともに、健全な姿とはいえない。では、それを確固たるものにしていくにはどうすればよいだろうか。まずは、直接関わる児童生徒の健康の保持増進に保健科教育学が寄与しており、それは他教科や個別の保健指導では代替できないということを明確にすることである。ただし、それだけでは不十分である。保健科としての存在意義を示すには、学ぶ価値があることを示さなければならない。それも、概念的・抽象的にではなく、具体的にそのエビデンスを示していく必要がある。

エビデンスを示すのは、何も保健科教育の研究者、実践者に向けてではない。極論をいえば、エビデンスを示さなくても、長年その分野に携わっている専門家にとってはその多くが自明のことであり、わざわざ数字や文章で示す必要もない。エビデンスは、他分野の専門家や実践家、子どもや保護者、一般の人々、国や社会に対して説明したり、説得したりするためにこそ必要である。さらには、児童生徒の将来の健康に対しても、直接的・間接的に影響を与え続けられることを証明していくことである。ここでも具体的なエビデンスが必要である。これらを通して、広く保健科を学ぶ意義が浸透していけば、学問分野として認知されていくであろう。端的にいえば、「保健を体系的に学ぶことが、生涯を通して役に立つことを、広く国民に認知してもらう」ことである。そのために説明したり、説得したり、理解してもらったりするための材料がエビデンスであり、その創出が保健科教育学の大きな役割の一つといえよう。

しかし、保健科教育も含め、教育分野は全体的にこうしたエビデンスの創出という点で不十分であるとの指摘は多い[22]。そのような中、教育分野においても教育経済学、認知科学、疫学などで用いられている様々な理論や研究方法論を応用し、教育の効果を明らかにしようという試みが行われている[22] [23]。保健分野においても、他分野に通じるエビデンスを積極的に創出していかなければならない。それこそが学問の確立と発展につながる最善の道ではないだろうか。

3●体育科教育学との関係

　教育課程の中で同じ教科として位置付けられている以上、保健科教育学と体育科教育学との関係性については常に意識する必要がある。高橋[24]は体育科と保健科（「教育学」ではない）との関係性について「一体化論」「融合論」「分離論」として大きく3つにまとめ、それぞれについて言及している。「一体化論」は体育を健康増進の一手段として捉える考えであるが、体育の概念が大きく変化・拡大し、スポーツの教育的価値が前面に押し出されるようになった今、健康増進の側面だけで体育を捉えることはできない。同様に、保健もヘルスプロモーションの理念を基盤に構成されるようになり、個人のみでなく社会的要因への認識やそれらへの働きかけなども重要視されるようになった。つまり、保健も体育も、かつて衛生教育の枠組みで捉えられていた時代からはその概念が大きく広がったため、一方がもう一方を包摂するような枠組みを構築するのはもはや不可能といえよう。

　「分離論」は保健と体育を切り離して独立の教科とした上で、それぞれ、より充実させ発展を目指すというものであり、現在でも本論を主張する研究者は多く、また、主な当事者である保健体育教師からも少なからず賛同する声が聞かれる。高橋の指摘する通り、それぞれの教科で専門の教員が養成されればその可能性はないわけではない。しかし、現行の制度では「保健」の教員免許状はあっても「体育」の免許状は存在しない。したがって、保健の授業を担当しない保健体育教師の存在は、現状では当然あり得ない。一方、「保健」については単独でも教員は可能であるが、保健の授業時間数を鑑みれば、現実的に難しいことは論を俟たない。養護教諭が担当することも考えられるが、多くの学校で単独配置となっている現状では、授業の一部は可能にしても、全ての保健授業ということになれば、複数配置されない限りこれも難しい。何より、学校現場に要求される教育内容が年々膨らむ中で、その精選と統合が求められており、それと逆行する分離論は現実的ではない。

　残るは「融合論」ということになるが、どのように融合するかが問われる。これについては、高橋は竹之下休蔵の言葉を引用し、その関係性について端的に述べている。つまり、保健と体育の本質的な違いを認めた上で、両者が関われる部分で関わっていくという考え方である。極めて戦略的であり、現実的な案といえよう。保健と体育が関われる内容や方法の詳細についてはここでは言及はしないが、学習指導要領の内容レベルで概観してみても、心身の発育・発達、けがの防止・応急手当、生活習慣と健康など、枚挙に暇はない。実践的に

は、保健と体育で関係性を持たせながら授業を展開していくことは、無理をせずとも自然な流れで実施可能であろう。学問ベースでは、当然多様性が生まれるため、両者の関連性や関わることによる教育効果など、研究テーマの幅は広がる。

　いずれにしても、歴史的、学問的背景の相違や関係性については学問レベルで議論を継続していけばよく、実践の場においては、上記のような議論は脇に置いて、目の前にいる児童生徒に何を学んで欲しいのか、どのように育ってもらいたいのか、といった教育目標を軸にして保健科教育を推進していくことが肝要であろう。　　　　　　　　　　　　　　　　　　　　　　　（上地　勝）

引用文献

1)　小原友行「教科教育学の歴史と成立」、日本教科教育学会編『教科教育研究ハンドブック』pp. 6-9、教育出版、2017.

2)　学制百二十年史編集委員会「第三編第四章第三節三項　大学院修士課程の設置」、文部省『学制百二十年史』ぎょうせい、1992.

3)　森昭三『健康教育学』pp. 6-7、逍遥書院、1967.

4)　福井一明「保健科教育学の確立をめざして」、成田十次郎・森昭三編『保健・体育科教育の革新』pp. 169-187、日本体育社、1974.

5)　岩田英樹・野津有司・久保元芳・上原千恵・渡部基・今関豊一「教科教育学研究の動向と保健科教育学の課題」、『日本体育学会第57回大会予稿集』p. 201、2006.

6)　森昭三「我が国の保健科教育の課題と今後の発展に向けて―私の保健科教育学への歩みと自省から―」、『日本体育学会第65回予稿集』p. 51、2014.

7)　岩田英樹・山田浩平・棟方百熊・物部博文「保健科教育学への道」、『日本体育学会第67回予稿集』p. 64、2016.

8)　和唐正勝・森昭三・今村修・野津有司・岡出美則・森良一・物部博文・山田浩平・小浜明・野村良和・白石龍生「保健科教育学の構築を求めて」、『体育科教育』63(9)：pp. 9-53、2015.

9)　森丘保典「コーチング学における事例研究の役割とは？―量的研究と質的研究の関係性―」、『コーチング学研究』27(2)：pp. 169-177、2014.

10)　市川伸一「『実践研究』とはどのような研究をさすのか―論文例に対する教心研編集委員の評価の分析―」、『教育心理学年報』38：pp. 180-187、1999.

11)　橋本創一他「教育心理学研究に求められる質の高い研究論文とは―実践研究・介入研究のあり方をめぐって―」、『教育心理学年報』52：pp. 221-224、2013.

12)　中山実・植野真臣「教育工学研究の指向性と論文の評価傾向分析の試み」、『日本教育工学会論文誌』30(1)：pp. 1-8、2006.

13)　杉崎弘周・上地勝「EBMからみた保健の『実践研究』の意義と課題」、『体育科教育』66(7)：pp. 34-37、2018.

14)　水野篤「シリーズ：臨床医ならCASE REPORTを書きなさい」、『週刊医学会新聞（医学書院）』3170-3215号、2016-2017.

15)　BMJ Case Reports "Writing and publishing a useful and interesting case report." https://www.bmj.com/company/wp-content/uploads/2019/03/How-to-write-a-Case-Report-DIGITAL-2.pdf、2019年7月アクセス.

16)　森分孝治「教科教育の研究」、広島大学教科教育学研究会編『教科教育学I―原理と方法―』pp. 173–185、建帛社、1986.

17) 中原忠男「教科教育学とその課題」、日本教科教育学会編『教科教育研究ハンドブック』pp. 10-15、教育出版、2017.

18) 森昭三「改めて健康教育を考える─保健科教育は特性を発揮しているであろうか─」、『日本健康教育学会誌』21(4):pp. 334-337、2013.

19) 森昭三「保健科教育研究の領域と課題」、小倉学・森昭三編『現代保健科教育法』pp. 314-318、大修館書店、1974.

20) 岡出美則「教科教育の研究領域のとらえ方」、日本教科教育学会編『教科教育研究ハンドブック』pp. 96-101、教育出版、2017.

21) 物部博文「保健授業を担う教師の養成段階に課題はないか」、『体育科教育』63(9):pp. 32-35、2015.

22) 中室牧子『学力の経済学』ディスカヴァー・トゥエンティワン、2015.

23) R. K. ソーヤー編、森敏昭・秋田喜代美・大島純・白水始監訳、望月俊男・益川弘如編訳『学習科学ハンドブック第2版第1巻 ─基礎/方法論─』北大路書房、2018.

24) 高橋健夫「これからの健康教育に期待すること─教科体育の立場から─」、『体育科教育』44(8):pp. 33-35、1996.

2

保健科教育研究の動向

　保健科教育は、小学校体育科「保健領域」、中学校保健体育科「保健分野」、高等学校保健体育科「科目保健」の教育である。保健科教育研究は、この保健科教育に関係した研究ということになる。その中核になるのは、小学校から高等学校までのよい保健授業を創り出すための研究である。一方、保健は教科としての位置付けが歴史的に必ずしも確立されておらず、そのあり方を多面的に問う研究も必要である。二分法的な発想をとることがよいかどうかは別にして、前者は実践的研究と位置付けられるものであり、後者は基礎的研究に位置付けられるものである。

　2016年に日本保健科教育学会が設立され、保健科教育にいわば特化した研究組織によって研究が進められるようになってきた。ここでの実践的研究と基礎的研究の蓄積が大いに期待される。一方、これまで保健科教育の研究は、日本学校保健学会、日本体育学会、日本健康教育学会、日本教育保健学会、日本思春期学会といった学術団体を中心としながらも、文部科学省、日本学校保健会といった組織、また『体育科教育』『学校体育』『保健の科学』といった雑誌において、さらに研究者個人及び研究団体の著書などによって進められてきている。

　今後の保健科教育の実践的研究と基礎的研究を推進する上では、これまでの保健科教育研究の動向を一つの流れとしてマクロに理解しておく必要がある。そこで本節では、保健科教育研究史の先行研究に学びつつ、保健科教育研究の歴史的な動向を整理する。その上で、それらに続く近年の動向を整理することとする。

1●保健科教育研究の動向を知る必要性

　保健科教育研究を広げ深めていく上で、先行研究の動向を把握し現状を認識することは重要である。それは、それぞれに行われている研究が、あるいはこ

れからそれぞれに行おうとする研究が、保健科教育研究のどこに位置付いているのか、位置付くのか、そして保健科教育研究にどのような意味を持っているのか、持ち得るのかを踏まえることにつながる。そして、一連の研究動向の流れを踏まえることが、研究の意義と限界性を明確にし、研究の価値を高めることにつながるからである。このことは、研究者個人の責任ではなく、保健科教育の学界（アカデミア）の責任である。

　かつて内海[1]は、沢山信一論文「保健教育の目標論」[2]を引き合いに出し、その論文の持つ価値を大いに認めながら、保健科教育研究の動向を探る保健科教育研究史の必要性について鋭く指摘している。少し長くなるが引用する（下線は筆者）。

　　沢山信一論文「保健教育の目標論」は、今日高まっている学力論を保健科の分野で真正面からとりあげたほぼ唯一のものであり、保健科では何をどう教えるのか、「わかる」ことや「できる」ことの具体的な内容は何か等々を目標論を軸として、小倉学と数見隆生の研究を対比している。保健科の目標である「科学的認識」と「自主的実践能力」の育成をめぐって、小倉はその媒介項として「態度」をあげるが、科学的認識の育成と態度の形成とが分離をしている。他方数見は、「実感を伴う認識」を通して、科学的認識の育成過程に実践への態度形成をも内包して展開し、小倉の提起を一歩前進させている、というものである。

　　この沢山の試みは、保健科教育における学力論の今日的到達点を示すものとなっているが、それにもかかわらず、次の二つの点での消極性をもっているように思える。

　　第1に、小倉の研究を検討する場合、その対象が1960年代までのものに限られており、それ以降現在に続くものはふれられていない。小倉自身、現在も積極的な論文を発表しているのであり、70年代以降に活躍をはじめる数見との対応をするのであれば、やはり現在までの論文を含めた小倉の全体系の少なくとも簡単な評価と規定がなされたうえで行われるべきであったと思う。さらに、小倉の「科学的認識と態度形成の分離」という規定には沢山の主観的な読みこみが感じられる。この点での修正がなされるとすれば、沢山の小倉規定は幾分変わらざるをえないであろう。

　　第2に、そして、特に本稿と関係する問題では、1958年から60年代にかけての小倉の研究と、70年代後半の数見の研究とがストレートに対比されていることへの疑問である。後にも検討するように、<u>60年代と70年</u>

代の保健科研究には背景の違いがあり、この両者の研究はそれぞれの時期の典型をさすものの一つである。そしてその時期の特殊性に規定され、規定している。であればこそ、そうした背景とそこでもった意義と限界等の検討を経たうえでの対比が求められているのではなかろうか。

すでに述べたように、この沢山論文の学力論研究としての積極性は、上記の若干の消極性によって消えるものではないが、先行研究の「研究史的位置づけ」という視点の欠如がその消極性の根底にあるように思える。そしてこれは沢山個人の問題にすべて帰着するというよりも、60年代と70年代の研究傾向を十分に意識化しきれてこなかった、保健科のもつ弱点の反映ともみられるであろう。

2●保健科教育研究史の先行研究

保健科教育研究の動向を整理にするために、保健科教育研究史の先行研究に学びつつ検討する。保健科教育研究は、当たり前のことであるが、保健科の変遷に影響を受け規定される。また、保健科の変遷は、学習指導要領の変遷の影響も大きい。そういう意味では、保健科教育研究史は、もちろん成立するに至る前史からの検討も重要ではあるが、保健が教科として成立する時代、すなわち第二次世界大戦後がスタート地点になる。

保健科教育研究の動向を一連のマクロな流れから外れないように、これまでに行われた保健科教育研究史の先行研究を見ていくと、森[3]、藤田[4]、内海[1]、岡崎[5]のものが浮かび上がる。

1）森昭三による研究史の整理

森は、戦後から1970年代前半までの保健科教育研究の発展を5つの時期に区分し、区分年代ごとに主要文献をもとにまとめている。

❶1950年代前半

1949年に学習指導要領（小学校体育編）と中等学校保健計画実施要領（試案）が出され、現場で保健教育を実施しなければならないようになり、そのための指導書、解説書というべきものが文部省関係者によって出された。また、保健科教育の成立がアメリカの影響を受けたこともあって、保健科教育の先進国アメリカのアーウィンやターナーの翻訳本が出された。この時期は、アメリカの健康教育が紹介された程度で、研究はほとんど進められていない。

❷1950年代後半

1950年代前半のような解説書、翻訳書から発展し、保健科教育の実践を踏まえた論文が見られる。特にそれまでの経験主義の保健科教育を批判し、科学的知識と自主的実践能力の必要性と、健康の社会的条件を重視すべきことに論及するものが登場する。それは、保健科教育研究の必要性と方法を明らかにしたともいえる。

❸1960年代前半

1950年代に比べて保健科教育研究も活発化し、注目すべき研究がなされた。小倉学の一連の研究は、子どもの保健認識の研究の必要性と研究方法を明らかにし、保健の教材化と指導法の研究の基礎となっている。日本学校保健学会は、学会として小学校における保健教育のカリキュラムを示した。その他の研究者が保健科教育に関係する本を執筆している。

❹1960年代後半

認識研究を踏まえての保健教育内容の構造化に関する一連の授業研究が注目される。授業研究の対象とされた教材領域は、小倉の5領域試案がもとになっている。また、保健科教育に必ずしも限定していないが、健康を権利として捉えることのできる子どもを育成するのが健康教育の目的であると、健康教育の目的と憲法及び教育基本法との関係を明白にした。小倉は保健教育の目標を再検討し、アメリカのSchool Health Education Studyの保健教材構造化の動向を紹介するとともに、これまでの保健認識の発達と授業研究の成果をまとめた。その他の研究者によって生活教育としての保健科教育を再検討したり、アメリカの健康教育文献をもとにまとめたりした研究が行われている。また、アメリカ教育使節団報告書など貴重な資料を収集した研究もなされた。

❺1970年代前半

この時代に注目すべき研究としては、保健教科書の批判的検討と保健の教材構造化（自主編成）に関するものなどがある。憲法、教育基本法及び国民の教育要求の視点から保健教科書を批判検討したものや、保健の教育課程編成に関しては、5領域試案に基づくものの他、内海和雄の健康を把握する3つの過程（①健康の形成、②健康の破壊、③健康の解放）から保健科の全体構造を捉えようとする試みも注目される。さらに、保健科教育のあり方として、特に保健科教育を体育科教育とは分離し、科学教育の一領域として位置付けて論じ、「実験授業」の必要性とその方法を明らかにした。内海は、保健科教育の研究法に関して、教育学の研究法に学びながら、現代的課題の意義と保健教育研究者の課題と方法の究明について論じている。

*

　このように森は、年代別に主要文献をもとにして、保健科教育研究の発展を概観した。保健科教育研究は1960年代あたりから活発になってきたこと、しかしその頃は外国の保健教育の紹介、教育学一般の理論の導入、適用の段階であったことを指摘している。また、保健科教育研究の特徴として、他教科の研究とは異なり、学校保健の研究と教科教育研究との両方の領域の研究として位置付けられていること、そして最後に保健科教育研究が常に立ち遅れているという弱点を持っていることも指摘している。

　また、藤田は1977年に、森の作業を受け継ぐ形で必要な基本文献を整理・解題し、保健科教育論の系譜の素描と「論」としての時代区分を試み、次の5期に区分している。

(1)1945〜1949年：敗戦後の教育改革と保健科の成立——体育科・衛生から保健体育科・保健へ

(2)1949〜1957年：「新教育」と健康教育——「保健計画実施要領」の解説と展開

(3)1958〜1966年：学習指導要領の解説と保健教育批判の萌芽

(4)1967〜1971年：保健教育批判の展開と理論形成への自覚

(5)1972年〜：保健教育の模索

2) 内海和雄による研究史の整理

　内海は、森、藤田の論文に基づき、かつ保健科教育研究が保健科の実践や行政の諸施策等との関わりのみでしか存在し得ないことが自明であることを踏まえた上で、保健科教育研究独自の発展の仕方もあるのではないかという問題意識を持ちながら、研究史を次の3期に区分している。

❶教科確立の研究と普及（戦後〜1958年学習指導要領改訂まで）

　「この時期の研究は、もっぱら文部省関係者に限られていた。しかも彼ら自身、これまでにないものを新たにつくりだしてきたのであったから。米国のものなどを参考にしながら、いろいろと思考錯誤を繰り返してきたことは想像に難くない。この時期の研究の特徴の一つは保健科の制度的確立であった。他の一つはその中味である保健科内容の確立であり、と同時に活発な普及活動であった。そしてこうした普及の効果が、次の発展の基盤となっていったのである。」

❷内容の構成原理と教育課程研究（1958年学習指導要領〜1970年代初頭）

　「1956年の高等学校学習指導要領改訂にともない、高校の保健科が学習指導要領下に入った（中学校の学習指導要領改訂は1958年）。中学・高校ともに、

教科観としては依然生活経験主義を編成原理としているが、すでに他教科で圧倒的であった系統主義の影響もみられた。以後は、それまでの大勢であった生活教科から、科学的知識の系統的学習へと少しずつ比重を移していく。58年以降は、小学校高学年も加わり、保健科の制度的な点はより確立する。しかも系統主義へという教育全体の流れは、学習指導要領に入った保健科をもおおっていく。教科とはそれを成立せしめる文化基盤・体系に支えられ、その体系が教育内容とその構成原理となるのが一般的である。保健に関係する諸科学の成果を、保健の内容として構成するための論理、原理が要求される。他方、小学校高学年での保健の設置にみられるように、あるいは中学・高校における系統主義化へという変化の中で教育課程の確立と安定も課題として迫られる。」

❸授業研究・理論研究 （1970年代初頭〜）

「それまでが、構成原理の究明と教育課程研究にその重点があったとすれば、この時期は楽しく、生き生きとした保健の授業の創造が中心となってくる。構成原理や教育課程の追究が深まりつつも、やはり実践現場には十分届くものとはなっておらず、『保健の授業は難しくていやだ』とか『授業のイメージが湧かない』という多くの保健科担当教師の声により一歩接近して、具体的な授業の場面に届きうる諸研究へと進んできた。『保健教材研究会』『宮城保健体育サークル』『岡山保健体育サークル』等の活動や『学校体育』誌や『体育科教育』誌での連載も進んだ。

他方、小倉の継続的な理論研究、東大院生の保健教育研究ゼミの成果の発表により研究課題や方法論の提案、実践史や政策史の研究といった理論的研究も進められてきた。これには、研究者養成（東大、東教大（筑波大））に大学院が設置されたことも関係している。」

*

内海のこの3区分は、非常に明快であり、保健科教育研究の発展史をわかりやすく示している。保健科教育について、アカデミックなレベルで検討を進めてきた日本学校保健学会の学会シンポジウムのタイトルを追うと、「教科としての保健教育」(1979)、「保健科の教育内容をめぐって」(1982)、「学校保健教育の現状と課題─保健の授業と教育課程を考える─」となっている。また、日本学校保健学会の学会誌の特集のタイトルとそこに書かれた論文タイトルを追うと、『特集：保健の教材研究』「概念による保健教育内容の構造化」「保健の教材つくり」(1979年6月)、『特集：保健科教育』「学習指導要領の変遷と内容構成」「保健科教育内容の構成原理とその理論検討の必要性」(1979年12月)、『特集：保健授業の進め方（高校）』(1981年12月)、『特集：保健授業の

進め方（中学）』（1982年1月）、『特集：ヘルス・インストラクション＆ラーニング』（1989年6月）であり、やや時期は異なるものの3区分の流れ、特に保健科教育の研究が、内容の構成原理と教育課程中心のものから授業研究中心に変わってきたことは明らかである。

3) 岡崎勝博による研究史の整理

　岡崎は、内海の論文を参考にし、それ以降の動向を加えながら、雑誌『体育科教育』の論稿を中心として、保健科教育研究の変遷を次の5期にまとめている。

(1)教科確立への研究と普及（戦後〜1958年指導要領改訂）
(2)内容の構成原理と教育課程研究（1958年〜1970年代初頭）
(3)教材づくり研究とその普及（1970年代）
(4)「授業書」研究とその普及（1980年代）
(5)実践力育成の時代（1990年代）

　内海の1985年の論文以降である第4期「授業書」研究とその普及では、保健科教育研究の中で「授業書」方式の果たした役割を、教材づくりの方法論を明確にしただけではなく、「授業書」の持つ再現可能性と伝達可能性によって保健体育教師に広く受け入れられるとともに、授業研究の方法論にも貢献したことを明らかにしている。そしてこの時期には、保健科教育の授業観が「わかる授業」から「楽しく・わかる授業」に転換したことや、教授行為の研究が保健授業づくり研究の対象と位置付けられたことも指摘している。そして、第5期では、保健科教育において実践力を身に付けることの重要性が検討され、その賛否に関わる研究がなされ始めたことを指摘している。

＊

　森、藤田、内海、岡崎による研究史の先行研究から、保健科教育研究は、まず保健科教育そのものの存立に関わる研究に始まり、やがて教育課程の中でも特に保健科では何を教えるべきであるかという研究に進み、その後授業研究に焦点があてられてきたという流れが見てとれる。

3●1990年代以降の保健科教育研究の動向

1) 行動科学の知見に基づくライフスキルを高める研究の台頭

　1990年前後より、保健科教育のみならず、学級活動や総合的な学習の時間も巻き込みながら、特にアメリカの健康財団により開発された "Know Your Body" というスキル形成をベースとした健康教育プログラムの日本語版が、川

畑徹朗を中心とするJKYB研究会によって開発され推進された。アメリカ疾病予防管理センター（CDC）は1990年から青少年の危険行動（Risk Behavior）という概念を打ち出し、健康や安全に関わる6つの危険行動への対応を強調したが、このプログラムもそれに沿うものであった。そして危険行動に効果的に対処するために必要な心理社会的能力として、目標設定スキル、意思決定スキル、ストレス対処スキル、対人関係スキル、セルフエスティーム形成スキルを身に付けることが中心となっている。その成果は論文発表されるとともに、2000年代の初めまで数多くの本としてまとめられていく。日本学校保健学会においても機関誌『学校保健研究』における誌上フォーラム「21世紀にむけての学校健康教育の再構築」において、ライフスキルの形成を保健科教育の目標とすることや、年次学会においても保健の授業は行動科学に基づくべきかが議論され検討された。

このようなライフスキルを高める教育研究の台頭は、何を保健科教育にもたらしたか。まず、先に示したように岡崎が指摘した実践力育成のための具体的な方法論を明確にしたことが挙げられる。スキルを形成するために児童生徒が取り組む活動や方法論としてのロールプレイングなどが具体的に示される。そしてさらに、スキルの形成がなされているかどうかについて評価し、その方法論の有効性をいわば「可視化」した。短期的な評価のみでよいのかについては検討が必要であるが、実践を評価することの必要性と意義は、その後の保健科教育研究に影響を与え、今日まで引き続いている。

その一方で、このプログラムは教科内だけで行うという発想ではなく、学級活動や総合的な学習の時間など教科の枠を超えて行われるものであった。それゆえ、それぞれの時間の目的や特性を踏まえてマネジメントされたものではなく、結果的に、保健という教科の存在根拠あるいは存在理由を曖昧にしてしまう面があったことも否定できない。換言すれば、限られた保健科教育の時間数において、何をどのように教えていくのかという意味で、教科教育研究としての緊張感が欠けていたともいえる。これは外国でのプログラム開発のプロセスを応用することなく、形式を直輸入的に応用した研究の持つ限界性によるものである。ただし、教科としての保健はどうあるべきかについての問題提起となったことは確かであり、日本での教科再編の議論と相まって、その後の教科の存在根拠に関する研究の活発化につながっていく。

2）教科としての保健を再検討する研究

2000年代に入ると教科としての保健のあるべき姿が強く意識されて研究が

なされていく。日本学校保健学会で行われたシンポジウムのテーマを並べてみると次の通りである。

　　2001年：これからの教科「保健」を考える——教科再編を視野に入れて、私たちは何ができるのか、また何をすべきなのか

　　2002年：これからの教科「保健」を考える——教科「保健」への期待

　　2003年：健康教育——教科再編への展望

　　2005年：現代の健康課題と学校健康教育の役割

　　2009年：これからの保健学習をどう進めるか——新学習指導要領に着目して

　　2010年：変化の時代における保健科教育内容の検討——未来を生きる子どもたちに必要な保健の教養を問う

　これらは、行政の動向を踏まえた、教科としての保健のあり方を問う内容のものである。本論では、前半に研究史研究をまとめる作業を行い、その初期には教科確立とその普及に関する研究が盛んであったことを記したが、2000年代以降においては、教科の役割やあり方を行政との関係性をより密にしながら再検討してきたといえる。また、2000年代には、1998年の教育職員免許法の一部改正により3年以上勤務する養護教諭が、兼職発令を受けて保健の授業を教諭または講師という立場で行うことができるようになったことも関連して、養護教諭が担当する保健の授業についての研究発表が、日本学校保健学会の年次大会において活発になる。このことは、保健を誰が担当するのかという問題提起にもつながっていく。2006年の中央教育審議会答申「今後の教員養成・免許制度の在り方について」、それに続く教職大学院や教員免許更新制度の発足といった教育改革の中で、教員と教員養成の質保証が問われ、保健を教える保健体育教師養成の再検討が始まっていく。2015年には、日本体育学会において保健領域と体育科教育学専門領域の合同シンポジウム「保健体育教師（保健授業と体育授業を担当する教師）教育の課題と未来」が開催された。

　保健科教育研究において、教科のあり方を問う取組は、教育行政との距離を近づけながら今後もさらに進められていくであろうが、政策に基づく研究とともに、政策に提言していくエビデンスベースドの研究が期待される。なお、日本学校保健会保健学習推進委員会による保健科教育における課題を明らかにするための全国調査が行われ、2005年、2012年、2017年に報告書が出されているが、これはその代表的研究と位置付けられる。

3）教育現場に役立つモデル授業開発研究

　2000年代に入り保健科教育において実践力を高める研究も教育行政と関連

を持ちながら進められていく。1999年から日本学校保健会に保健学習推進委員会が設けられ、和唐正勝と野津有司を中心として、現場に役立つモデルを開発する研究が展開されてきた。

2001年には「3・4年生から始める小学校保健学習のプラン」「実践力を育てる中学校保健学習のプラン」「意志決定・行動選択の力を育てる高等学校保健学習のプラン」、2004年には「小学校保健学習の指導と評価」「中学校保健学習の指導と評価」「高等学校保健学習の指導と評価」、2009年には「新学習指導要領に基づくこれからの小学校保健学習」「新学習指導要領に基づくこれからの中学校保健学習」「思考力を重視したこれからの高等学校保健学習」、そして2015年には「小学校保健学習の指導と評価の工夫」「中学校保健学習の指導と評価の工夫」「高等学校保健学習の指導と評価の工夫」が作成され出版されている。これらはいずれも学習指導要領や指導要録に基づきながら、教育場面で応用可能なモデル授業やモデル評価方法などが示されたものである。

文部科学省でも、「わたしの健康」(小学生用)、「かけがえのない自分、かけがえのない健康」(中学校用)、「健康な生活を送るために」(高校用)の教材、あるいは「『生きる力』を育む小学校保健教育の手引き」(同中学校版・高等学校版)といった指導参考資料、新たな教育内容であるがんについて教えるための教材や参考資料が作成されてきた。そしてこれらは、Webからダウンロードして使用できるようになっている。

このように2000年代以降、教材や授業あるいは授業評価のモデルを示す実践的な研究が行政と関係を密にしながら広く展開され、保健授業の普及が図られていった。これらの研究には、研究者とともに教師の参画も見られることから、今後はこのような研究者と実践者の共同作業による研究の推進がさらに期待できる。

＊

以上、これまでの研究史研究で明らかとなった保健科教育研究の流れと近年の動向を整理した。保健科教育研究は、やや機械的ではあるが、よい保健の授業をつくり出そうとするいわゆる実践的研究と、教科を確立するためのいわゆる基礎的研究の2つを深め広げてきたということができる。近年においてもそれは変わらない。今後もこれらの研究の蓄積が必要である。そして、実践的研究は1990年代以降、その効果性を検証する評価を伴った研究がなされてきているが、行政と密接に関わった研究は必ずしも評価を伴っていない。研究者と授業を行う教師が連携を図り、また評価を量的にも質的にも行う研究が期待される。一方、基礎的研究では、歴史研究や比較研究においては、現代の保健科

教育が抱える課題を原点として、その解決という方向性から外れない研究が必要である。

（植田誠治）

引用・参考文献

1) 内海和雄『子どもの身体と健康観の育成―健康教育論』pp. 137-156、医療図書出版社、1985.
   （初出は「戦後保健教育研究史」、東京教育大学・筑波大学健康管理学教室編『子どもの健康と学校保健』pp. 410-426、学習研究社、1984）
2) 沢山信一「保健教育の目標論―科学的保健認識と自主的実践能力の検討―」、『東京大学教育学部紀要』19:pp. 237-247、1980.
3) 森昭三「わが国における保健科教育研究の動向」、小倉学・森昭三編著『現代保健科教育法』pp. 308-314、大修館書店、1974.
4) 藤田和也「戦後保健教育の系譜―文献整理・解題を中心に―」、『一橋論叢』77(1):pp. 100-107、1977.
5) 岡崎勝博「戦後保健科教育小史」、『保健科教育研究』1(1):pp. 2-13、2016.

第**1**章 ── 3

保健科教育を取り巻く制度的条件

1●保健科教育の法的根拠

1）法令の捉え方

　保健科教育はどのような教育制度や教育政策のもとで成立し、実行されているのだろうか。学校教育の中で行われる保健科教育がどのような法令などに基づいて実施されているのか把握しておくことも保健体育教師の基礎教養の一部であるといえよう。本稿では、法律などの「法令」という視点から、日本国憲法及び教育基本法、学校教育法と保健科教育の関連を捉えていく。

　まず、「憲法」は、国家の基本秩序を定める根本規範であり、統治機構や国民の権利・義務などを定めている。そして、国会の議決により成立し、その後国務大臣・内閣総理大臣が署名し、天皇が公布する「法律」がある。その他にも行政機関が制定し、法律の範囲内で定められる「政令」「省令」などの「命令」、さらに、内閣や各省庁などが必要な事項を公示する行為が「告示」であり、国の機関が行う告示は官報に掲載する方法で行われる（表1）。

2）教育基本法と保健科教育

　それぞれの法令が保健科教育とどのような関連があるのか確認する。日本国憲法では、第3章「国民の権利及び義務」の条文として、第25条において「すべての国民は健康で文化的な最低限度の生活を営む権利を有する」と示されている。その精神の下、日本の教育の目標を示している教育基本法では第1条において、「教育は、人格の完成を目指し、平和で民主的な国家及び社会の形成

表1　法令の種類（例）

憲法	法律	政令	省令	告示	通知・通達等
国会	国会	内閣	各省大臣	各省大臣	局長・課長
日本国憲法	教育基本法 学校教育法	学校教育法施行令	学校教育法施行規則	学習指導要領	学習指導要領解説

者として必要な資質を備えた心身ともに健康な国民の育成を期して行われなければならない」と規定されている。また、第2条においても教育の目標として「幅広い知識と教養を身に付け、真理を求める態度を養い、豊かな情操と道徳心を培うとともに、健やかな身体を養うこと」や「生命を尊び、自然を大切にし、環境の保全に寄与する態度を養うこと」が示されており、健康に関する教育はこれらを踏まえたものであるということができる。

3）学校教育法と保健科教育

　学校教育法では、教育の目的が示されている。小学校は「心身の発達に応じて、初等普通教育を施すこと」、中学校は「小学校における教育の基礎の上に、心身の発達に応じて、中等普通教育を施すこと」、高等学校では「中学校における教育の基礎の上に、心身の発達に応じて、高等普通教育及び専門教育を施すこと」という内容である。また、それらを実現するための目標として、法第18条に小学校教育の目標の一つとして「健康、安全で幸福な生活のために必要な習慣を養い、心身の調和的発達を図ること」（中学校、高等学校も同様の記載あり）が示されており、このことからも学校教育の目標にも健康が関連付けられていることがわかる。

　また、学校教育法施行規則において、小学校の教育課程に「体育」、中学校、高等学校の教育課程には「保健体育」が位置付けられている（規則第50条、第72条、第83条）。さらに、各教科等における年間の標準授業時数等が、同規則（第51条、第73条、第84条）によって定められており、これらが保健科教育を実施する法的根拠となっている。

4）中央教育審議会と保健科教育

　中央教育審議会は、文部科学大臣の諮問機関で、文部科学省設置法には「中央教育審議会は、文部科学大臣の諮問に応じて教育、学術または文化に関する基本的な重要施策について調査審議し、及びこれらの事項に関して文部科学大臣に建議する」と定められている。審議会は教育、学術、文化に関する学識経験者を委員とし、30人以内の委員で組織される。審議会の内部組織、所掌事務、委員、議事などについては中央教育審議会令（政令）に定められており、2001年1月の省庁再編に伴い統合、再編された。その後、改編を経て2018年9月現在、4つの分科会が設置されている（表2）。

　2017年3月に告示された、「小学校学習指導要領」「中学校学習指導要領」、及び2018年3月に告示された「高等学校学習指導要領」における体育科・保

表2　中央教育審議会の分科会と主な所掌事務

分科会の名称	主な所掌事務
教育制度分科会	1.　豊かな人間性を備えた創造的な人材の育成のための教育改革に関する重要事項 2.　地方教育行政に関する制度に関する重要事項
生涯学習分科会	1.　生涯学習に係る機会の整備に関する重要事項 2.　社会教育の振興に関する重要事項 3.　視聴覚教育に関する重要事項 4.　青少年の健全な育成に関する重要事項
初等中等教育分科会	1.　初等中等教育の振興に関する重要事項 2.　初等中等教育の基準に関する重要事項 3.　学校保健、学校安全及び学校給食に関する重要事項 4.　教育職員の養成並びに資質の保持及び向上に関する重要事項
大学分科会	大学及び高等専門学校における教育の振興に関する重要事項

図1　学習指導要領改訂の検討体制

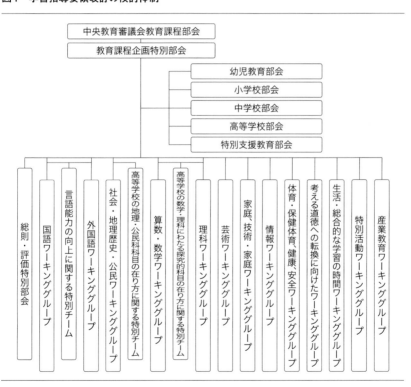

健体育科の目標や内容等については、図1に示した「中央教育審議会教育課程
部会」「教育課程企画特別部会」の下部組織とし位置付けられた「体育・保健
体育、健康、安全ワーキンググループ」の中で検討され、その内容が中教審答
申「幼稚園、小学校、中学校、高等学校及び特別支援学校の学習指導要領等の

改善及び必要な方策等について」（2016年12月21日）に盛り込まれている。

この答申を踏まえて、それぞれの学習指導要領に記載される保健科教育の内容等も検討され、パブリックコメントを経て、告示、公示されている。

5) 学習指導要領と保健科教育

前述の教育基本法や学校教育法などを背景として、学校教育法施行規則に基づき学習指導要領が定められている。

学習指導要領とは全国のどの地域で教育を受けても、一定の水準の教育を受けられるようにするため、文部科学省が、各学校で教育課程（カリキュラム）を編成する際の基準として定めたものである。学習指導要領では、小学校、中学校、高等学校等ごとに、それぞれの教科等の目標や大まかな教育内容を定めている。各学校では、この学習指導要領や年間の標準授業時数等を踏まえ、地域や学校の実態に応じて、教育課程（カリキュラム）を編成している。

また、学習指導要領解説は、大綱的な基準である学習指導要領の記述の意味や解釈などの詳細について説明するために、文部科学省が作成するものであり、保健科教育に関しては、「小学校学習指導要領解説体育編」「中学校学習指導要領解説保健体育編」「高等学校学習指導要領解説保健体育・体育編」において、その目標や内容などを解説している。

6) スポーツ庁の設置と保健科教育

スポーツ庁は、文部科学省、経済産業省、厚生労働省、外務省等の省庁間の重複を調整して効率化を図るとともに、新たな相乗効果を生み出すものとして、2015年10月に設置された。設置形態としては、学校体育、生涯スポーツを含めスポーツ施策の主要部分を担ってきた文部科学省の外局として創設され、各省庁のスポーツ施策に関する司令塔的役割を果たすことが求められている。

スポーツ庁政策課の所掌事務として「学校における体育及び保健教育の基準の設定に関すること」（文部科学省組織令第86条24項）が位置付けられたことから、体育科、保健体育科の基準、すなわち学習指導要領における保健科教育についてはスポーツ庁政策課の所掌事務となっている。

2● 教員免許制度

1) 相当免許状

教員は、教育職員免許法（法第3条第1項）により授与される教員免許状を

有する者でなければならない。幼稚園、小学校、中学校、高等学校の教員は、原則として、学校の種類ごとの教員免許状が必要であり、中学校または高等学校の教員は学校の種類及び教科ごとの教員免許状が必要である。また、中等教育学校の教員は、中学校と高等学校の両方の教員免許状が必要である。さらに、特別支援学校の教員は、特別支援学校と特別支援学校の各部（幼稚部・小学部・中学部・高等部）に相当する学校種の両方の教員免許状が必要である。

　また、児童の養護をつかさどる教員、児童の栄養の指導及び管理をつかさどる教員は、それぞれ養護教諭（養護助教諭）の免許状、栄養教諭の免許状が必要となる。

2）教員免許状の種類

　教員免許状は3種類あり、申請により、都道府県教育委員会から授与される。授与を受けるためには、まず所要資格（学位と教職課程等での単位修得、または教員資格認定試験の合格）を得るか、都道府県教育委員会が行う教育職員検定（人物・学力・実務・身体面）を経る必要がある。具体的な授与基準等の細則については、都道府県ごとに定められている（表3）。

表3　教員免許状の種類（文部科学省ホームページより抜粋）

免許状の種類	有効期間	有効地域範囲	概要
普通免許状 ・専修免許状 ・一種免許状 ・二種免許状	10年	全国の学校	教諭、養護教諭、栄養教諭の免状で、所要資格を得て必要な書類を添えて申請を行うことにより授与される。専修、一種、二種（高等学校は専修、一種）の区分がある。すでに教員免許状を有する場合は、一定の教員経験を評価し、通常より少ない単位数の修得により、上位区分、隣接学校種、同校種他教科の免許状の授与を受けることができる。
特別免許状	10年	授与を受けた都道府県内の学校	教諭の免許状で、社会的経験を有する者に、教育職員検定を経て授与される。授与を受けるには、任命または雇用しようとする者の推薦が必要であり、教科に関する専門的な知識経験または技能、社会的信望、教員の職務に必要な熱意と識見を有することが求められる。幼稚園教諭の免許状はない。小学校教諭の免許状は教科ごとに授与されるが、特別活動など教科外活動を担任することも可能。
臨時免許状	3年	授与を受けた都道府県内の学校	助教諭、養護助教諭の免許状で、普通免許状を有する者を採用することができない場合に限り、教育職員検定を経て授与される。 （当分の間、相当期間にわたり普通免許状を有する者を採用することができない場合に限り、都道府県が教育委員会規則の定めるところにより、有効期間を6年とすることができる（教育職員免許法附則第6項））

3）教員免許更新制

　現職教員は、10年に一度、教員免許状の有効性を更新することが必要である。教員免許更新制は、その時々で教員として必要な資質能力が保持されるよう、定期的に最新の知識技能を身に付けることで、教員が自信と誇りを持って教壇に立ち、社会の尊敬と信頼を得ることを目指し、2007年6月の改正教育職員免許法の成立により、2009年4月から導入されたものである。

　原則的に、有効期間満了日（修了確認期限）の2年2ヶ月から2ヶ月前までの2年間に、大学などが開設する30時間以上の免許状更新講習を受講・修了した後、免許管理者（都道府県教育委員会）に申請する必要がある。

　場合によっては、必要な申請などの手続きを行うことにより、有効期間の延長（修了確認期限の延期）や講習が免除されるケースもある。

4）保健科教育を担当できる教員

　保健の授業を担当するには、前述の通り、それぞれ相当の免許状を有する者でなければならない。具体的には、小学校においては小学校の教員免許を有していること、中学校、高等学校においては、それぞれの校種の保健体育または保健の教員免許を有する必要がある。

　一方、1998年6月に施行された改正教育職員免許法では、教育職員養成審議会の答申を受けて、学校教育において社会人の一層の活用の促進を図るため、特別免許状を授与することができる教科を増やし、教員免許状を有しない者を非常勤の講師にあてることができる事項の範囲を拡大する等、大学における教員養成の改善及び免許制度の弾力化等が図られた。

　また、養護教諭については、「養護教諭の免許状を有し三年以上の勤務経験がある者で、現に養護教諭として勤務しているものは、当分の間、その勤務する学校において保健の教科の領域に係る事項の教授を担任する教諭又は講師となることができることとすること」と示されている。その際、留意事項として、養護教諭が保健の授業を担任する教諭または講師となることについて、「養護教諭が教諭又は講師を兼ねるか否かについては、各学校の状況を踏まえ、任命権者又は雇用者において、教員の配置や生徒指導の実状等に応じ、教育指導上の観点から個別に判断されるべき事柄であり、本来の保健室の機能がおろそかになるような事態を招くことのないよう、留意する必要があること」、また、「養護教諭が年間の教育計画に基づき、組織的・継続的に、保健の領域に係る事項のうち一定のまとまった単元の教授を担任する場合にあっては、当該養護教諭を教諭又は講師として兼ねさせる発令が必要となること」が示されている。

　以上のことから、法律上、保健科教育を担当できる教員は、「小学校の教員免許を有する者」「中学校、高等学校の保健体育又は保健の教員免許を有する者」「養護教諭で前述の条件を満たしている者」ということになる。

3●保健科教育と国の教育政策

1）教育振興基本計画

　2006年に「教育基本法」が改正され、科学技術の進歩、情報化、国際化、少子高齢化などの今日的な課題を踏まえ、教育の基本理念が示された。この理念の実現に向けて、「教育基本法」の規定に基づき、政府の教育に関する総合的な計画として策定されるのが「教育振興基本計画」である。

　教育基本法の目的や目標を踏まえ、第1期、第2期と教育振興基本計画を定めて、社会全体で教育改革を進め、日本の教育は着実に成果を積み重ねてきた。第3期教育振興基本計画（2018年6月15日閣議決定）においては、「今後5年間の教育政策の目標と施策群」のうち「夢と志を持ち、可能性に挑戦するために必要となる力を育成する」という施策において主として初等中等教育段階の目標の一つとして「健やかな体の育成」が示されている。「体力は人間の活動の源であり、健康の維持といった身体面のほか、意欲や気力といった精神面の充実にも大きく関わっている。このため、子供の頃から各教育段階に応じて体力の向上、健康の確保、食育の充実を図ることが重要である」ということが明記されている（表4）。

2）現代的な健康課題

　2016年12月21日に告示された中央教育審議会答申「幼稚園、小学校、中

表4　第3期教育振興基本計画の方針及び施策（2018 ～ 2022年度）

【5つの方針】
1．夢と志を持ち、可能性に挑戦するために必要となる力を育成する
(1)確かな学力の育成〈主として初等中等教育段階〉
(2)豊かな心の育成〈主として初等中等教育段階〉
(3)健やかな体の育成〈主として初等中等教育段階〉
(4)問題発見・解決能力の修得〈主として高等教育段階〉
(5)社会的・職業的自立に向けた能力・態度の育成〈生涯の各段階〉
(6)家庭・地域の教育力の向上、学校との連携・協働の推進〈生涯の各段階〉
2．社会の持続的な発展を牽引するための多様な力を育成する
3．生涯学び、活躍できる環境を整える
4．誰もが社会の担い手となるための学びのセーフティネットを構築する
5．教育政策推進のための基盤を整備する

学校、高等学校及び特別支援学校の学習指導要領等の改善及び必要な方策等について」（以下、「答申」という）の中で、学習指導要領改訂の基本的な方向性として「子供たちの現状と課題」が示されている。その中で、「子供の健康に関しては、性や薬物等に関する情報の入手が容易になるなど、子供たちを取り巻く環境が大きく変化している。また、食を取り巻く社会環境の変化により、栄養摂取の偏りや朝食欠食といった食習慣の乱れ等に起因する肥満や生活習慣病、食物アレルギー等の健康課題が見られる。さらに、東日本大震災や平成28年熊本地震をはじめとする様々な自然災害の発生や、情報化やグローバル化等の社会の変化に伴い、子供を取り巻く安全に関する環境も変化している。こうした課題を乗り越えるためには、必要な情報を自ら収集し、適切な意思決定や行動選択を行うことができる力を子供たち一人一人に育むことが課題となっている」と現代的な健康課題に関する内容が示された。

　保健科教育の内容には、これらの法令や国の教育政策としての各種計画、中教審答申等を背景として現代的な健康課題が多く位置付けられている。2017年に告示された小・中学校学習指導要領、2018年に告示された高等学校学習指導要領においても例外ではない。

　具体的には、「食育」や「がん教育」「安全教育」などが例として挙げられる。これらは、法に基づき、国の計画が策定されており、さらにそれらを踏まえた「手引き」や「指導資料」が作成されている。次項でその一部を解説する。

3）食育の推進

　食育の基本理念と方向性を明らかにするとともに、食育に関する施策を総合的かつ計画的に推進するために、食育基本法（2005、法律第63号）が2005年6月17日に成立し、同年7月15日に施行された。本法律の前文では、「子どもたちが豊かな人間性をはぐくみ、生きる力を身に付けていくためには、何よりも『食』が重要である」「食育を、生きる上での基本であって、知育、徳育及び体育の基礎となるべきものと位置付けるとともに、様々な経験を通じて『食』に関する知識と『食』を選択する力を習得し、健全な食生活を実践することができる人間を育てる食育を推進することが求められている」「子どもたちに対する食育は、心身の成長及び人格の形成に大きな影響を及ぼし、生涯にわたって健全な心と身体を培い豊かな人間性をはぐくんでいく基礎となるものである」と規定し、特に子どもに対する食育を重視している。

　食育基本法に基づいて、国の食育推進会議では、これまでの食育の推進の成果と食をめぐる状況や諸課題を踏まえつつ、食育に関する施策を総合的かつ計

表5　保健における食に関する指導の主な内容

校種	単元名	食に関する指導に係る主な内容
小	健康な生活	・運動、食事、休養及び睡眠の調和のとれた生活
	体の発育・発達	・発育・発達させる適切な運動、食事、休養及び睡眠
	病気の予防	・偏りのない食事
中	健康な生活と疾病の予防	・運動、食事、休養及び睡眠の調和のとれた生活の継続
高	健康を支える環境づくり	・食品の安全性 ・食品衛生に関わる活動

画的に推進していくため、5年おきに食育推進基本計画を作成しており、第3次食育推進基本計画は、2016年度から2020年度までの5年間を期間とし、2016年3月に作成された。この計画において、15の食育推進にあたっての目標が掲げられており、その中で主に学校教育が担うものとして「朝食を欠食する国民を減らす」「中学校における学校給食の実施率を上げる」「学校給食における地場産物等を使用する割合を増やす」の3つが示されている。

　小学校、中学校学習指導要領（2017年告示）、高等学校学習指導要領（2018年告示）には、食育の推進を踏まえ、体育科（保健体育科）、家庭科（技術・家庭科）及び特別活動の時間はもとより、各教科、道徳科、外国語活動及び総合的な学習（探求）の時間等、学校教育活動全体を通じて食育を組織的・計画的に推進することが示されている。

　保健科教育においては、小学校、中学校、高等学校それぞれにおいて、健康の保持増進や体の発育・発達、また、病気の予防について学習する中で、食生活を改善することの重要性等について学習する（表5）。

4）がん教育の推進

　生涯のうち国民の2人に1人がかかると推測されるがんは重要な健康課題であり、健康に関する国民の基礎的教養として身に付けておくべきものといっても過言ではない。また、「がん対策基本法」（2006、法律第98号）の下、政府が策定した「がん対策推進基本計画」（2012年6月）において、「子どもに対しては、健康と命の大切さについて学び、自らの健康を適切に管理し、がんに対する正しい知識とがん患者に対する正しい認識を持つよう教育することを目指し、5年以内に、学校での教育の在り方を含め、健康教育全体の中で『がん』教育をどのようにするべきか検討し、検討結果に基づく教育活動の実施を目標とする」こととされている。

　このような「がん教育」をめぐる状況を踏まえ、2015年に文部科学省において、有識者などによる「がん教育の在り方に関する検討会」を設置し、がん

教育の定義や目標などの「学校におけるがん教育の基本的な考え方」や、外部講師の確保、教材や指導参考資料の作成などについて議論の上、学校におけるがん教育のあり方についての報告書を取りまとめた。「都道府県・政令指定都市において『がんの教育に関する計画』を作成し、作成した計画に基づき、がん教育に関する多様な取組を実施する」ことを目指し、2014年度より「がんの教育総合支援事業」を行っている。

　保健科教育においても、小学校、中学校、高等学校それぞれにおいて、「がん」に関する内容は位置付けられている。特に、2017年に告示された中学校学習指導要領においては、従前の内容を改め、「がん」の要因やその予防などについての記述が拡充された。また、2018年に告示された高等学校学習指導要領においても、「がん」の回復や社会的な対策などについて記述されるなど指導の充実が図られた。

5) 安全教育の推進

　これまで、学校における安全に係る取組を総合的かつ効果的に推進するため、国は、学校保健安全法に基づき、2012年に「学校安全の推進に関する計画」を策定し、様々な措置を講じてきた。その結果、特に防災教育を中心として安全教育の重要性に関する関係者の認識が高まり、学校における先進的な取組が進展してきた。その後、「第2次学校安全の推進に関する計画」（2017年3月）は、これまでの国の取組の検証や社会情勢の変化等を踏まえ、新たな5年間（2017年度から2021年度まで）における施策の基本的方向と具体的な方策について明らかにするものである。

　これらの計画を推進するにあたり、国は「『生きる力』をはぐくむ学校での安全教育」（2010年3月）や「学校防災マニュアル（地震・津波災害）作成の手引」（2012年3月）、「学校防災のための参考資料『生きる力』を育む防災教育の展開」（2013年3月）など様々な資料等を作成し各学校における安全教育の推進を支援している。

　保健科教育においても小学校5年生で学習する「けがの防止」や中学校2年生で学習する「傷害の防止」、高等学校で学習する「安全な社会生活」などの単元（内容）において、「生活安全」「災害安全」「交通安全」の3領域について学習することとしている。

　また、2017年に告示された小・中学校学習指導要領、2018年に告示された高等学校学習指導要領においては、新たに応急手当の内容を「技能」として取り扱うこととなった。

（横嶋　剛）

第1章 ——4

保健科の教師教育論①
教員養成の現状と課題

1●日本の教員養成の政策の現状

　日本の教員養成において、大学が担う責任が大きいことはいうまでもない。つまり教員の免許授与のほとんどが、大学に任されているのが現状である。そこで一般にいわれる優れた教員を多く確保するためには、大学教育の改善を抜きにすることはできないということになる。大学教育全体については、その実質化を求める対策として、各大学・学部の存在意義を改めて見直すこととなった。これまでに国立大学法人の改革が進められてきているが、このことは全大学に大きな影響を与えてきている。

　具体的には各国立大学の強み・特色・社会的役割（ミッション）について、大学と文部科学省が意見交換を行い、その結果を明示している。いわゆるミッションの再定義と呼ばれたものである[*1]。その中で、教員養成を担っている大学については、その経緯、現状、課題及び改善策やその見通し等の策定が要求された。

　加えて中央教育審議会は、「新たな未来を築くための大学教育の質的転換に向けて〜生涯学び続け、主体的に考える力を育成する大学へ〜（答申）」（2012年8月28日）において、「学生に身につけさせる知識・能力と授業科目との間の対応関係を示し、体系的な履修を促す体系図、カリキュラムマップ、カリキュラムチャート等」を示した。これにより、教員養成課程においても従前のような履修モデルを作成するのではなく、全体としてどのように質保障をしようとしているのか、並びに各授業等がどのような学力要素の向上をどの程度ねらうものであるのか等を明示することとなった。これらを踏まえて教職課程の再課程認定が実施された。

　これまでに教員養成制度の見直しを含めて、教員の資質能力の向上に関しては種々の方策が講じられてきている。それらの対策の多くは、中央教育審議会の「教員の資質能力向上部会」（2012）の考えに沿うものである。そこでは今

後求められる教員の資質能力として、以下の内容を挙げている。

(1)教職に対する責任感、探究力、教職生活全体を通じて自主的に学び続ける力（使命感や責任感、教育的愛情）

(2)専門職としての高度な知識・技能

(3)総合的な人間力（豊かな人間性や社会性、コミュニケーション力、同僚とチームで対応する力、地域や社会の多様な組織等と連携・協働できる力）

　また、これらの資質・能力の確保のために「学び続ける教師像」を挙げ、今後は「教員が教職生活全体にわたって学びを継続する意欲を持ち続けるための仕組みを構築する必要がある」と指摘している。

　以上のことから、現代は、学び続ける教員像の確立が求められている。すなわち、教職生活全体を通じて実践的指導力等を高めるとともに、社会の急速な進展に対して、自らの知識・技能を日常的に刷新するために、教員自らが探究力を持ち学び続ける存在であるべきだと指摘されている。本節では、養成から研修段階における現状と課題について論述する。

（野村良和）

2●日本の教員養成が抱える課題

　日本において教員は現場が育てると考えられてきたし、今も考えられている。多くの教員が、授業研究や校内における教員同士の学び合いの中で育ち、優れた教育実践を育んできた。そのような現場で教員を育てるという風土が存在し、機能する限りは、教員養成課程における学びがどのような状況であったとしても大きな問題ではなく、戦後の開放性の原則に基づいた教員養成が成立していると信じられてきた。

　しかし、筆者の勤務校が立地する都市では、経験年数10年未満の教員が約50％を占め、年齢構成から見ても学校の教育及び研究を牽引する40歳代が少ない、極めていびつな人員構成となっている。すなわち、現場における教員の育成が困難な状況になってきているのである。このような危機的状況の中で、教員養成課程には、現代の、そして地域の多様な教育ニーズに応え、しかも即戦力として活躍できる人材の育成が求められるようになっている。特に2012年度からのミッションの再定義では、国立大学における教員養成課程の存在意義とその在り方が問われている。その議論の過程で、教員養成課程は、教育委員会や校長会などと連携を図りながら、探究力を持ち学び続ける存在としての教員をいかに養成できるかが問われているのである。

　また、佐藤が指摘するように、日本の教員養成制度自体がグローバルスタン

ダードに乗り遅れているという課題もある[1] [2]。日本の大学における学士レベルでの教員養成は、1970年代までは諸外国と比較しても高度な教員養成制度であり、学校現場での授業研究と合わせて高い教員の質を保証してきた。しかし、1980年代以降、諸外国は教員養成を国の重要課題と位置付け、修士レベルでの教員養成にシフトしてきた。このような世界の潮流と比較すると、現在の日本における教員養成は諸外国の後塵を拝しているといわざるを得ない。また、専門職として教員を目指すのであれば、教員免許制度に基づく教員養成ではなく、教職専門性基準（professional standards of teaching）に基づいて養成されるべきであるという指摘もある。加えて、即戦力として活躍できるような教員の育成には、教育職員免許法に基づく大学での学びだけでなく、アシスタントティーチャーをはじめとする教育現場でのリアルな学びの経験が重要視されてきている。

　このように混沌とする社会環境や教員養成をめぐる動向の中で、教員養成の担い手としての大学教員は、優れた保健授業を創造できる中・高等学校の保健体育科教員、小学校教員を養成しなければならないというミッションを持つ。現在、保健体育の教員養成で、中学校及び高等学校一種免許状保健体育を取得できる大学は176校にのぼる（2019年4月1日段階）。教員免許状取得に必要な単位に関わる科目を開設し、学生に履修させることにより、制度上等しく教員養成に携わることができることとした戦後の教員養成の開放性の原則に照らせば、好ましい状況といえる。しかし、それらの養成課程で深い教養や高い専門性、実践性、そして、探究力を持ち学び続ける教員がどの程度養成されているかについては議論の余地がある[3]。

3●保健科教育法に関連する課題

　保健科教育法等の履修状況と教育実習での保健の授業担当のうち、教育実習に関しては次節にて取り上げるので、ここでは大学における保健科教育法のあり方について課題を述べたい。

　筆者らは、2015年に全国の教員養成課程における保健科教育法について、開設科目のシラバスを調査したところ以下のような実態が明らかになった[4]。まず、量的な側面として、保健体育科教育法の総開講時間がおよそ約4科目（8単位）相当分で、そのうち保健科教育法は、1科目（2単位）に満たない授業数であった。また、保健体育科教育法の総開講時間数が少ない養成課程ほど、保健科教育法への割り当て時間数が少なくなる傾向が見られた。さらに保健体

育科教育法に占める保健科教育法の授業時間の割合として10%以下の養成課程が最も多いという深刻な状況も確認できたが、中には保健科教育法を実施していない養成課程も22件存在していた。保健科教育法の開講時間数が大学によって大きく異なる点や保健科教育法を受講しない学生が、教育実習で保健を指導する点は、保健の授業にとって必ずしも好ましい状況とはいえないし、あってはならないと考える。

　一方、質的側面に焦点をあてると、保健科教育法として独立した科目の到達目標は、学習指導要領における保健内容の習得、指導案作成、模擬授業の実施と省察まで、幅広く設定される傾向にあった。また、学修[*2]内容も講義による知識伝達型の授業にとどまらず、模擬授業の実施と省察を取り入れた実践型の授業まで幅広い形態が認められた。しかも、多くのシラバスが学生主体の授業内容について触れている点から、保健科教育法として独立した科目では、模擬授業をはじめとする実践的な活動が盛り込まれていると考えられた。

　長田ら（2016）は、保健の模擬授業への省察によって、学生は授業展開力に関する記述から授業構成力と教材研究力への記述に推移すること、保健に特徴的な日常性、科学的、行動改善に関する記述が増加すること、また、記述内容についてもより具体的な指摘と改善案を挙げられるようになることを指摘している[5]。また、杉崎ら（2017）は、保健科教育法で実施した模擬授業に対して、よいとされる授業では授業進行などの教師行動以外の要因が指摘される傾向について明らかにしている[6]。このように保健科教育法は、大学における科目でありながら、保健の授業に関わる極めて実践的な側面を持つ科目といえるのである。

　もちろん模擬授業を保健科教育法の中に取り入れられるかという点に関しては、担当者の考えや力量、何よりも授業規模（受講者数など）に影響を受けると考えられる。しかし、たとえ授業規模が大きくても小集団による学習環境はデザインできるはずである。例えば、堀内（2008）のように10分単位で模擬授業を複数回実施して学生の授業スキルを高めたり[7]、松野ら（2011）のようにLMS（Learning Management System）を活用し、模擬授業の振り返りに関するピア・レビューを促進し、情報時間的・空間的な障壁を取り除いたりする[8]など、模擬授業のあり方や省察の方法、リフレクションの共有化の工夫、ICTの活用によって、より実践的で効果的な保健科教育法の授業を構築できよう。さらにいうならば、長田や杉崎のような保健の模擬授業等の効果の検証やエビデンスの蓄積についても今後、必要である。

　加えて、保健科教育法だけでなく、生理学（運動生理学）、衛生学・公衆衛

生学、学校保健（小児保健、精神保健、応急手当、心肺蘇生法）をはじめとする教科専門科目の学修内容、さらには教職実践演習と保健科教育法をいかに有機的に関連付けながら保健体育科の教員を育成するかについても課題となろう。

さらに小学校教員に焦点をあてると、養成課程における保健に関わる学修は中学・高校保健体育科教員の養成と比較してさらに心もとない。すなわち、体育の内容論、体育の指導法で保健が扱われなければ、保健について学ぶ機会はほとんどないといえるのである。

4●保健体育教員の養成課程の増加・多様化

保健科教育法の実施状況が養成課程で大きく異なる要因の一つとして、中学・高校の保健体育の教員免許状を取得できる養成課程の増加も考えられる。

文部科学省によると、2019年4月に大学卒業程度の通学課程で中学校・高校教員一種免許状（保健体育）を取得できる教員養成課程は229課程・学科、短大卒業程度の通学課程で、中学校二種免許状（保健体育）を取得できる養成課程は4課程・学科、その他、通信制課程の2つを含めて養成課程の形態は多岐にわたる。また、それら養成課程の学部構成を見ても教育学部や体育学部だけでなく、経済学部や経営学部など、一見すると、保健体育の教員免許状とは関係ないと思われる学部において、中学・高校保健体育科の教員免許状取得プログラムが組み込まれているのである。現在の大学は、アドミッション・ポリシー、カリキュラム・ポリシー、ディプロマ・ポリシーの一貫性が求められている。国立、公立、私立を問わず、これらの3ポリシーと教員免許状の取得が整合性を持つのであれば、多様な個性を持った保健体育科教員の養成という観点から見て好ましいと思われる。しかし、教職課程が各ポリシーと一貫性を持たず、単なる受験生への付加価値としての位置付けであれば、決して望ましい状況とはいえないだろう。

2017年11月に教職課程コアカリキュラムが発表され、各教科の指導法（情報機器及び教材の活用を含む）についてもその内容が示されており、順次、教職科目の課程認定についての見直しが行われている。これを機会に、保健体育科教育法における最低限の質保証については、整備が進む可能性もある。しかし、保健体育科教育法の中で保健科教育法を必ず実施するような制度化がされていないという課題がある。さらに、授業科目を担当する保健科教育の専門家が少ない状況を鑑みると保健科教育法の充実への道は遠いといわざるを得ない。今後の動向を注視していく必要があろう。

5●保健科教育の専門家の育成

　保健科教育法を充実させ、衛生学・公衆衛生学や学校保健との関連性を図るためには、保健科教育を専門とする大学教員の育成が不可欠である。すでに1970年代後半、内山らは、教員養成大学における保健体育科教育法と教育実習についての実態調査を行い、保健科教育法を専門に担当する大学教員の人員数が不十分であるという課題、保健科教育または学校保健の専門家以外の他領域の教員が保健科教育法を担当した場合の授業内容の質や意欲の低さについて指摘している[9][10]。これは、内山に限らず森らによっても繰り返し指摘されてきた事項である[11]。保健科教育の専門家が育つための学術的な拠点としては、日本学校保健学会、日本体育学会保健領域、教育保健学会などが存在してきたが、より保健科教育に特化した学会として、2016年に日本保健科教育学会が成立し、その学術的・実践的な活動に期待が寄せられている。

　また、保健科教育法の授業を進めるにあたって、文部科学省の中学校・高等学校学習指導要領解説（保健体育編）や各社の教科書以外に保健科教育の道筋を示す書籍が必要になると筆者は考える。そのような書籍としては、森、和唐らの『保健の授業づくり入門』、保健教材研究会の『「授業書」方式による保健の授業』、家田による『保健科教育』、近藤の『保健体育づくり実践論』などが存在するものの、体育科教育の出版物と比較するとけっして多くはない。しかし、2016年12月に『中学校・高等学校保健科教育法』が、続いて2017年4月に『保健科教育法入門』が出版されたように、保健体育教員を目指す学生が保健科教育を学べるように意識された出版物が相次いで刊行されている点は明るいきざしといえる。

　以上のように、よりよい保健の授業を創造できるような保健体育科の教員養成への道のりは、ほんの一部を切り取ってみても決して平坦ではない。保健科教育学（学問知）と教育現場でのよい保健の実践（実践知）をつなぎ、学生の理論と実践の往還運動を促進するような教員養成のフレームワークの構築が必須となろう。保健科教育の研究者・実践者と体育科教育の研究者・実践者が知恵を出し合い、保健体育科教員としての教職専門性基準を構築することが案外近道なのかもしれない。

（物部博文）

注

*1 中央教育審議会答申「2040年に向けた高等教育のグランドデザイン」を踏まえ、国立大学協会等の関係者と議論し、改革の方向と論点を提示する。そして、その方針をもとに各国立大学と徹底対話し、改革を加速させるという考え方。

*2 学習が学ぶことであるのに対して、学修は学び身に付けることを指す。

参考・引用文献

1) 佐藤学『専門家として教師を育てる』岩波書店、2015.

2) 佐藤学「転換期の教師教育改革における危機と解決への展望」、『教師教育学会年報』25：pp. 8-15、日本教師教育学会、2015.

3) 文部科学省（2014）「大学卒業程度の通学課程で中学校・高等学校教員一種免許状（保健体育）および中学校・高等学校教員一種免許状（保健）を付与できる養成課程」Available at: http://www.mext.go.jp/a_menu/shotou/kyoin/daigaku/detail/1287060.htm

4) 物部博文・杉崎弘周・植田誠治「保健体育科教員養成における保健科教育法に関する実態調査：インターネット公開のシラバス内容の検討」、『横浜国立大学教育人間科学部紀要I』18：pp. 128-138、横浜国立大学教育人間科学部、2016.

5) 長田光司・友川幸「保健学習の指導力向上のための模擬授業の効果と課題」、『学校保健研究』58（1）：pp. 33-38、日本学校保健学会、2016.

6) 杉崎弘周・長岡知・物部博文・植田誠治「大学生による保健の模擬授業においてよい授業と関連する要因」、『保健科教育研究』2（1）：pp. 2-7、日本保健科教育学会、2017.

7) 堀内かおる「家庭科教員養成における模擬授業の有効性」、『日本家庭科教育学会誌』51（3）：pp. 169-179、日本家庭科教育学会、2008.

8) 松野浩平・鈴木真理子・宮田仁・神月紀輔「教員養成課程のマイクロティーチングにおけるLMSを用いたコメント活動の検討―理科教育法を対象にして―」、『日本教育工学会論文誌』35（1）：pp. 83-93、日本教育工学会、2011.

9) 内山源・藤江善一郎・吉岡利治他「教員養成大学における保健体育科教育法及び教育実習等に関する調査研究」、『学校保健研究』21：pp. 513-522、日本学校保健学会、1979.

10) 内山源・藤江善一郎・吉岡利治他「教員養成系大学における保健科教育法及び教育実習等に関する実態調査研究」、『学校保健研究』22：pp. 469-478、日本学校保健学会、1980.

11) 森昭三「新しい保健の学習指導要領に思う」、『体育科教育』56：pp. 50-53、2008.

5

保健科の教師教育論②
教育実習の現状と課題

1 ● 全ての学校に優れた保健体育教師を：求められる教員の資質能力の向上

　現代社会の急速な技術発展の変化に対応して、教育内容のさらなる充実、教員の資質能力の向上が現在、求められている。かつて教員養成では「習うより慣れろ」といった職人気質の経験主義的な論調が主流を占めていたが、慣れる暇なく新たな教育課題が立ちはだかる時代である。教育における「不易と流行」。時代が変化しようとも変わらぬ教育の本質と時代とともに求められる変化への柔軟性と汎用能力を教師は持ち合わせていなくてはならない。

　このような時代の要請に応え、国は2006年12月の教育基本法の改正に伴い、2007年「学校教育法」「地方教育行政の組織及び運営に関する法律」「教育職員免許法及び教育公務員特例法」（教育三法）を改正し、現職教員の資質・力量向上をねらい「教員免許更新制」を採用した。あわせて教員の資質向上を教員養成段階からも実施すべきとの中教審答申（1987）の方針を受け、「介護等の体験」を導入した。これは、社会的弱者といわれる高齢者や障害者との交流が義務教育教員としての資質向上に資するというねらいのもと、義務教育教員免許取得希望者が特別支援学校及び社会福祉施設での計7日間の体験を実施するものである。2013年からは「教職実践演習」を必修化し、教育実習を終えた教育職員免許状取得予定者を対象に教職への理解と意識の一層の向上をねらいとして、教育実習を中心とした事前事後期間における教員養成課程の充実を図ってきた。

　2016年には教育職員免許法及び施行規則の改正により、教職課程の指導、内容の充実が進められている。教職課程にかかる科目の大括り化、教職課程コアカリキュラムの決定など教員養成段階での実践的指導力の基礎を培うことがねらいとなる。以上のような教員の資質向上に向けた国の制度的改革とともに、全ての学校から優れた保健体育教師を輩出し、保健科教育の指導充実へとつなげるために教員養成段階をはじめ、大学、大学院そして学校現場が「連携・協

同」し、「養成・採用・研修の一本化」した系統性と連続性を意識した教師教育が実践されることが重要である。

2 ● 教育実習とは：「理論と実践の往還」

1) 教育実習とは

　教育実習は教育職員免許法第5条及び施行規則第6条に定められた「教職に関する科目」の一科目であり、単なる体験期間として位置付くにとどまらず、「科目」として学ぶべき内容を有している。大学での「教育実習事前・事後指導」を履修し、その学びと一体となって単位が認定されるものである。大学での学問的、理論的学びと教育現場での体験的、実践的な学びを結び付け体系的に教員志望学生の力量形成を図ること、つまり「理論と実践の往還」を繰り返し、省察を深めていくことが必要となる（図1）。「教育実習」は、その理論と実践をつなぐ（架橋する）科目としての意義を持っている。学校現場で多くの体験や経験を積むことにより、教員志望学生にとって教職への憧れや使命感など、教職への志向性を高める上で大きな意義と成果をもたらす。

2) 教育実習における課題

　藤枝（1978）は"教育実習＝ブラックボックス"論とし、現在の教育実習に関わる様々な課題は「教育実習の大学教育からの分断と、その実習校への一任体制によって引き起こされている」と指摘している[2]。以下に様々な課題について示した[2]が、近年改善されつつも、現在でもその課題が横たわっているのが現状である。

図1　教職のライフステージを見据えた「理論と実践の往還」[1]

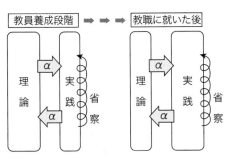

（教職に就いた後も、理論は重要）
αには、「臨機応変さ」「他者への想像力」など

＊

⑴教育実習に対する学生の意識の問題

⑵教育実習生の態度

⑶教員志望でない学生の教育実習の問題

⑷教育実習不適応学生への対処の仕方

⑸学生の意欲をどう高めるか

⑹本当の教職希望者のみの教育実習についての検討

⑺教育実習を通して教職意欲を早期から高めるための工夫

⑻教育実習に消極的ないし不安を感じている学生の指導のあり方

⑼教員免許を資格の一つとして捉えている学生への指導の問題

⑽実習辞退者への対応の問題

⑾実習受講生のうち多くが教員採用選考を受けないこと

⑿基礎学力の不足

⒀教員としての資格・適性を見極めることが困難

⒁実習期間中のトラブルの増加

⒂実習校の実習内容、評価基準の格差

＊

　受け入れ側の学校現場では上記のような様々な課題を抱えつつ、日常業務に加え実習生への指導業務の増加を強いられるにもかかわらず、次世代の教員育成のために、学校の「厚意」に支えられて実現している。そのため各学校において実習生の受け入れ基準や実施時期を定めるなど、実施内容等には相違が見られ卒業生のみ受け入れる学校も多い。年間約10万人近くの教育免許状取得者数を数えるが、大量の免許取得予定者を受け入れる教育実習の実施環境は必ずしも整備されているとはいえない現状がある。

3●保健体育科教育実習の現状と課題

1）保健授業の改善に向けて

　学校現場においては、体育の授業に比べて保健授業への苦手意識を持っている教師が少なくない。学習指導要領解説では保健（小学校体育科「保健領域」、中学校「保健分野」、高等学校「科目保健」）を発達段階に応じて個別的・系統的に学ぶことが重要とされている。しかし、現状では学校における「保健科教育」は「アメフリ保健」（rainy days lessons）、「暗記保健」と揶揄されるように質・量ともに低調といわざる得ない状況である。

　このような保健科教育を取り巻く現状を改善するためには、質の高い保健体育教員を養成する必要があり、教職課程を置く大学・大学院の責任と役割は極めて大きい。教員養成において「教職に関する科目」及び「教科に関する科目」の履修とともに、「教育実習」は、大学での学びをより実践的にする貴重な機会であり、実習後の教職への意識付けや実践的指導力の基礎を培う上でもその成果が期待される。しかし、現状では教職課程の履修者数や全国各地で実施される母校実習、大学担当教職員数の不足等の指導体制によって、実習期間中の訪問指導回数や学生への指導時間が十分にとれず、結果として実習校への一任体制とならざるを得ない現状がある。

　中央教育審議会答申（2006）「今後の教員養成・免許制度の在り方について（答申）」では、課程認定大学は、教育実習の充実、改善に向けて教育実習の全般にわたり、学校や教育委員会と連携しながら、責任を持って指導にあたることが重要であるとしている。

2）校種別による保健授業の実施率

　大室ら（2005）をはじめ、多くの研究者が保健体育科教育実習における保健授業の実態調査結果を報告している[3]。ここでは、筆者が実施した調査結果を紹介したい。主な対象は、4週間の保健体育科教育実習（母校実習）を終了したA大学3年生151名（高等学校66名、中学校85名）である[4]。

　調査結果から、保健授業の実習について「実施した」と回答した学生は、高等学校では64名（97.0％）、中学校では43名（50.6％）と中学校での実施状況が低く、校種間に有意な差が見られた（$P < 0.01$）。保健授業の実施時間数は、高等学校では平均6.40 ± 3.97時間、最大18時間、最小1時間であった。中学校では平均4.32 ± 3.68時間、最大15時間、最小1時間の授業実施時間数となった。平均実施時間数にも校種間に有意な差が見られた（$P < 0.01$）。

　調査結果から、中学校における保健授業の実施状況の低調さは先行研究とほぼ同様の結果が得られた。また、保健授業の実施時間数が、高等学校では最小の1時間から最大で18時間、中学校では最小1時間から最大15時間と差があり、実習内容にばらつきがあることなどの課題が依然として存在している。中学校での未実施理由として、「はじめから計画されていなかった」が27名（63.0％）を占め、学校行事や年間授業計画への位置付けなどの要因も推察できるが、このような実態は大学と実習校との「連携・協同」（情報共有）の不足も一因と考察される。保健体育科教員を目指す学生にとって、学校現場での授業実践は貴重な経験であることから、早期に解決すべき課題である。

4●教科特性に触れる教育実習：保健科教育の意義を深める

　教育実習の一任体制の問題、そこから起因する様々な課題を解決し、優れた保健体育教師を養成するために、実習を通して保健科教育の意義や重要性についての認識を学生がどのように深めていけるのか。筆者は、保健と体育の合一教科としての特性を踏まえ、両者の関連を図った授業実践を展開することが足場の一つになる、と考える。

　例えば、保健で学ぶ「けがの原因や手当」は、体育学習においても生かされ、また、スポーツや運動は健康の保持増進に寄与し、保健学習の理解を深める。教育実習においても、保健と体育を関連付けた単元で授業を実践することにより、学生が保健科教育の意義や重要性について認識を深めるのではないか。また、これは現職の保健体育教員においても同様の意義がある。

　このような実習指導例を実現するためには、大学・大学院と学校現場（実習校）、各教育行政機関が連携・協同し、学生の既習状況や教育実習指導の「ねらい」を共有し、組織的指導体制を整える必要がある。教員養成大学と学校現場の分断を克服し、有機的な連絡調整、情報共有ができる「連携・協同体制」（win-winの関係）を築くことによって、次世代を担う高い専門性・専門職性を備えた保健体育教員の養成の実現を期待したい。

（長岡　知）

参考・引用文献

1)　桶谷守・小林稔・橋本京子・西井薫編『教育実習からの教員採用・初任期までに知っておくべきこと』p. 9、教育出版、2016.
2)　藤枝静正『教育実習学の基礎理論』風間書房、1987.
3)　大窄貴文・吉田博樹・家田重晴・勝亦紘一「保健体育科教育実習における保健授業の担当時間及び担当分野について」、『中京大学体育学論叢』46(2)：pp. 99-113、2005.
4)　長岡知「実習校との連携・協同による保健体育科教育実習の効果的なプログラム開発のための基礎的研究〜保健授業実践力の向上を中心に〜」、『日本体育学会第69回大会予稿集』p. 235、2018.
5)　保健学習授業推進委員会『中学校の保健学習を着実に推進するために』日本学校保健会、2013.
6)　保健教材研究会編『続「授業書」方式による保健の授業』大修館書店、1991.
7)　今村修「良い保健授業の姿をイメージしよう」、日本保健科教育学会編『保健科教育学入門』pp. 38-43、大修館書店、2017.
8)　文部科学省『高等学校学習指導要領解説　保健体育・体育編』東山書房、2009.
9)　小倉学・森昭三編著『現代保健科教育法』大修館書店、1974.
10)　高橋浩之『健康教育への招待』大修館書店、1996.
11)　和唐正勝「保健科教育の現状」、小倉学『現代保健科教育法』pp. 84-89、大修館書店、1974.

第1章

6

保健科の教師教育論③
現職研修の現状と課題

1●研修とは何か

　現職研修は、学校現場に勤務する教育公務員（以下、教員とする）が、勤務場所あるいは勤務場所を離れて行ったり、受けたりすることができるものである。これには、法令に定める研修と実施、職責を遂行する際の取組として行われる研修と実施を挙げることができる。

1）法令に定める研修

　研修について定めた教育公務員特例法[1]では次のように示されている。

＊

第4章　研修
（研修）
第21条　教育公務員は、その職責を遂行するために、絶えず研究と修養に努めなければならない。
　2　教育公務員の任命権者は、教育公務員の研修について、それに要する施設、研修を奨励するための方途その他研修に関する計画を樹立し、その実施に努めなければならない。
（研修の機会）
第22条　教育公務員には、研修を受ける機会が与えられなければならない。
　2　教員は、授業に支障のない限り、本属長の承認を受けて、勤務場所を離れて研修を行うことができる。
　3　教育公務員は、任命権者の定めるところにより、現職のままで、長期にわたる研修を受けることができる。

＊

　教育公務員の任命権者は、研修に関する計画の樹立と実施に努めなければならないとされている。また、研修を受ける機会について、その場所や期間につ

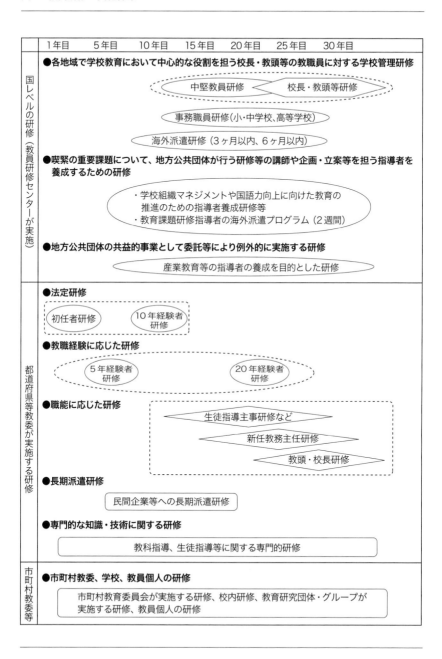

図1　教員研修の実施体系[2]

	1年目　　5年目　　10年目　　15年目　　20年目　　25年目　　30年目
国レベルの研修（教員研修センターが実施）	●各地域で学校教育において中心的な役割を担う校長・教頭等の教職員に対する学校管理研修 中堅教員研修　　　校長・教頭等研修 事務職員研修（小・中学校、高等学校） 海外派遣研修（3ヶ月以内、6ヶ月以内） ●喫緊の重要課題について、地方公共団体が行う研修等の講師や企画・立案等を担う指導者を養成するための研修 ・学校組織マネジメントや国語力向上に向けた教育の推進のための指導者養成研修等 ・教育課題研修指導者の海外派遣プログラム（2週間） ●地方公共団体の共益的事業として委託等により例外的に実施する研修 産業教育等の指導者の養成を目的とした研修
都道府県等教委が実施する研修	●法定研修 初任者研修　　10年経験者研修 ●教職経験に応じた研修 5年経験者研修　　　20年経験者研修 ●職能に応じた研修 生徒指導主事研修など 新任教務主任研修 教頭・校長研修 ●長期派遣研修 民間企業等への長期派遣研修 ●専門的な知識・技術に関する研修 教科指導、生徒指導等に関する専門的研修
市町村教委等	●市町村教委、学校、教員個人の研修 市町村教育委員会が実施する研修、校内研修、教育研究団体・グループが実施する研修、教員個人の研修

いても定めがある。教員が行ったり受けたりすることのできる法令に定める研修には、勤務場所を離れて行うもの、研修期間が長期にわたるものがある。職責を遂行する際の取組として行われる研修には、日頃の業務中で行うものがある。

　研修には、設置者主催の研修と、設置者主催によらない研修とがある。現職研修という枠組みでは、とりわけ、後者の設置者主催によらない研修として、日頃の業務中に取り組む研修が教員の職務遂行のための能力の成長を助けるのではないだろうか。保健科の学習では、授業づくりのための場や時間がこれにあたる。教員が保健の授業力を高めようとする時、この研修は極めて大きな影響力を持つことになるであろう（第２部第２章６「教師の成長と実践研究」参照）。

2）教員研修の実施体系

　法令に基づく教員研修には、教員研修センターが実施する国レベルの研修と、都道府県や市町村の教育委員会が実施する研修とがある。その教員研修の実施体系は、図１の通りである。ここでは、教員の各ライフステージに応じて求められる資質能力について、初任者の段階、中堅教員の段階、管理職の段階を示している。具体的な、実施の仕方については、対象、学校種、現代的な課題等によって、日数や時間帯、人数等に違いがあり、様々な形式で行われている。各教科等の内容については、都道府県教育センター等が、授業づくりや指導方法にかかる講座等で行っているものがある。

2●保健科の現職研修の現状

　研修には、教育公務員特例法第21条に定められているように、「研究」と「修養」の２つがある。一般的に「研究」とは、物事を詳しく調べたり、深く考えたりして、事実や真理などを明らかにすること、また、その内容とされる。「修養」とは、知識を高め、品性を磨き、自己の人格形成に努めることとされる。法令上、教員には、職責の遂行のための事実や真理を明らかにするとともに自己の人格形成に努めることが求められている。

　このことから、現職研修では、教員が職責を遂行するために行う業務中に取り組む研修で、何を、どのように行うのかが重要となろう。具体的には、学習内容としての原則や概念の記述、教材・教具等や指導方法の工夫によって、授業づくりや開発を行うことである。

3●保健科の現職研修の課題

　現職研修の課題としては、例えば、次のことを挙げることができる。

❶研修の主催者と内容

　国が主体となって行う研修には、各教科の内容が取り上げられていないこと。都道府県教育センター等の研修には、保健科の学習を取り上げている講座もあること。

❷日程等と参加

　教育センター等において保健科の学習が研修の内容に設定されたとしても、現職教員の業務により、日程や会場によって参加できない場合があること。

❸小学校学級担任、中学校及び高等学校保健体育教師の意識

　現場教師の保健科の学習に対する授業づくりの意識が未成熟であると考えられること。

❹研修の内容

　保健科の学習として実施される研修の内容が、教科教育としての保健科の学習というよりも、日常の健康課題としての保健指導にとどまることがあること。

❺保健科の学習のとらえ

　研修に関わる主催者、講師、参加者の授業観が、保健指導にとどまること。保健の学習の授業が、実は保健指導に陥っている授業実践の取組を基準にして、授業を構成する傾向にあること。これは、授業における具体性を高めようとするあまり、日常生活に直結した具体例や方法論に終始してしまいがちであることに現れる。

　子どもの発達段階に適合した学習内容が明確に記述できず、項目の羅列に陥りやすいこと。学習内容としての原則や概念が、生きてはたらく思考力・判断力・表現力等の育成からはかけ離れてしまいがちであること。

4●現職研修の課題の改善に向けて

　これらの課題の改善は、保健科を主たる担当とする教師として身に付けておくべき能力、教師行動の立場から、例えば、次の方向性を踏まえて取り組んではどうかと考えている。

(1)保健科の授業観を、原則や概念の認識形成として捉えること。

(2)教科・科目・分野・領域としての保健科固有の学習内容とは何か、それを学ぶ保健の学習とは何かを追究すること。

(3)法令に基づく研修の他に、業務中に取り組む研修で授業づくりを行うこと。また、これらの可能性と限界を見極めること。

（今関豊一）

引用・参考文献

1) 教育公務員特例法、文部科学省、http://www.mext.go.jp/a_menu/shotou/kenshu/012.htm、2018/09/18最終確認

2) 教員研修の実施体系、文部科学省、http://www.mext.go.jp/a_menu/shotou/kenshu/1244827.htm、2018/09/18最終確認

3) 教育職員養成審議会「養成と採用・研修との連携の円滑化について」第3次答申（平成11年12月10日）

コラム1 ── 保健科の成立史

1. 教科の成立（制度）と実態

1）2つの成立史

　「保健科」の成立[*1]は、①戦後に誕生した「保健科」の教科成立史として見る場合、②学校における健康教育の導入として、戦前・戦中の「衛生」も含め、健康教育教科が教育課程に位置付けられるプロセスの中で捉える場合の2つの成立史として描くことができる。

　前者は、第二次世界大戦後、戦後教育改革によって誕生した「保健科」と「体育科」の合科型教科「保健体育科」の誕生（1949）をもって「保健科」の成立としている。

　後者は、健康教育教科の成立史として、人々の暮らしの中で確立した健康知識獲得の教育構造の意味に着目して特徴が描かれる。

2）中・高等学校は「保健体育科」で、小学校はなぜ「体育科」なのか

　「保健体育科」は、1949年に中学校・高等学校に設置された教科である。一方、小学校においては、「体育科」の保健領域で行うことになっている[*2]。では、なぜ小学校では「保健体育科」ではなく、「体育科」といった名称になっているのだろうか。

　その理由は、戦後教育改革が逆コース[*3]によって頓挫し、改革半ばで教科形態が固定化されたことによる。「体育科」から「保健体育科」への戦後改革は、中学校、高等学校が先行して進められ、続いて小学校の「体育科」が「保健体育科」に名称変更することが考えられていた。しかし、朝鮮戦争の勃発（1950）による逆コースの影響から、「保健体育科」への改革は頓挫し、「小学校体育科保健領域」「中学校保健体育科保健分野」「高等学校保健体育科科目保健」といった変則的な形で固定化された。今日に至る教科形態は未完の教育改革の結果である。

　現在、中・高等学校教諭免許状には「保健」単独の免許状が準備されている。戦後改革で設けられた「保健」免許状は、一定数の免許状取得が見られた際、「保健」と「体育」を教科として分離するために準備されていた。今日に至ってはその機能も十分に果たせないまま、「保健体育」と「保健」の免許状は併存す

る形となっている。

3)「保健科」と「体育科」はなぜ結びついたのか

「保健科」は、「体育科」との合科型教科「保健体育科」として第二次世界大戦後に誕生した。合科型教科の成立は、戦後体育改革の中心的な役割を担った学校体育研究委員会の議論から明らかになっている。

学校体育研究委員会では、「体育」を「体育運動」と「衛生（保健）」を含む概念として「広義体育論」を主張する者、一方、「体育」の概念は「衛生（保健）」を含まず、「体育運動」のみを示す概念として「狭義体育論」（保健科独立論）を主張する者の両者の主張が見られた。当時の学校衛生（学校保健）関係者は、後者の「狭義体育論」を主張し、「保健科」の独立論を提案した。

しかしながら、両意見の相違に対し、会の首班であった岩原拓は、現実的な解決策として、「広義体育論」を主張の上、結論の調整を行った。「現実的」とは、戦時下における国民学校体錬科体操「衛生」の枠組みを継承する考えのことである。ここに「保健科」と「体育科」の合科型教科「保健体育科」誕生の方向が決定し[1]、1947年には、教育内容として「学校体育指導要綱」が作成された（図1）。

同改革の方向性は、後に「中等学校保健計画実施要領（試案）」(1949)、「小

図1 「広義体育」としての選択

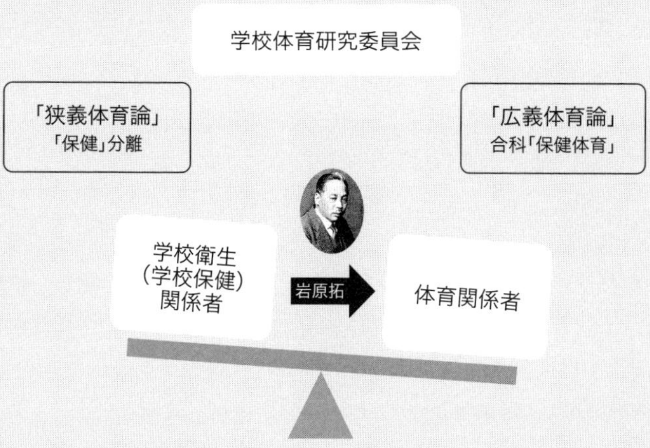

（七木田[2]より筆者が作成）

学校保健計画実施要領（試案）」（1951）、学習指導要領（試案）といった改革の内容をも規定した。

4) 困難な課題を背負った「保健科」──「雨降り保健」の成立

　戦後「保健科」は、戦中の国民学校体錬科体操「衛生」の枠組みにより、「保健」と「体育」の合科型教科「保健体育科」として成立した。戦時下に作成された体錬科体操「衛生」の内容と戦後「保健科」の内容を比較すると、体錬科体操「衛生」は、実践訓練を目的とした「衛生訓練」であったのに対し、戦後「保健科」の内容は「知識教授」が強調された。戦時下改革において、「体育」と「衛生（保健）」は「訓練」を介して接続されていたが、戦後の改革では、第一次米国教育使節団による勧告[*4]以降、習慣の形成とともに、系統的な「知識教授」が重視された。これにより、「訓練」を介して接続される「体育科」との接点が不明確となり、「保健科」の授業は、これを担当する教師のニーズと距離を持っているためか、実施率低迷と「雨降り保健」といった状況を生み出してしまった[*5]。

2. 教科の成立に内在化された構造

1) もう一つの成立史

　「保健科」の成立は、一教科の成立過程として捉える一方で、戦前・戦中・戦後の連続の中で健康教育教科の成立史として捉えるならば、次のような構造の成立過程として捉えることができる。

　「健康教育」は、予防概念の確立により、予防的にコントロールできる可能性を持った一般児童を対象として、今後の健康的生活を積極的に獲得するために注目された。疾病罹患の予測可能性が明らかになることによって、予防や健康増進が進められ、これにより、人々の生活が均質化された健康的ライフスタイルとして確立することをも意味していた。

　戦後、「保健科」に結実する健康教育教科の導入過程は、人々に対して健康で合理的な生き方を推進する状況の成立過程でもあり、いい換えるならば、予防医学の知見から「演繹される生活態度の諸原理（医学や科学）に従属させようとする個人」を「健康教育」を通して成立させている。近年の行動科学化する「健康教育」はこれを一層促進しており、「高度な合理化と自己コントロール」が支配する社会への適応を迫っている[2]。

2) 健康な市民を形成する教科

　1920年代から戦後「保健科」の成立に至り、制度として顕在化したシステムは、近代の衛生社会がデザインされた段階で、すでに「衛生」概念に内包された機能であったとも考えられる。

　近代日本における「衛生」概念の導入は、近世養生論の民衆知・経験知（idea）とは一部切り離された新たな情報（information）として人々の前に現れている。衛生社会への参加（participation）を暗黙のうちに義務と課す「衛生」概念は、具体的には公衆衛生政策として展開され、'Public Health' を「公共衛生」ではなく「公衆衛生」と翻訳したように、衛生習慣を有する「民衆」の育成と社会参加を想定し、その普及には衛生（健康）の啓発を必要とした。

　近代日本における「衛生」概念の導入に際して、衛生社会への参加を暗黙のうちに義務として課すことにより、衛生的国民による近代国家の形成を想定していたと見ることができる。衛生習慣を有する「民衆」の育成と社会参加には、衛生（健康）の啓発として健康教育機能がすでに内在化されていた。

　これが、戦後、健康教育教科「保健科」の成立として具現化されたと見ることができる[3]。

（七木田文彦）

注

＊1　本コラムにおける「保健科」とは、第一に、戦後に成立した小学校「体育科保健領域」、中学校「保健体育科保健分野」、高等学校「保健体育科科目保健」にあたる教科にあたる場合、第二に、戦後の「保健科」といったワードに限定せず、学校における健康教育教科の導入過程の中で広義に解釈する2通りの意味として使用している。

＊2　小学校においては、授業時数の関係等もあり、教育課程全体を通して実施できるようにデザインされている。今日の学習指導要領においても「学校における体育・健康に関する指導を、児童の発達の段階を考慮して、学校の教育活動全体を通じて適切に行う」として教科における指導とともに相互補完的な教育課程となっている（文部科学省「小学校学習指導要領」（平成29年3月告示））。

＊3　戦後民主主義の動向に対して、東西の対立と朝鮮戦争の勃発を機に、体制や人事等に見られた戦前回帰の流れを「逆コース」（reverse course）という。

＊4　同報告書では、「学校における保健の学習は個人や家庭における健康的な習慣や実践とともに、細菌学、生理学さらに公衆衛生のための処置や手段の基本的な、且つ実際的な要素を含んでいるべき」と指摘され、これ以降、小学校から大学に至るカリキュラムを含めた教育計画の検討がなされた（詫間晋平訳「一九四六年三月 米国教育使節団報告書」、岡津守彦編『戦後日本の教育改革 7 教育課程 各論』pp. 599-601、東京大学出版会、1969）。

＊5　その一端は、「教科書の系統（論理）にそった一斉指導方式により、いわゆる教師中心の知識注入的授業が行なわれ」、かつ「児童・生徒の発育・発達の段階や関心・興味あるいは欲求などについて、あまり配慮は払われていない」と指摘され、その上、「保健の授業時間が定期的に設定されず、晴天体育、雨天保健といういわゆるアメフリ保健（rainy day lessons）の状況も報告されており、保健の授業を他教科のそれと比べて低調な状況にあるといえよう」として1960-1970年代の現状が分析

されている（和唐正勝「保健科教育の現状」、小倉学・森昭三編著『現代保健科教育法』pp. 84-89、大修館書店、1974）。

引用・参考文献

1)   七木田文彦『健康教育教科「保健科」成立の政策形成―均質的健康空間の生成―』pp. 178-187、学術出版会、2010.

2)   七木田文彦「経験と切り離された身体の行方―健康をめぐる近代的身体の一断面―」、寒川恒夫編著『近代日本を創った身体』pp. 226-229、251-254、大修館書店、2017.

3)   前掲書1)、pp. 214-215.

第**2**章

保健科のカリキュラム論

保健科の目標論

1●戦後の目標論に関する議論の整理

　第二次世界大戦後の保健科の目標は、その時代の社会構造の変化に伴う生活環境や労働環境、児童生徒が直面する健康課題、学習指導要領が掲げる学力観等を背景に変化を続けてきた。そして、小倉学、森昭三、和唐正勝ら保健科教育研究の先人達により保健科の目標論や内容論として議論され、時には学習指導要領に対する課題を指摘しながら、次期学習指導要領の改訂に影響を与えてきた背景がある。

　1950年代〜1960年代の保健科における目標論は、健康行動に重点を置いた実用主義的・行動主義的な目標論と、科学的知識を行動に活用するための認識の形成に重点を置いた「保健認識形成論」をきっかけに発展してきている。その後も、健康課題に対する問題解決力の育成、系統的な学習の必要性、健康教育に関連する意思決定と行動変容、ライフスキルやヘルスリテラシーの育成等、様々な視点から論じられてきた。そして、保健科の目標論は、「何を学ぶのか」「どのように学ぶのか」「何ができるようになるのか」といった内容論や方法論と関連した議論の中で発展してきている。さらに2017年告示学習指導要領改訂に向けた議論では、保健科の目標論として、教科独自に育成する資質や能力の整理だけでなく、21世紀型能力に代表されるような教科を超え教科横断的に育成する必要性が指摘されている汎用的能力（批判的思考力や情報活用力等）との関連についても論じられてきている。

1）学校保健計画実施要領（中等学校版1949年、小学校版1951年）

　文部省は、現在の学習指導要領の前身といえる教師用の手引き書として、1949年に中等学校版、1951年に小学校版の「学校保健計画実施要領（試案）」を作成している。中等学校版第5章では、「健康教育の目標は、健康のために必要な習慣、知識、態度を修得させ、個人、家族、及び社会において最大の幸

福と奉仕の基礎となる健康を確保することにおかなければならない」とし、以下5項目が示されている。①健康実践の根拠として、適当な解剖及び生理学上の知識の修得、②生命的危険をもたらすもの及びその予防法の理解。予防接種などの価値の認識とその利用、③完全な家族及び社会生活をするために必要な習慣及び態度の育成、④自己の健康の理解、⑤保健衛生的事業施設の認識と利用[1]。斉藤は、この実施要領の解説書に「健康教育においては、態度、行動は知識よりもはるかに重要である」と示されている点を指摘し、戦後直後の学校教育における健康教育の目標は、健康行動や健康習慣を重んじていたと解説している[2]。この実施要領は、学校保健や保健体育科における保健の学習目標を示したものではなく、健康教育全般に対する指針であるが、藤田は、この実施要項に書かれた健康教育の目標が、戦後の保健教育の基盤となっていると解説し、実施要領が示した目標については、知識と行動を媒介する認識の形成過程を見落としている点が課題であったと指摘している[3]。

2) 小倉学の目標論

　小倉は、戦後の保健科の目標に関わる歴史的変遷を次の3期に分けて説明している[4]。第1期：生理・解剖知識と習慣の時期（1949年中等学校保健計画実施要領）、第2期：生活経験中心の時期（1956年中学保健学習に関する通達と高等学校保健体育の学習指導要領）、第3期：系統主義の時期（1958年小・中学校学習指導要領、1960年高等学校学習指導要領）。そして小倉は、1956年中学保健学習に関する通達の目標に挙げられていた「知識、理解、自主的実践能力」に対して課題を指摘し、保健教育において、科学的保健認識と自主的実践能力を形成する目標観を示している。小倉は、「客観的に裏づけられない主観的・経験的行動によっては、真の問題解決は望めない」とし、「保健の問題解決能力は保健を法則や概念を駆使して判断し実践する能力であって、客観的知識の系統的習得に伴って発達するものである」と論じている[5]。さらに小倉は「保健教育は、生活に適応するだけでなく、科学と国民生活の落差ないし断層を埋める生活変革の役割をおびている」と説明し、保健教育の目標には、集団の健康に関わる社会科学的認識の育成としての役割があることを示した。このように科学的な根拠に基づいた保健認識の形成と、科学的な法則や概念に基づいた問題解決能力の育成を重視した小倉の目標論は、その後の保健科の目標論を支える指針となっている。

　数見は、小倉の科学的保健認識と自主的実践能力を形成する目標論を支持し、保健認識と実践能力の関係性について論じている。「保健的認識というのは、

単に外的条件からの自己の身体を自主管理できる能力だけではない。人間の身体に影響を与える阻害条件、不良環境を改善、変革できる能力までを含めて考えられなければならない[6]」とし、保健科の目標として、「現象─実体─本質（原因）─解決への展望」といった「科学の方法」を重視した科学的保健認識について論じている[7]。

沢山は、「科学的認識を強調してきた歴史は、常に指導要領、教科書の態度主義、実用主義に対抗するものであった。いいかえれば態度主義、実用主義の教育が非科学的知識であるがゆえに、科学的認識をスローガンとして対置してきた[8]」とし、小倉の目標論について、学習指導要領の目標を実体のあるものにしようとして、教育内容の科学化・系統化を追求したものであった点を高く評価している。そして、科学的保健認識の習得が子どもの内面にどのような変化をもたらし、どのような能力を発達させるのかといった習得過程のメカニズムの究明を課題に挙げている。さらに、教育内容編成上の課題として、科学的保健認識の育成を自主的実践能力に連動していくような認識の指導法に関する研究の必要性を指摘した[8]。

3) 森昭三の目標論

森は、小倉の保健認識形成論を支持し、保健科の目標を規制する3要因（外側からの規制、内側からの規制、対象からの規制）を示している[4]。外側からの規制とは、国や社会からの要請であり、学習指導要領の拘束化を例に、国家からの要請は、国民からの要請に対して「適応」か「変革」という対極の立場に分かれるとしている。内側からの規制とは、健康問題の本質（原因）を追求し、その現実を変革していく力をつける保健の科学を教えるという立場であり、現在までに到達した保健の科学の成果に従って、子ども達の保健認識を、できるだけ正しいものに近づけていかなければならないとしている。対象からの規制については、対象とする子どもの成長と発達を生活行動の面だけでなく、社会的及び歴史的な側面からも生活の現実を見つめさせ、そのような現実を生んでいる根本原因を明らかにしていくという方向で保健認識を形成する必要があるとした。

森は、1979年に小学校と中学校における保健教育の系統性を重視し、小学校6領域、中学校5領域の学習内容を提案しているが、そこでは、科学的認識形成の視点から小学校と中学校の目標に関して以下のように説明している[9]。「小学校段階では、子ども自身のもっている現在の価値基準、関心、興味というものを出発点にして、健康に関する現象、事実を子どもの感覚を通して、リ

アルにとらえさせること。このことを通して、生命・健康を自ら守り育ててい
くという保健認識の土台をゆたかに育てたい」とし、①からだの仕組みとはた
らき、②運動、疲労、休養の関係と健康、③食事と健康、④からだの変調や病
的症状の原因とその見つけ方、⑤病気の3要因とその予防、⑥交通事故の原因
とその防止及び救急処置の仕方の6領域を提案した。中学校では、「生命尊重
に対する歴史的認識と健康に対する社会科学的認識を育てること、学び方をま
なばせることを保健科の目標として正しく位置づけるべきである」とし、①人
間の生命と身体、②環境と健康、③疾病や災害の予防及び救急処置、④労働と
健康、⑤国民の健康と社会の5領域を示した。

　森の生命尊重に対する歴史的認識や健康に対する社会科学認識の形成を重視
したこの提案は、高度経済成長による1970年代の公害や労働災害など国民の
健康課題の深刻化が背景にあることが推察されるが、友定は、「健康に生きる
権利」が保健授業の目標・内容選択の視点として提起され、社会科学的認識と
自然科学的認識の統一の重要性が主張されたとしている[10]。

　さらに森は、保健科の教育内容を以下の3つに類型化し目標観について論じ
ている[11]。①健康的な生活行動の育成を目的とする生活・行動主義の立場から
の保健行動教育、②保健の科学的認識の形成を目的とする教科主義の立場から
の保健科学教育、③健康に関わる公共的責任（人権・健康権・環境権）を育成
する市民的教養主義の立場からの市民的教養教育。そして、2004年当時の新
しい保健行動教育は、ライフ・スタイルの変容を目指して対象としての健康と
方法としての行動科学が重視されているが、医学領域から見たアプローチには
限界があり、主体と環境についての自然科学的な基礎知識と認識は不可欠であ
ると説明している。さらに、誰もが住みやすい健康な社会・環境づくりや保健
活動に自立した市民として参加していくのに必要な基礎的知識と認識、及びそ
れに基づいて形成される見識、「観」を育てなければならないと論じた。

4）和唐正勝の目標論

　和唐は、小倉や森が発展させてきた保健認識形成論の立場から、科学的概念
の形成と生活的概念の関連性について論じている。また、教育活動全般で取り
組む健康教育と教科保健との関係性や保健の科学的認識を実践力として活用す
るための資質や能力の形成についても論じている。

　和唐は、1980年代の保健教育の課題として、「科学的概念の形成によって生
活的概念を組織し、こどもの問題意識をも高めていくという側面が一面的に強
調されたきらいがある」と指摘し、「生活や経験を通して科学的概念を吟味し、

こどもの問題意識とか認識のしかたとからみあうような教育内容を捉え直すことが必要であり、科学的概念と経験的概念とは、相互関連の中で生成発展していくものである」と論じている[12]。

その後、和唐は、1998年の教育課程審議会答申「教育課程の基準の改訂について」が、子どもが当面している心の健康問題等への対応を強調している点に対し、保健科教育にパストラル・ケアの期待が強まり、子どもが直面する課題にも対応できる「実践力の育成」が求められていると評している。また、保健科に導入されたライフスキル教育に関して、自己効力感、セルフエスティーム、自己実現などの心理学的概念が保健学習に取り入れられるようになり、教科保健と道徳や教育全体の目標との関連や役割の相違が新たに問われることになると指摘し、小倉が論じた「保健学習は科学的認識と判断・思考能力の発達をめざし、保健指導は具体的問題に即した実践的能力の発達をめざす」という従来の保健教育の目標論の再吟味を迫るものであると論じている[10]。

さらに和唐は2002年に、保健授業の今日的課題として、①生活習慣病への対応、②ヘルスプロモーションへの対応、③青少年の健康問題への対応、④健康リテラシーへの対応の4点を挙げ、それらは学ぶ個人にとどまるものではなく、時間的にも空間的にも、広がりと他者とのつながりを持つ可能性があることを意識することができる力でなければならないと述べている。そして保健科教育には、国民の共通教養としての「健康リテラシー」の形成を保障する役割がある、と論じた[10]。

2●保健科の目標をめぐる今日的課題

1) コンピテンシー・ベースの学力観

グローバル化、情報化といった著しい社会構造の変化に伴い、人々の生活スタイルや生活環境、労働環境が大きく変貌を遂げている。また、iPS細胞やゲノム研究等、医学の著しい進歩により、保健の教科書で学んだ数年前の知識でさえ、常に新しい情報へ更新しなければならない時代となっている。児童生徒の健康課題も年々多様化しており、日本学校保健会が2016年に示した児童生徒の健康状態サーベイランス事業報告書によれば、社会環境や生活様式の激変は、子ども達の身体的活動の減少、食生活の変化、人間関係の希薄化など様々な形で現れてきており、生活習慣リスクファクターに問題のある児童生徒の増加と心身の健全な発達に深刻な影響を及ぼし、生活習慣病予備軍の低年齢化、運動習慣の二極化、心の健康問題、アレルギー疾患、薬物乱用、スマホ依存、

氾濫する健康情報といった新しい健康課題への対応が急務であることが指摘されている[13]。さらに2017年（小中学校）・2018年（高等学校）告示学習指導要領では、社会構造の変化に対応できる資質・能力として、教科横断的に育成する汎用的能力の重要性が増し、汎用的能力と各教科で育成すべき能力の関連性や小中高等学校の系統性が重視されている。その背景には、グローバル社会で育成すべき人間像をめぐって、断片化された知識や技能ではなく、人間の全体的な能力をコンピテンシー（competency）として定義し、それをもとに目標を設定し、政策をデザインする世界的な潮流がある。具体的には、OECDのDeSeCoプロジェクト（1997～2003年）による「キー・コンピテンシー」の概念[14]が、PISAやPIAACなどの国際調査にも取り入れられるようになり、日本においても、このグローバルな視点によるコンピテンシー・ベースの学力観が議論されるようになった。

2）21世紀型能力と保健科の目標

　国立教育政策研究所は、2013年3月の報告書「社会の変化に対応する資質や能力を育成する教育課程編成の基本原理」で、教科横断的に育成すべき汎用的能力として、21世紀型能力を提案している[15]。21世紀型能力は、基礎力、思考力、実践力の3つを柱に構成されており、基礎力である言語スキル、数量

図1　21世紀型能力の構造[15]

スキル、情報スキルを活用するための能力として、問題解決力、論理的思考力、批判的思考力、メタ認知などの思考力が中核に位置付けられている（図1）。2017年告示学習指導要領で示された、資質や能力の3つの柱、「知識及び技能」「思考力、判断力、表現力等」「学びに向かう力、人間性等」には、この21世紀型能力の概念が反映されている。この学習指導要領において、保健科の学習目標を論じる際には、この21世紀型能力が示す汎用的能力の構造を理解した上で、保健科独自の目標を位置付ける必要性がある。批判的思考力、課題解決力、情報活用力、コミュニケーション力といった、習得した知識を実生活や実社会に活用するために必要な汎用的能力の育成は、保健科の目標として、健康行動の変容につながる意思決定に影響を与える重要な課題である。

3) 健康情報リテラシーの育成

　2016年12月の中央教育審議会答申「幼稚園、小学校、中学校、高等学校及び特別支援学校の学習指導要領等の改善及び必要な方策等について」では、現代的な諸課題に対応して求められる健康・安全・食に関する資質・能力として、必要な健康情報を自ら収集し、適切な意思決定や行動選択を行うことができる力を挙げている[16]。高橋は日本におけるフードファディズムの問題を指摘し、テレビの健康情報番組、インターネットや雑誌の広告等、営利目的で意図的な健康情報の操作に対応する力が日本人の多くが身に付けていないという課題を指摘している[17]。これらの課題を解決する能力の一つに、批判的思考力を挙げることができるが、科学的根拠の不確かな健康情報の中から自分に必要な正しい情報を選択し活用できる能力の育成は、保健科教育の重要な目標の一つである。

　さて、健康情報の活用力を意味する用語に、「健康情報リテラシー」がある。古田は、健康情報リテラシーとヘルスリテラシーの関係について、健康情報リテラシーは、ヘルスリテラシーを形成する中心的な概念であり、リテラシーの内容として情報の収集と分析に主眼が置かれているものと説明している[18]。本節では、健康情報の活用能力について、健康情報リテラシーという用語を使用する。

4) 2017・2018年告示学習指導要領における保健科の目標

　2017年告示中学校学習指導要領の解説保健体育編では、保健分野の目標として、社会の変化に伴う現代的な健康課題の出現や、情報化社会の進展による様々な健康情報の入手等に対し、生徒が生涯にわたって正しい健康情報を選択

表1　中学校保健分野において育成を目指す資質・能力の整理

観点	保健分野の資質・能力
知識・技能	個人生活における健康・安全についての科学的な知識や技能／現代的な健康課題を踏まえた心身の機能の発達と心の健康、健康と環境、傷害の防止、健康な生活と疾病の予防に関する知識／ストレス対処、応急手当に関する基礎的な技能
思考力・判断力・表現力等	健康課題を把握し、適切な情報を選択、活用し、課題解決のために適切な意思決定をする力／自他の健康課題を発見する力／健康情報を収集し、批判的に吟味する力／健康情報や知識を活用して多様な解決方法を考える力／多様な解決方法の中から、適切な方法を選択・決定し、自他の生活に生かす力／自他の健康の考えや解決策を対象に応じて表現する力
学びに向かう力・人間性	健康の保持増進のための実践力を育成し、明るく豊かな生活を営む態度／自他の健康に関心をもつ／自他の健康に関する取組のよさを認める／自他の健康の保持増進や回復のために協力して活動する／自他の健康の保持増進に主体的に取り組む

し、健康に関する課題を適切に解決することが挙げられている。そして、保健の「見方・考え方」として、「個人及び社会生活における課題や情報を、健康・安全に関する原則や概念に着目して捉え、疾病等のリスクの軽減や、生活の質の向上、健康を支える環境づくりと関連付けること」が示された[19]。2016年12月の中央教育審議会答申に示されている保健分野の資質・能力を見ると、思考力・判断力・表現力等として、自他の健康に関する課題解決力と健康情報リテラシーに関する能力を重視していることがわかる[16]（表1）。

3●ヘルスリテラシーの形成

　山本らは、1998・1999年の学習指導要領中学校保健分野において、自己の健康課題や氾濫する健康情報に対する能力の育成を課題に挙げ、批判的思考力や情報活用力を中心としたヘルスリテラシー育成の必要性について論じている[20]。また和唐は、保健授業の今日的課題として「健康リテラシー」の育成を挙げ、健康リテラシーにより、人々は各種メディアから示される様々な健康に関する情報を理解し共有でき、医療での医師のインフォームド・コンセントにも対応でき、学びの共同体への参加や健康文化づくりへの社会的参加が可能になると論じている[10]。さらに、植田は、2017年告示学習指導要領における保健の見方・考え方の基礎となる概念として、健康リテラシーを取り上げ、「必要な情報を収集したり、情報を取捨選択したり、情報を活用して、人々と協力しながら問題解決していく力」が求められていると指摘している[21]。このように、「ヘルスリテラシーの形成」は、今後の保健科の目標を論じる上で、重要

な概念の一つとなってきている。ちなみに、健康リテラシーという用語は、「Health Literacy」を日本人に受け入れやすいように訳したものである。

1）ヘルスリテラシーの定義と下位概念

　1990年、「健康教育用語に関する合同委員会」（the joint committee on health education terminology）では、ヘルスリテラシーとは「基本的な健康情報や健康サービスを知り、それを解釈・理解することのできる能力であり、また健康状態を高めるように情報やサービスを活用できる能力」と定義している[22]。また、1991年にNutbeamは、WHOによるhealth promotion glossaryにおいて、「健康を保持増進するように、情報を得て、理解し、利用するための動機づけと能力を決定する認知的・社会的スキル」と定義し、ヘルスリテラシーの概念を、機能的リテラシー、相互作用的リテラシー、批判的リテラシーの3つに分類し、読み書き能力以外のリテラシーの必要性を論じ、「ヘルスリテラシーとは、ヘルスプロモーションにおける新しい概念であり、健康教育とコ

表2　Sørensenが整理したヘルスリテラシー研究の分類（一部、山本が改変）

ヘルスリテラシー研究	機能的リテラシー	文化的リテラシー	科学リテラシー	行動	健康リスク	病気の予防	自己管理	病院の利用	コミュニケーション	薬の使用	情報活用	批判的思考
Lee et al. (2004)			○	○	○	○	○	○		○		
Institute of Medicine (2004)	○		○						○			
Zarcadoolas et al. (2005)	○	○	○									
Speros (2005)	○											
Baker (2006)	○											
Paashe-Orlow (2007)	○											
Kickbush & Maag (2008)	○											○
Mancuso (2008)			○					○				
Manganello (2008)	○										○	○
Freedman et al. (2009)		○										○
Von Wagner et al. (2009)	○											

ミュニケーション行動の結果として構成されるものである」と説明している[23]。

その後、ヘルスリテラシー研究は、医療や健康に関する様々な分野に広がりを見せ、ヘルスリテラシーの下位概念も、文化的リテラシー、科学リテラシー、自己管理能力、コミュニケーション力を含めた広義の概念として発展してきている。2012年にオランダの公衆衛生学者であるSørensenは、ヘルスリテラシーに関する先行研究の概念や定義を整理し[24]（表2）、ヘルスリテラシーを形成する過程として「入手」「理解」「評価」「活用」という4つの能力を示し、その活用領域を「ヘルスケア」「疾病予防」「ヘルスプロモーション」とするマトリックスを提案している[25]。

このようにヘルスリテラシーの下位概念は、様々な要因について研究されてきたが、現在共通した概念として、健康に関する知識や情報を理解するために必要な機能的リテラシーだけでなく、その知識や情報を活用するために必要な認知面や社会性を含んだ能力であり、適切な健康行動を起こすために欠くことのできない実践力として重視されている。

2) 健康教育におけるヘルスリテラシー研究の動向（海外）

アメリカでは、1990年代以降、ヘルスリテラシーを健康教育の内容に位置付けた研究が進められてきた。1994年にカリフォルニア州教育局が示したヘルスフレームワークでは、「学校健康教育の最上位の目標はヘルスリテラシーを身につけることにある」とした上で、ヘルスリテラシーを次の4領域に分類している[26]。

(1)生涯にわたる自分の健康に対して、責任を持つ。

(2)他者の健康を尊重し、他者へのヘルスプロモーションを実践する。

(3)発育発達の過程を理解する。

(4)健康に関連した情報、製品、サービスを適切に利用する。

このフレームワークは、自分の健康に責任を持ちながらも、他者の健康に配慮することにより、家族や学校といった身近なコミュニティーのヘルスプロモーションに貢献するという点で注目すべき提案であった。

次に1995年にアメリカで全国健康教育基準として作成された、National Health Education Standards（以下、NHES）では、ヘルスリテラシーの育成は、健康教育に欠かせないものと位置付けられている。2007年改訂版NHESでは、健康教育に必要な基準（standards）として以下の8項目を示している。①児童生徒は、ヘルスプロモーションと疾病予防に関する概念を理解するようになる、②児童生徒は、家族、仲間、文化、メディア、科学技術、その他の要因が

保健行動に与える影響を分析するようになる、③児童生徒は、健康を高めるために有効な情報、製品、サービスを利用する能力を示すようになる、④児童生徒は、健康のリスクを避けたり、減少させるための対人コミュニケーションスキルの能力を示すようになる、⑤児童生徒は、健康を高めるための意思決定スキルの能力を示すようになる、⑥児童生徒は、健康を高めるための目標設定スキルの能力を示すようになる、⑦児童生徒は、健康を高める行動や健康のリスクを避けたり、軽減する能力を示すようになる、⑧児童生徒は、個人や家族、コミュニティーの健康のために提言する能力を示すようになる。

　そして上記8項目のパフォーマンス指標(Performance Indicators)を、発達段階（Pre-K-Grade 2、Grade 3-Grade 5、Grade 6-Grade 8、Grade 9-Grade 12）に分けて示している[27]。その中でヘルスリテラシーと健康教育の目標には強い関連性があるとし、ヘルスリテラシーの育成は、児童生徒の主な健康行動に欠かせないものであり、ヘルスリテラシーを身に付けた人間とは、①批判的に思考し、問題解決する人間、②責任ある創造的な人間、③自己学習できる人間、④上手にコミュニケーションできる人間、と説明している。NHESでは、批判的思考力、問題解決力、コミュニケーション力の育成を重視したカリキュラムを目指していることがわかる。

表3　St Legerの学校教育におけるヘルスリテラシーの分類

ヘルスリテラシーのレベル	内容	アウトカム	教育活動の例
機能的ヘルスリテラシー	基本的情報の伝達 ・衛生 ・栄養 ・安全 ・薬物 ・人間関係 ・セクシュアリティ ・親の役割	健康を阻害及び促進する要因に関する知識が増える。	・教室での授業 ・読書
相互作用的ヘルスリテラシー	特定のスキルの育成 ・問題解決 ・食品選択 ・衛生 ・コミュニケーション	健康関連行動（運動や非喫煙など）の実践を通じて、主体性を身につけ、健康の自己管理ができる。また健康情報やサービスにアクセスできる。	・学校でのグループワーク ・学校での健康課題の分析と討論 ・学校での課外授業
批判的ヘルスリテラシー	学校・地域での学習 ・社会の不平等 ・健康の決定要因 ・方策の開発 ・変化の方法	地域社会に参加して、逆境にある集団の健康改善のために行動できる。	・生徒が選んだ、または現在の政策や実践において直面している学校・地域の課題への取組

St Legerは、学校教育で育成するヘルスリテラシーを、機能的リテラシー、相互作用的リテラシー、批判的リテラシーの3段階に分け、それぞれに「学習内容」「アウトカム」「教育活動の例」を示している[28]（表3）。この分類は、ヘルスリテラシーの学習内容を3段階で示し、それぞれの学習で、アウトカムと教育活動を明確にしたものであり、「何ができるようになるか」「どのように学ぶのか」を重視した2017年告示学習指導要領が示す3観点、「知識及び技能」「思考力、判断力、表現力等」「学びに向かう力、人間性等」の学習内容を検討する際に参考になる研究である。

3）日本の健康教育に関連するヘルスリテラシー研究

日本のヘルスリテラシー研究は、1990年代以降、医療関連分野を中心に行われてきたが、2000年以降には、健康教育に関連する研究も行われている。中山は、中学校1年生から3年生を対象に「健康と病気の情報を正しく読み解くために」というテーマで、薬の効果を示すデータを正しく読み解く授業の実践報告をしている[29]。江藤は、中学校3年生の女子を対象に、酒とたばこの広告を批判的に見るポイントを学習する授業提案を行った[30]。高泉らは、食生活リテラシーを測定する尺度を開発し、高校生を対象とした調査研究を行っている[31]。また山本らは、中学校1年生を対象に、健康情報リテラシーを育成するための授業を提案し、学習教材として健康情報評価カードを開発している[32]。大久保らは、中学校2年生を対象とした健康教育の内容として、ストレス対処に必要なメンタルヘルスリテラシーに関連した講義形式の授業を実施している[33]。

これらの研究は、いずれもヘルスリテラシーに関連した力の育成を目的に計画されており、その効果を明らかにした点で意義のあるものといえる。しかしその一方で、系統的、包括的にヘルスリテラシーを育成するために必要な先行研究は少なく、今後の課題である。

4）保健教育におけるヘルスリテラシー下位概念の研究

渡邉は、大学生を対象に調査を実施し、日本の健康教育で育成すべきヘルスリテラシーの下位概念として、「対人コミュニケーション」「社会と健康の関係」「計画立案と実行」「健康の規定要因」「意思決定」「リスク認知」「社会参加」の7つを示している[34]。この7因子からは、保健教育の目標として、社会と健康の関係や健康の規定要因を知識として学び、その知識に基づき健康リスクの認知を行い、さらに対人コミュニケーションを通じて意思決定を行い、計画立案により行動する、そして個人で解決できない健康課題に対しては、家族や身

図2　日本の中学生に育成すべきヘルスリテラシーの概念構造

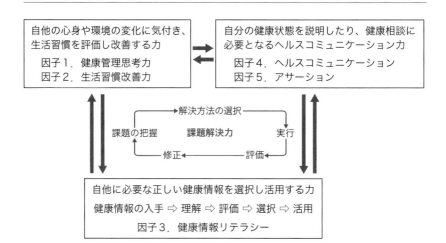

近な地域等のヘルスプロモーション活動に参加し解決するといった、習得した知識を実生活へ生かす行動変容の過程をイメージすることができる。

　次に山本らは、日本の中学生に必要なヘルスリテラシーの要因を調査し、ヘルスリテラシーの因子分析の結果より、①健康管理思考力、②生活習慣改善力、③健康情報リテラシー、④ヘルスコミュニケーション、⑤アサーションの5因子を明らかにしている。そして中学校保健教育で育成すべきヘルスリテラシーに関して、5因子3構造からなる概念構造図を提案した[35]（図2）。この提案は、2017年告示中学校学習指導要領保健分野における、保健の目標として、ヘルスリテラシーの育成に主眼を置き、保健の見方・考え方をヘルスリテラシーの視点から検討したものである。

5) ヘルスリテラシーの形成と学習指導要領の関連

　2017年告示の中学校学習指導要領解説保健体育編では、健康に関する課題解決力と課題解決に向けた健康情報の活用力の育成が重視されている。2016年12月の中央教育審議会答申では、中学校保健分野で育成を目指す資質・能力として、健康課題を把握し、適切な情報を選択、活用し、課題解決のために適切な意思決定をする力を挙げており、そのために必要な力として、①自他の健康課題を発見する力、②健康情報を収集し批判的に吟味する力、③健康情報や知識を活用して多様な解決方法を考える力、④多様な解決方法の中から、適

図3　保健分野学習過程のイメージ（2016年12月中教審答申添付資料）とヘルスリテラシーの関連

因子1：健康管理思考力			因子2：生活習慣改善力		

知識・技能	これまでに習得した知識・技能を確認するとともに、課題の発見、健康情報の収集、解決の見通しを持つために必要な知識・技能を習得する		課題解決に必要な知識・技能を習得したり、課題の解決を通してそれらを深めたりする		単元で習得した知識・技能の成果を確認する
思考力・判断力・表現力	自他の健康課題に気付いたり、発見したりする	健康情報を収集、分析する / 適切な健康情報を選択する	課題への対処や解決を予想する	健康情報や習得した知識・技能を活用して多様な解決方法を考える / 習得した知識・技能を自他の生活に関連付けたり、適用したりする / 多様な解決方法の中から適切な方法を選択決定し、生活改善に生かす工夫をする	学習結果を整理、解釈し、まとめる / 学習結果に基づき、新たな課題を設定する
	健康課題や収集した健康情報などを仲間と共有する		課題の解決に向けて思考したり、判断したりしたことについて、自分の考えを伝え合う		健康に関する考えや提案を必要な対象に効果的に伝える
学びに向かう力	・自他の健康に関心を持つ　・自他の健康の保持増進や回復のために協力して活動する / ・自他の健康に関する取組のよさを認める / ・社会生活で健康・安全を優先し、健康な社会づくりに参画する				

因子3：健康情報リテラシー	因子4：ヘルスコミュニケーション	因子5：アサーション

切な方法を選択・決定し、自他の生活に生かす力、⑤自他の健康の考えや解決策を、対象に応じて表現する力の5点が挙げられている[16]。この提案に基づき、添付資料には、保健分野の学びのプロセスとして、思考力、判断力、表現力の学習内容と学習過程が示された。図3は、その学習内容と、山本が示したヘルスリテラシー5因子との関連性を示したものである。

　健康課題への気付き、発見、対処に対応するリテラシーとして健康管理思考力、生活改善や新たな課題の設定に対応するリテラシーとして生活習慣改善力、健康情報の収集・選択・分析と健康情報や取得した知識・技能の活用に対応するリテラシーとして健康情報リテラシー、健康課題や収集した健康情報などを仲間と共有する力に対応するリテラシーとしてヘルスコミュニケーション、健康に関する考えを必要な対象に効果的に伝える力に対応するリテラシーとしてアサーションがあてはまることを示している。

　このように、学習指導要領保健分野が掲げる、健康に関する課題解決力と情報活用力を、ヘルスリテラシーの概念により検討することは、学習指導要領が

重視する保健の見方、考え方を明確にするための一つの方策となる。

4●保健科の目標論に関する今後の展望

　保健科の目標は、その時代の社会構造や健康課題を反映し変化を続けてきた。しかし、今日的課題で論じたように、10年後の社会構造や生活環境を予測することが難しい時代となっている。また医学の進展に伴う健康課題や疾病の予防法、治療法等も変化を続けるであろう。このような変動を続ける知識基盤社会の中で、継続して必要となる汎用的能力は何か、そして保健科独自に育成すべき能力は何かという問いは、今後さらに議論が必要である。

　上述してきたように、ヘルスリテラシーの概念には、変動を続ける社会で必要となる汎用的能力が多く含まれている。また、先人達が研究してきたヘルスリテラシーの下位概念には、保健科教育が独自に育成すべき能力として期待される力が含まれている。保健科の目標として、包括的、系統的にヘルスリテラシーを形成する研究を進める意義は大きい。さらには、保健科のカリキュラム論として、ヘルスリテラシー下位概念に示された要因をどのように関連付けてカリキュラム化するべきかといった課題も残っている。今後の保健科教育研究において、ヘルスリテラシー研究がさらに進むことを期待したい。

（山本浩二）

引用・参考文献

1）　「中等学校保健計画実施要領（試案）」文部省、1949.
2）　斉藤一男『健康教育』新制教育研究会、1950.
3）　藤田和也「学校保健計画実施要領」、『体育科教育』26（8）：pp. 45-48、1978.
4）　小倉学・森昭三編著『現代保健科教育法』大修館書店、1976.
5）　小倉学『現代教育学講座第14巻　身体と教育』岩波書店、1962.
6）　数見隆生「事実に出発し事実を深める保健科の指導」、宮城教育大学教授学研究会『教授学年報』1、評論社、1975.
7）　数見隆生「保健科の目標」、日本民間教育研究団体連絡会編『保健・体育』民衆社、1978.
8）　沢山信一「保健教育の目標論―科学的保健認識と自主的実践能力の検討―」、『東京大学教育学部紀要』19、1979.
9）　森昭三「『保健科教育法』教育の理論と実践」東山書房、1979.
10）　和唐正勝・森昭三『新版保健の授業づくり入門』大修館書店、2002.
11）　森昭三「保健とは、何を学ばせる教科か」、『体育科教育』52（10）：pp. 10-13、2004.
12）　和唐正勝「保健の授業づくりの課題は何か」、『体育科教育』39（10）：pp. 10-13、1991.
13）　日本学校保健会「児童生徒の健康状態サーベイランス事業報告書」2016年3月.
　　　https://www.gakkohoken.jp/book/ebook/ebook_H280010/index_h5=pdf
　　　（2019年7月25日アクセス）

14) ドミニク・S・ライチェン、ローラ・H・サルガニク編著（立田慶裕監訳）『キー・コンピテンシー──国際標準の学力をめざして──』pp. 105-120、明石書店、2006.

15) 国立教育政策研究所『社会の変化に対応する資質や能力を育成する教育課程編成の基本原理』pp. 26-30、2013.

16) 中央教育審議会「幼稚園、小学校、中学校、高等学校及び特別支援学校の学習指導要領等の改善及び必要な方策等について（答申）」pp. 186-188、2016.

17) 高橋久仁子『フードファディズム』pp. 22-24、中央法規出版、2007.

18) 古田真司「保健教育における健康情報リテラシーの重要性に関する検討」、『愛知教育大学教科開発学論集』1：pp. 1-12、2013.

19) 文部科学省『中学校学習指導要領解説保健体育編』2017.

20) 山本浩二・渡邊正樹「日本の中学校健康教育における課題とヘルスリテラシーの必要性に関する一考察〜中学校新学習指導要領の実施に向けて〜」、『東京学芸大学紀要　芸術・スポーツ科学系』63：pp. 87-97、2011.

21) 岡出美則・植田誠治『小学校新学習指導要領ポイント総整理』東洋館出版社、2017.

22) World Health Organization. Ottawa Charter for Health Promotion. Health Promotion 1986; 1: pp. ⅲ-ⅴ.

23) Nutbeam D. Health literacy as a public health goal: a challenge for contemporary health education and communication strategies into the 21st century. Health Promotion International 2000; 15: pp. 259-267.

24) Sørensen K., Van den Broucke S., Fullam J., et al. Health literacy and public health: A systematic review and integration of definitions and models. BMC Public Health 2012; 12: p. 80.

25) Sørensen K., Van den Broucke S., Pelikan J., et al. Measuring health literacy in populations: illuminating the design and development process of HLS-EU-Q, BMC Public Health 2013; 13: p. 948.

26) The California Department of Education: Health framework for California public schools kindergarten through grade twelve. The California Department of Education. 1994.

27) The joint committee on National Health Education Standards (AAHE, ASHA, APHA, SSDHPER): National Health Education Standards; second edition: Achieving Excellence. American Cancer Society. 2007.

28) St Leger. Schools health literacy and public health: possibilities and challenges, Health Promotion Int 2001; 16(2): pp. 197-205.

29) 中山健夫「子どもたちのための健康情報リテラシー」、『子どもの健康科学』9（1）：pp. 65-70、2008.

30) 江頭真生子「中学校保健授業における『広告分析』授業の検討─生徒の思考力に及ぼす影響に関する一考察─」、『琉球大学教育学部教育実践総合センター紀要』18：pp. 153-161、2011.

31) 高泉佳苗他「健康的な食生活リテラシー尺度の信頼性および妥当性─インターネット調査による検討─」、『日本健康教育学会誌』20（1）：pp. 30-40、2012.

32) 山本浩二・渡邊正樹「健康情報リテラシーを育てる中学校保健授業の研究─健康情報評価カードの開発と授業効果の分析─」、『日本教科教育学会誌』37（2）：pp. 29-38、2014.

33) 大久保智恵他「中学校におけるこころの健康とメンタルヘルスリテラシーに関する心理教育とその効果についての研究」、『奈良教育大学教育実践総合センター研究紀要』20：pp. 79-84、2011.

34) 渡邊正樹「大学生のヘルス・リテラシーの評価」、『日本健康心理学会第13回大会発表論文集』pp. 188-189、2000.

35) 山本浩二・渡邊正樹「中学生におけるヘルスリテラシーの構造と保健知識及び生活習慣との関連─中学生用ヘルスリテラシー尺度の開発と保健教育への応用の検討─」、『日本教科教育学会誌』41（2）：pp. 15-26、2018.

第2章 — 2

保健科の内容論

1 ● 学習指導要領等に見る保健科内容の変遷

　学習指導要領等において、保健（あるいは健康）に関する内容（項目）がどのように扱われていたかということを概観するには、教育課程全体を視野に入れた検討が必要となる。しかしここでは主として現在の保健体育科（あるいは体育科）に直結する流れを中心に見ることとする。

1) 戦前から終戦直後の保健教育内容[*1]

　戦後の新教育体制を構築すべく改革に取り組み、学習指導要領各教科篇（試案）が示され、多くの教科がそれぞれの学習指導要領を作成する一方で、保健体育科（あるいは体育科）としての内容が学習指導要領に明記されるまでにはかなりの時を要している。

　そのおおよその流れは以下のようである。

　1941年に国民学校令が制定された際に、体錬科の中で「衛生」に関する内容が明記された。戦後になりそれまでの体錬科は体育科となったが、学校体育指導要綱にそれまでの「衛生」が継承された。その後教科名が"保健体育科"となった時期に、「中等学校保健計画実施要領（試案）」において「健康教育」としてその内容が示された。ただしこれは他教科の学習指導要領とは性格を異にするものであり、この「健康教育」は必ずしも保健体育科での内容のみを規定するものではなかった。その後中学校と高等学校の内容等が別々に定められることに伴って、ようやく学習指導要領に保健科教育についての内容が明記されるに至っている。

❶ 学校体育指導要綱

　1941年に小学校令が改正され、国民学校令が制定された折に、体錬科の「体操」には、「体操」「教練」「遊戯競技」及び「衛生」を課すことが定められた。そしてその中の「衛生」では、「衛生の基礎的訓練」を重点として、学年進行

に伴ってその程度を高め、「救急看護」も加えることが要求されている。

　より具体的には、以下の内容が含まれていた。

● 身体の清潔（身体の清潔、口腔の清潔）

● 皮膚の鍛錬（薄着、摩擦）

● 救急看護

　しかしこれらは教育内容というより、実践（指導）内容というものである。

　当時アメリカの健康教育の影響を受け、日本の学校教育においても健康に関連する教科の設置や健康に関する知識の学習の充実を望む動きがあったと推察されるが、当時の情勢からして体錬科の中では、大幅な発展を実現することは不可能であったと考えられる。例えば大西（1940）は体錬科の「衛生」の内容として「身体の清潔」「皮膚の鍛錬」「食事の訓練」「採光と換気」「疾病の予防」を挙げ、高等科においては「看護実習」と「救急訓練の実施」を加えるべきである、と述べるにとどまっている[1]。

　しかし一方で、当時の不衛生な生活環境における衛生習慣の獲得は、優先すべき重要な課題であったことは確かである。

　戦後になって「学校体育指導要綱」を制定する際には、戦前より構想されていた多様な内容が日の目を見る機会を得ることになるが、示された「衛生の教材」表の付記として、「衛生では理論と実際を行なう」とされているように、実際には保健指導的、あるいは戦前から必要性が主張されていた健康のための「躾」的指導の役割に応えたものであるといえる。それはこの指導要綱においては体育の目的として「体育は運動と衛生の実践を通して人間性の発展を企図する教育である」と示されていたことから致し方ないと考えられる。

　この実施要綱における衛生教材は、中学校を例にとれば8つの「類別」（大項目）とそれぞれの「内容」（小項目）という形で示された。

＊

(1)衣食住の衛生：衣服、食物、住居

(2)皮膚の摩擦：摩擦

(3)姿勢：静止時、運動時

(4)身体の測定：身長、体重、胸囲、体温、脈はく、呼吸

(5)病気の予防：急性伝染病、結核、寄生虫病、近視、歯牙、免疫

(6)社会生活の衛生：国民栄養、都市衛生、農村衛生、職業の衛生

(7)看護法（消毒法を含む）及び救急処置：看護法、救急処置

(8)精神衛生：性格異常、精神病その他

＊

　このような結果とならざるを得なかった、すなわち新たな保健教育として十分な改善が行われなかった原因を、阿部（1968）は以下のように指摘している[2]。

(1)体育との関連でのみ考えることの限界性

(2)当時の体育教師にとって荷が重すぎること

(3)基礎となるべき研究の不十分さ

(4)内容的にも系統性を欠いていること

　これらの指摘の中で、(3)については、その後の学習指導要領においては科学的研究の発展等の成果によってかなり改善されているとも考えられるが、(3)以外は現在にも通じる重要な課題として残されているといえる。

❷中等学校保健計画実施要領（試案）並びに小学校保健計画実施要領（試案）

　1948年5月に文部省学校教育局長通達「新制中学校の教科と時間数について」が出されたが、これを機に形の上では現在の教科としての"保健体育科"がスタートしたということになる。具体的にはそれまでの"体育科"が"保健体育科"と改称された。しかし一方で、それまでの「衛生」という用語に代わって、「健康教育」という用語が前面に出されることとなった。この通達の中で、「健康教育」に直接関係する内容は以下の通りである。

＊

● 学校は、計画的な健康教育を3年間のうちいずれかの学年において70時間実施すること。

● 70時間の健康教育の他に、正規の理科、家庭科、社会科の時間にそれぞれの教材が健康教育に関係ある場合には、必ず健康教育を強調して取り扱うことが大切である。

● 健康教育を行うには、本表の「保健体育」の時数をこれにあてることを建前とするが、理科、家庭科、社会科の時間からあてることがあってもよい。

● 健康教育を行うには、保健体育科、理科、家庭科、社会科等の各単元と密接な関連を保ちつつ、系統ある教育計画を立て実施すること。

● 健康教育の計画を立てる場合には、近く示される「中学校保健指導要項」に準拠せられたい。

● 学校長は、保健体育、理科、家庭科その他の教科を担当する教師の中で、健康教育担当の適任者を選び、これにあてること。

＊

　この通達を受けて実際に示されたのは「中学校保健指導要項」ではなく、「中等学校保健計画実施要領（試案）」であった[*2]。ここにおいて中等学校の「健

康教育の内容」として示されたものは、以下の13項目であるが、各項目についてそれぞれの「指導目標」「指導内容」「学習活動」、そして「結果の考査」が詳細に示された。

1．健康とその重要性　2．生活体　3．特殊感覚器とその衛生　4．骨格とその衛生　5．筋肉とその衛生　6．呼吸・循環・内分泌とその衛生 7．神経系統と精神衛生　8．食物と健康　9．容姿と健康　10．成熟期への到達　11．救急処置と安全　12．健康と社会　13．健康と職業

その後1951年2月に発刊された「小学校保健計画実施要領（試案）」においては、「健康教育の内容」ではなく「健康教育の教材の範囲」として下記の13項目が示された。また、中等学校では「結果の考査」であったものが「結果の評価」に変わっている。

1．身体の成長及び発達　2．食物と健康　3．日光と新鮮な空気　4．清潔　5．休養、睡眠　6．運動　7．歯・目・耳の衛生　8．姿勢　9．安全と救急処置　10．病気の予防　11．肺・心臓・胃腸の機能　12．社会の健康 13．精神の健康

藤田（1979）はこれら2つの実施要領を比較して、中等学校版に比べて小学校版は、「当時の生活単元学習の内容構成を意図していることがわかる」と指摘している。しかし同時に「必要と思われる内容を羅列したきらいが強く、全体構成という点で未整理である」とも評している[3]。

2）生活教育的内容重視の社会科並びに理科と保健科の関係

　生活教育が重視されていた時期の社会科や理科は、その後の保健科の目標や内容を含むものであったといっても過言ではない[4]。それまでの理科や社会科の特性の一部は、例えば以下のところからも読み取れる。

❶小学校社会科篇1（試案）──1947年

　第1学年の学習問題「私たちはどうすれば丈夫でいられるか」の「指導の着眼」として以下のように示されている。

児童は自分自身の成長に大きな興味を持っている。体重や身長をはかって、おたがいに比べあったりする。こうした点を有効に使えば、その健康に対する

関心を増させる（ママ）ことができるであろう。歯医者に行くこと、近所の家が消毒されたりすること等々、児童の日々の生活には、不思議な体験が数多くある。こういう点も健康に関する習慣養成のよいいとぐちとなると思われる。一年生では、正しい食事のとり方、日々の衛生、衣服に関する習慣に重点がおかれる。教師はこういうものに関する正しい習慣がどんなものであり、どの程度家庭で実行されているかを知らなければならない。

そして「指導結果の判定」としては、以下のことを確認することとされていた。

正常な発達を阻害するような保健上の欠点がなくなされた（ママ）か。よい姿勢を保つようになったか。休息時間には十分休むか。排せつの時間に規律があるか。防疫のきまりを守るか。戸内ではがいとうを脱ぐか。適切な衣服をつけて登校するか。間食を適時にとるか。どんな野菜でも好ききらいがないか。清潔・衛生の習慣を守っているか。以上のことが教師に要求されるからでなく、自分自身から進んで行われているか。健康法の改善に満足を感じているか。

❷学習指導要領理科篇（試案）──1947年

下記のように「科学教育の教材の分野」として示された項目の一つとして、「保健に関すること」が含まれていた。

⑴動物・人に関すること　⑵植物に関すること　⑶無生物環境に関すること　⑷機械道具に関すること　⑸保健に関すること

そして教科の目標として「健康を保つ習慣」を身に付けることが記載されている。

❸小学校学習指導要領理科篇（試案）──1952年

「学年の指導目標」に、下記のように掲げられている。

- からだや身のまわりを清潔に保つよう気をつける。
- 元気で安全に遊ぶことができる。
- 親や医者がからだを守ってくれることがわかる。（以上2学年の目標の一部）
- 食べ物や食べ方の健康に対する影響を理解し、食生活を合理的にしようとする。
- すまいや着物の健康に対する影響を理解し、それらの健康によい使い方を身

に付ける。(以上5学年の目標の一部)

また高学年の学習分野の一つとして「健康な生活」が示され、「どうしたらじょうぶなからだになれるでしょうか」及び「病気を防ぐにはどうしたらよいでしょうか」ということが学習内容とされていた。

3) 医学教育的内容重視の時期

1956年の文部省初等中等局長通達及び同年の高等学校学習指導要領に示された保健の内容は、一般的な内容に加えて、中学校や高等学校における保健活動等身近な内容も取り上げている。例えば、「中学校生徒の生活と健康」や「中学校生徒の保健活動」等が含まれている。

しかしその後他の教科、主として社会科や理科がそれまでの性格を転換して、いわゆる科学的な教科となったことに追随していくことになる。つまり保健教育が教科として教育課程に位置付けられ続けるためには、その背景となる学問領域を明確にする必要が生じ、結果としてそれまでの生活的内容を医学的内容へと変えざるを得なかったということになる。その特性が顕著に現れているのが、1960年の高等学校学習指導要領において教科保健の内容として示された以下の領域である。

(1)人体の生理(恒常性とその維持、適応作用、余裕と貯蔵物質、年令[ママ]等による身体の変化、全体性とその維持)

(2)人体の病理(疾病の原因、疾病による身体の変化、疾病の転帰・治癒)

(3)精神衛生(精神の発達、精神と身体の関連、欲求と行動、個人差と適応、適応異常と精神障害)

(4)労働と健康・安全(労働生理、労働疾病、労働衛生、労働災害、労働者の生活と健康)

(5)公衆衛生(公衆衛生の基礎活動、公衆衛生の内容と機構、公衆衛生と健康の本質)

このことに関して田村(1975)は、「高等学校の学習内容(特に『人体の病理』)に見られたように個別科学の網羅的知識を与えることが系統的、科学的であるという誤謬を犯したりした」「保健科の性格が『対症療法的思考』、『実用主義的方向』、『治療医学偏重の簡易医学版』と批判されるのはまさにこの点にあったと言わねばならないであろう」と指摘している[5]。

結果としてこの時期の内容が極端に医学的であったことは、教科保健の存立・維持への貢献はあったものの、医学（専門）的過ぎるとの評価を受け、その後は変容することとなる。

4）教育の現代化及び教育内容の精選の時期

森（1976）は、「学習指導要領を見るかぎり、…（中略）…内容についても、すでに見てきたように『生活化』→『系統化』→『現代化』を意図し、そのたびに領域構成は変わった」と判断しているが[6]、保健科教育の内容を一覧すれば、この時期以降、項目立ての骨格はほとんど変化を示していないといえる。

さらに森は「保健の学習内容の配列と順次性は、不明確なものであるが、そこにはそれなりの系統性が存在しており、『知識の同心円的拡大』『年齢層別カテゴリー』『生活から科学』という3つであった」とも指摘している[6]。

また、藤田（2002）は、1989年の学習指導要領改訂において、内容の精選（重複を避けるなど）を行った結果、小中高等学校の項目（内容）は、①心身の機能と発達、②健康と環境、③健康と生活、④傷害の防止、⑤疾病の予防、⑥職業と健康、⑦集団の健康の7項目にまとめられ、その考え方の原理（内容構成の原理）は、健康成立の3要素（主体・環境・行動）に基づく項目立てと、個人の生活空間の同心円的拡大（個人→家庭・学校→職場・社会）による配列によって構成されていると見られる、と指摘している[7]。

加えて高校版では、「現代社会と健康」「生涯を通じる健康」、そして1999年の改訂ではそれらに加えて「社会生活と健康」という名称の領域カテゴリーを作り出している点にも注目している。

類似の指摘は和田（2016）も行っているが、戦後の中学校並びに高等学校の保健科教育内容は、伝統的な医学・衛生学を中心とする領域と、近年健康の成立にとって必要とされる生活様式を中心とする領域として、①心身の機能とその発達、②疾病・障害の予防、③生涯を通じる健康、④社会（集団）と健康、⑤環境と健康の5領域に集約されるとしている[8]。

5）学習指導要領における「教育内容」

現在の学習指導要領においては、各教科についてその「目標」「内容」そして「内容の取り扱い」の留意点を示すという形式をとっている。

その「内容」はいくつかに分けられ、それぞれ総括的にそこでの到達点的な見出し文が示されている。それは「……が理解できるようにする」、あるいは「……についての理解を深めることができるようにする」等のようである。そ

表1 中学校学習指導要領における「病気の予防」に見る内容の示し方の推移

【1958年】
⑴病気の予防
ア 伝染病及び寄生虫病とその予防
　　赤痢、腸チフスなどの消化器系伝染病、結核などの呼吸器系伝染病、その他の伝染病
　　及び寄生虫病の病原体、感染経路、症状及びその予防などの大要について理解させ、
　　伝染病及び寄生虫病の予防に必要な生活を実践する態度を養う。

【1969年】
ア 伝染病の予防
　　伝染病の種類とその現状、予防の原則及び予防接種について知ること。特に、赤痢や
　　結核の原因、感染経路、症状及び予防について理解すること。

【1977年、1989年】（見出し項目がなくなる）
⑶傷害の防止と疾病の予防について理解を深めさせる。
ウ 疾病には、主体、環境及び病因の三要因が明らかなものと明らかでないものがあるが、
　　多くの疾病は、要因に対する適切な対策によって予防できること。

【1998年、2008年】
⑷健康な生活と疾病の予防について理解を深めることができるようにする。
ア 健康は、主体と環境の相互作用の下に成り立っていること。さらに、疾病は主体の要因
　　と環境の要因がかかわりあって発生すること。

【2018年】
⑴健康な生活と疾病の予防について、課題を発見し、その解決を目指した活動を通して、次
　の事項を身に付けることができるよう指導する。
ア 健康な生活と疾病の予防について理解を深めること。
　⑺健康は、主体と環境の相互作用の下に成り立っていること。また、病気は、主体の要因
　　と環境の要因が関わり合って発生すること。
イ 健康な生活と疾病の予防について、課題を発見し、その解決に向けて思考し判断すると
　　ともに、それらを表現すること。

※下線は筆者による

してその下により具体的な教育内容が箇条書き形式で並列されている[*3]。

　さらに2018年改訂の学習指導要領においては、「課題の発見」をさせるための「活動」を行わせ、関連事項の「理解を深める」ように指導するということが、「内容」として示されることとなっている。また「健康に関する原則や概念」等に沿って「解決の方法を思考し判断する」ことと、それらについて「表現すること」も「内容」の一つとして示されている。この点は分野等によって多少の表現の差違はあるものの、小中高等学校に共通する記述形式となっている。

　なお、これまでの中学校学習指導要領における内容の示し方の推移を、「病気の予防」を例に比較すると、表1のようである。

　かつて森（1987）は、「保健科において教授─学習の目標とされ、子どもが身に付けるべき知識・技能・概念・原理などの『内容』と、そのために使用される『教材』とが区別されず、混同されている場合が少なくない」と指摘し、かつての学習指導要領においても、「内容と教材が意識的に区別されておらず、

混同されていた……」と述べているが[9]、この問題はいまだに解決されておらず、今後の保健教育研究においては関連用語の検討並びに整理、すなわち用語概念の共通理解が必要であるといえよう。

2● 保健科教育における内容構成論

1) 内容構成論の必要性

かつて小倉（1976）は教育内容の精選・構造化に関して、下記のように述べている[10]。

*

「教育内容の精選・構造化が教育界の関心事となってから十数年が経過した。その構造化は、科学技術の爆発的な発展、社会の急激な変貌に伴って増大し高度化する知識（情報）に対応して、学校教育が講ずべき不可避の対策であるといえる。児童・生徒の学習のキャパシティー（容量）、授業時数には限りがあるので、より基本的なことにしぼり（精選し）、教育内容を横には関連性、縦には系統性（順次性）をつけた構造化が要請されることになる。しかし、今日までのところ、教科教育としての保健の構造化はそれほど進んでいない現状である。」

*

このことに関連して藤田（2001）は、「保健科の内容体系についての研究は、1970年代から80年代前半頃までは、小倉学の5領域試案を中心にかなりの提案や論議がなされたが、その後、この分野における教育内容研究は内容体系をあまり問題にしてこなかった。とくにこの10年あまり内容体系論議はほとんど不毛に近かった」状況であると捉えているが[11]、その後も同様の状況といえる。

2) 主な内容構成論

1960年以降のアメリカ教育界の影響を受け、教育内容の現代化が要求されると同時に、構造化という課題が浮かび上がってくることとなった。保健教育に関してはアメリカの保健体育レクリエーション協会保健教育部会を中心として提案された「School Health Education Study」（以下、SHES）はその代表例であり、その副題の「Conceptual Approach」（一般に概念的接近と訳されている）が示すように、教育領域全体並びに取り扱う内容を、項目ではなく概念として構造的に表すものであった[12]。

　一方、日本においても、小倉は児童の保健認識の発達に関する研究を行う中で、保健教育の全体像及びその内部を構造的に示す必要性に着目し、暫定的な提案としつつも保健教育の5領域試案を提唱するに至っている[13]*4。その後「(3)疾病・傷害の予防」を分割して、6領域としている[14]。

(1)人体の構造と機能

(2)環境と健康

(3)疾病予防

(4)安全（災害防止）

(5)労働と健康

(6)集団の健康（公衆衛生）

　この案ではそれぞれの領域について、その「基本概念」「要素」「項目」を示すという形式をとっている。例えば「人体の構造と機能」領域の「基本概念」は、以下の3項目である。

(1)人体の各器官・系統は固有の構造と機能を持つとともに、各機能相互に関連がある。

(2)人の精神と身体の機能には相互関係がある。

(3)人は遺伝と環境条件の影響を受けて、発育・発達、成熟、老化の過程をたどる。

　さらに「基本概念(1)」は4つの要素から成り立ち、さらに2つの項目（中学では3項目）から構成されている。森（1981）は、小倉の5領域試案もSHESも、「概念」を軸とした構造化が特徴的である、と指摘している[15]。

　内海（1985）は、小倉の提案を「自然科学的レベルでの根拠づけは高く評価される」としながらも、さらに社会科学面での追求とそれらを統一するという観点から、「三部六領域案」を提案している[16) 17]。この提案は高等学校の保健を対象としているものであるが、表2のようである。

　森（1979）は小倉の提案を重視しつつ、小学校（5・6年生）の6単元と中学校5単元を表3のように提案している[18]。

　藤田（1987）は、それまでの内容構成案を検討した上で、保健科で育てるべき能力と学力の保障という観点から、表4の内容体系案を提示している[19]。

　その際に藤田は保健科で育てるべき能力と学力を保障するための教育内容の関係について示している。そして「保健科の学力とそれに対応する教育内容」として、「身体機能についての知識」「健康維持の方法と技術」「健康の事実・法則・原理」「『保健の科学』の方法と内容」を挙げている。そしてそれらの内容の体系化を構想することの必要性を述べている。

表2　内海和雄の「三部六領域案」（1985）

Ⅰ　私たちの身体・精神の形成される過程
　A　身体・精神の進化（系統発生）
　　1　自然界の発展段階（3段階）
　　　イ　地球の起源　　ロ　生命の起源と進化　　ハ　人類の誕生
　　2　その後の歴史（次学年で行う）
　B　人間の出産と成長（個体発生）
　　1　出産とそのしくみ
　　2　身体の発育・発達
　C　人体のしくみと働き
　D　精神の発達
　　1　「第二次反抗期」とは何か
　　2　ことばと思考
Ⅱ　私たちの身体・精神の破壊過程
　E　疾病の要因と構造
　　1　疫学の考え方
　　　イ　日本の脳炎を例として　　ロ　ネズミの生態を例として　　ハ　水俣病を例として
　　2　原因の考え方（主要な原因とは？）

───（以上第1学年、以下第2学年）───

Ⅲ　私たちの身体・精神の健康を守る力
　F　歴史の中で
　　1　歴史の発展の中で
　　　イ　原始共同体の例　　ロ　奴隷社会の例　　ハ　封建社会の例
　　2　資本主義社会の例
　　　イ　産業革命期を例として　　ロ　今日の日本の健康を守る運動〔a　憲法の考え方
　　他　　b　住民運動　他（国、自治体の福祉行政を含めて）〕

表3　森昭三の提案（1979）

【小学校の単元】
㈠からだのしくみとはらき
㈡運動、疲労、休養（睡眠）の関係と健康
㈢食事と健康
㈣からだの変調や病的症状の原因とその見つけ方
㈤病気の3要因とその予防
㈥交通事故の原因とその防止及び救急処置のしかた

【中学校の単元】
㈠人間の生命と身体
　①人間の生命の起源と歴史　　②心身の相関
㈡環境と健康
　①からだの適応のしくみと限界　　②環境汚染の原因とその対策
㈢疾病や災害の予防及び救急処置
　①病気の3要因とその予防　　②災害発生要因とその予防　　③応急処置の理論とその
　実際
㈣労働と健康
　①作業環境・条件の変化と労働者の健康　　②労働者の健康を守る法や制度
㈤国民の健康と社会
　①人類と病気のたたかいの歴史　　②社会における健康を守るしくみ

表4　藤田和也の「保健科の内容体系案」（1987）

健康の成立とその維持	1. 人間のからだと健康	・人間の健康とからだの歴史 （人間の健康、人間のからだの歴史） ・からだの構造と機能 （身体の構造、身体の機能、精神の機能、心身相関） ・発育発達 （身体の発育、身体機能の発達、精神機能の発達）
	2. 健康と環境	・自然環境と健康 （健康に不可欠な自然環境——空気、日光、水） ・適応作用と健康 （環境適応能力、適応の限界） ・環境の調節 （気温・気湿・気流の調節、採光・照明、清浄な空気、安全な水の確保） ・自然環境の保全 （自然環境の破壊、自然環境の保護）
	3. 健康と基本的生活	・食事と健康 （栄養とバランスと食事、生活のリズムと食事） ・運動と健康 （運動と生活、運動とからだ、運動と病気） ・疲労と休養・睡眠 （運動・労働と疲労、疲労の回復と休養、睡眠）
健康の破綻とその防止	4. 傷害の防止	・けがの防止と応急処置 （傷害とその防止、応急処置） ・交通事故とその防止 （交通事故の原因、交通事故の防止） ・労働における事故とその防止 （労働事故の原因、労働事故の防止）
	5. 疾病の予防	・病気とその原因 （病気とその種類、文明と病気、病気の原因） ・伝染病の予防 （呼吸器系、消化器系、その他） ・成人病の予防 （循環器系、癌、肝臓・腎臓） ・病気の早期発見と治療 （早期発見、治療と治癒、プライマリーケア）
健康の保障	6. 家庭と健康	・家庭生活と健康 （結婚、妊娠・出産と家族計画、保育・家庭看護） ・老人保健 （老化、老人医療、老人福祉） ・消費者保護 （安全な食品、医薬品）
	7. 労働と健康	・労働者の健康と安全 （労働者の健康と労働条件、労働災害、労働者の健康・安全保障） ・リハビリテーション （機能回復訓練、社会復帰・職業復帰）
	8. 社会と健康	・公衆衛生 （公衆衛生の歴史、公衆衛生の現状と課題） ・医療 （医療の歴史、医療制度、医療保障） ・国際保健活動 （WHO、FAO、UNEP、赤十字社など）

その後、それまでの保健（科）教育内容の検討についての取組を総括するとともに、その体系化を試みる取組として日本学校保健学会の共同研究が行われたが、その結果に基づき、家田ら（1998）は、健康課題について「疫学の3要因」を基本とした捉え方は、現代的な内容体系としては不適当であると判断し、「具体的な健康問題とその解決に焦点を当てやすいような構成、及び健康に関連する行動を科学的にとらえる視点を生かした構成とすること」を主張している[20]。この教育内容選定の基本的考え方は以下の通りであり、その方針の下に提案されたのが表5の3部9系列である。

(1)行動科学の考え方を基本とする

(2)生活行動との関連を重視する

(3)現代の健康問題に対応する内容を重視する

(4)健康問題の予防・解決の手順を取り上げる

(5)自己観察、セルフコントロールなどの行動科学的な技術を取り上げる

表5　家田重晴らによる学校健康教育の内容体系案「3部9系列」（1998）

Ⅰ. 保健行動と健康
　1. 生活行動
　　1)生活行動と健康問題　2)生活リズム　3)食事　4)清潔　5)運動　6)たばこ、酒、薬物乱用、ギャンブル
　2. 体と心の健康
　　1)体と心の調整　2)体と病気　3)自己や他者の尊重　4)心の悩み
　3. 健康の自己管理
　　1)体の部位と器官　2)体や心の自己評価　3)生活行動の自己点検　4)行動の自己管理
　4. 保健医療サービスの利用
　　1)学校保健サービスの利用　2)地域保健医療サービスの利用　3)サービス利用上の留意点　4)健康・医療情報の利用と分析

Ⅱ. 健康を支える領域
　5. 環境
　　1)健康に影響する環境要因　2)身近な環境の整備　3)環境問題　4)地域環境の点検　5)生産・消費と環境保護
　6. 安全
　　1)事故への対処　2)重大事故の発生と防止　3)交通事故の発生と防止　4)災害、暴力・犯罪　5)危険・安全の評価　6)安全行動の練習
　7. 消費者
　　1)製品の安全　2)意思決定の手順　3)消費関連機関・情報の利用　4)消費者の権利と責任　5)契約とトラブル、悪質商法
　8. 社会と健康
　　1)市民や市民団体の責任と活動　2)企業や国などの責任と市民の監視　3)職業における健康の保障　4)社会福祉政策の評価

Ⅲ. 発育・老化にかかわる領域
　9. 発育・老化と健康
　　1)人の一生の尊さ　2)性と健康　3)発育・発達と健康問題　4)老化と健康問題

⑹活動を通して批判的能力や実践的能力を高めるような内容を取り上げる

⑺権利や責任に関する内容を取り上げる

⑻「責任ある市民」の育成を目指す

⑼東洋医学などの代換(ママ)的方法論の必要性を考慮する

　この提案について藤田（2001）は、「保健科の内容体系についての研究は、1970年代から80年代前半頃までは、小倉の5領域試案を中心にかなりの提案や論議がなされたが、その後、この分野における教育内容研究は内容体系をあまり問題にしてこなかった。とくにこの10年あまり内容体系論議はほとんど不毛に近かった。その意味で、1998年から1999年にかけて『学校保健研究』において公表された家田らによる『学校健康教育の内容体系化に関する研究』は、再びこの分野における内容体系論議とその研究を喚起する意味で注目される提案である」[11]と評価する一方で、「この体系案は教科保健に限らず、学校健康教育全体の内容体系であるとのことであるが、これらのうち教科保健が担うのはどの範囲なのかについての説明がない。このままでは、教科の保健と教科外の保健指導でこれらの内容をどのように分担するのか、また、教科と教科外の教育領域としての役割の違いをどう理解すればよいのかがわからない」とその問題点を指摘している[21]。

　以上の他にも、内山による「保健教育内容の選択・構成原理」に関する研究等の取組[22] [23]も見逃すことができない。

　1950年代以降の保健教育に関係した動向を踏まえて、森（1978）は「教育政策と理論研究・研究運動の緊張関係」が「学習指導要領をよりよいものとし、保健教育実践の発展を保障する」と述べているが[24]、この考え方は現在並びに今後にもあてはまることであるのかという点の検討は必要である。

　加えて保健科教育の今後のあり方について、内容のみを取り出して論議することには当然限界はあるが、現実的には「学校健康教育」「健康行動論」「ヘルスプロモーション」「ヘルスリテラシー」その他の立場からの学校教育全体あるいは保健科教育への種々の期待もある。さらにはこれまでに個別の健康問題対策の一端としての社会的要求などにある程度対応してきたことは確かである。例えばいじめ問題等に関連しての「こころの健康」関係の内容の扱い方、あるいは「薬物乱用」や最近の「がん」「精神疾患」等が挙げられる。

　今後保健科教育の内容を論議する際には、学校現場の現状を踏まえつつ、これまでに行われてきた保健教育内容構成理論の追究、あるいは内容構成案の提示等をどのように評価すべきか、改めて検討する必要があると考える。

（野村良和）

注

*1 「学校体育指導要綱」「中等学校保健計画実施要領（試案）」をはじめ、当時の政府出版物等における保健教育についての詳細は、下記の文献を参照されたい。
内海和雄・沢山信一・藤田和也による「保健科・学習指導要領の研究」（『体育科教育』1978年4月～9月）

*2 功刀（2017）によれば、「中等学校保健指導要領（案）」の存在がいくつかの都道府県で確認されており、全国7ヶ所で中等学校保健指導要領伝達講習会が開催されていたことも指摘されている。詳しくは以下の文献を参照されたい。
功刀俊雄「1949年6月の『中等学校保健指導要領（案）とは何か』」、『人間文化研究科年報』（奈良女子大学大学院人間文化研究科）32：pp. 177-190、2017.

*3 1977・1978年の学習指導要領の改訂以降、「内容」を「概念」の形で示すこととなっている。
この点に関して数見隆生は「概念主義」への注意点を以下のように指摘している。
この長所は「教師が教える内容を構造的に把握することを助け、授業のねらいや教材構成を考える際に役立つ」が、短所としては「概念とはもともと具体性・リアリティーをもたない一般化・抽象化された表現にすぎない」ために、「無味乾燥な解説的授業が横行する危険性があろう」と危惧している。
数見隆生「新しい保健科教育への期待」、『体育科教育』26（4）：48、1978.

*4 小倉学は、1962年に開催された教育科学研究会第1回全国大会の保健分散会において、次のような意図の下に5領域試案を提案している。「国民の教育要求をささえとし、未来の生産者への国民教育として、科学の成果をどう授けるか、子どもの認識の発達をどう考えていくか、ということのうえに教材の系統性を研究する」（文献13）p .72）
小倉学の提案の経過等、詳細については、以下の文献を参照されたい。
・小倉学「保健教育」、『現代教科教育学大系8　健康と運動』pp. 113-227、第一法規、1974.
・小倉学『小学校保健教育の計画と実践―教育内容の科学化をめざして―』ぎょうせい、1977.
・小倉学『中学校保健教育の計画と実践―教育内容の現代化をめざして―』ぎょうせい、1981.

引用・参考文献

1) 大西永次郎『体錬科中心健康教育要義』p. 7、右文館、1940.
2) 阿部三亥『学校保健学』（新体育学講座34）pp. 79-82、逍遥書院、1968.
3) 藤田和也「学習指導要領の変遷と内容構成」、『学校保健研究』21（12）：pp. 561-563、1979.
4) 藤田和也「学校保健計画実施要領」、『体育科教育』26（4）：p. 46、1978.
5) 田村誠「保健科教育の内容と保健の科学」、保健体育科教育の研究編集委員会編『保健体育科教育の研究』p. 238、不昧堂出版、1975.
6) 森昭三「保健科教科構造の変遷」、『学校保健研究』18（8）：p. 356、1976.
7) 藤田和也「保健科の学力と教育内容」、森昭三・和唐正勝編著『新版 保健の授業づくり入門』pp. 89-96、大修館書店、2002.
8) 和田雅史「中学校高等学校保健科教育内容に関する研究」、『聖学院大学論叢』29（1）：pp. 17-31、2016.
9) 森昭三「保健の教科内容と教材」、森昭三・和唐正勝編著『保健の授業づくり入門』p. 107、大修館書店、1987.
10) 小倉学「教科保健構造化に組織的研究を」、『学校保健研究』18（8）：p. 351、1976.
11) 藤田和也「日本学校保健学会協同研究『学校健康教育の内容体系化に関する研究』を検討する」、『日本教育保健研究年報』8：p. 57、2001.

12) 森昭三『健康教育学』pp. 53-58、逍遥書院、1967.

13) 正木健雄・坂本玄子『保健・体育では何を教えるのか』(『教育』臨時増刊号)pp. 64-75、1962年12月.

14) 小倉学「保健教育」、松田岩男他編著『現代教科教育学大系8　健康と運動』p. 183、第一法規、1974.

15) 森昭三「保健学習」、船川幡夫・高石昌弘編『学校保健教育』(学校保健シリーズ第2巻)p. 16、杏林書院、1981.

16) 内海和雄「保健教育の課題と保健の科学」、『体育科教育』22(8)：pp. 27-30、1974.

17) 内海和雄『子どもの身体と健康観の育成─健康教育論─』pp. 210-220、医療図書出版、1985.

18) 森昭三『「保健科教育法」教育の理論と実践』pp. 75-81、東山書房、1979.

19) 藤田和也「学力保障のための保健科の内容」、森昭三・和唐正勝編著『保健の授業づくり入門』pp. 103-105、大修館書店、1987.

20) 渡邉正樹・家田重晴他「学校健康教育の内容体系化に関する研究(1)体系化の指針及び健康問題の分析」、『学校保健研究』39(6)：pp. 539-549、1998.

21) 藤田和也、前掲書11)、p. 68

22) 内山源『ヘルスプロモーション・学校保健』家政教育社、2009.

23) 内山源『ヘルスプロモーション・健康教育』家政教育社、2014.

24) 森昭三「戦後保健教育の成果と展望」、『体育科教育』26(12)：pp. 25-28、1978.

※本稿における学習指導要領等に関する情報は、主として下記によっている。

「学習指導要領データベース」　https://www.nier.go.jp/guideline/

体育科との関連

1●教科の成立要件

　学校の教育課程において、教科として認定されるには、どのような条件を満たす必要があるのか。2017年告示の小学校・中学校学習指導要領においては「特別の教科　道徳」が設定された。それは、なぜ、特別なのであろうか。体育と保健の関連を検討する際には、このような視点は必要であろう。

　この点に関して例えばアメリカでは、アカデミックな教科として認定される8つの条件を示すとともに、体育がそれら全てを満たしていることが主張されている。その条件としては、生徒が知り、できるようになるべき内容（教科内容）を記したスタンダードが州の教育委員会に認定されていることや評価システムが存在していること、さらには教師の資格認定制度を挙げている[1]。

　教科間の関連を考える際に最も重要な点は、教科内容の重複であろう。また、目標と教科内容、評価システムの一貫性であろう。日本の新学習指導要領において保健体育の見方・考え方ではなく、体育の見方・考え方と保健の見方・考え方が別々に示されている。それは、保健と体育が保健体育として一つの教科とされる一方で、保健と体育は異なる目標、内容を備えていると考えられていることを示している。アメリカにおいてはフィジカル・リテラシーとヘルス・リテラシーが別々に示され、そのスタンダードが別々に示されていることも同様であろう[2]。だからこそ、両者の関連が問題とされるともいえる。

2●保健と体育を関連付ける可能性

　保健と体育の関連付け方は、理論的にも制度的にも多様なバリエーションが考えられる[3)-6)]。実際、保健が独立した教科として位置付けられない国もあれば、小学校に保健があっても中学校にはそれが位置付いていない国も見られる。

　その理由は、理論、制度並びに制度に関わる交渉の場において教科の位置付

けられ方が揺れ動くためである[7]。また、教科が学校教育制度の中で設定される以上、学校教育に対する社会の要求に応じて教科の目標や内容が変化するためである。

この点を前提とした際には、教育課程内での体育と保健の関係には、①他教科の一部としての体育、②単一科目としての体育、③保健と体育の融合科目、④単一科目としての保健、⑤他教科の一部としての保健という5つの立場が想定できる。加えて、保健と体育の融合科目という場合にも体育と保健、保健と体育というように、その名称やその目標、内容設定の重み付けに違いが派生し得る。また、体育も保健も教科としてだけではなく、現在示されている教科内容がどの教科にも位置付けられない立場も想定できる。これらのいずれの立場に立つのかにより、保健と体育の関連付け方は異なり得る。

この点を体育の立場からいえば、保健と関連付けやすい位置付けと関連付けにくい位置付けが存在し得ることになる。また、これらの関係は目標のレベル、教科内容のレベル、教材のレベルのいずれで論じるのかにより変化することになる。

3●日本の学習指導要領に見られた保健と体育の関連付け

実際、日本においても学習指導要領上の保健と体育の関係は変化してきている。例えば、次の指摘である。

「健康が教育の基本目標の一つであることは、一般に知られているとおりであるが、学校における健康教育は、その保健指導計画に基づいて生徒の健康の保護・増進をはかりながら、健康生活についての理解・態度・技能・習慣の発達を目ざす教育の分野ということができる。これに対して体育は、いろいろな身体活動をとおして教育の一般目標達成に貢献せんとする教育の領域とされる。[8]」

ここでは、体育は一般的な教育目標達成の手段とされていた。しかし、この手段論にとどまる限り、やがては、体育は教科として独自に指導すべき内容を備えていない教科であると指摘されるリスクを負うことになる。冒頭示したような教科としての認定条件を踏まえれば、そのリスクは、やがて体育不要論へと発展していく危険を備えていた。そのため、1959年以降、海後、春田らにより体育の本質に関する論議が展開されることになる[9]。また、この論議を踏まえ丹下は、体育科はスポーツ、保健、ダンスの3つの文化領域からなる混合教科であると指摘した。その上で、教科成立の根拠として①文化の質、②子どもの発達素行、③教授・学習過程との即応、④学校体制を挙げている。そして、

混合教科であることは望ましくなく、「体育科はスポーツの文化領域を中核とし、保健科の独立、ダンスは演劇などとともに芸術科（仮称）へと発展することが望ましい」[10]と指摘した。1965年のことである。

4●体育にかけられる社会的期待の変化

　情報技術の発達やグローバル化の進行は、学校教育内で体育の授業時数削減現象を加速させることになった。この現象阻止に向けた国際的な取組は、改めて体育という教科の可能性をエビデンスに基づき多くの人々が共有していく動きを加速させることになる。

　例えば、世界中の子ども達が動かなくなっているという危機感を踏まえ、国際体育・スポーツ科学評議会（ICSSPE）[11]は、身体活動、スポーツ並びに体育から期待し得る6つの便益を提示している。それらは、①身体的資本（体の健康や健康な行動に与える積極的便益）、②情緒的資本（自尊感情や自己効力感の改善やストレスの軽減等の心理的便益やメンタルヘルスに関わる便益）、③個人的資本（ライフスキルや社会的スキル、価値観等の個人的特徴）、④社会的資本（個人間、グループ間、組織間のネットワークの強化により生み出される成果）、⑤知的資本（認識や教育に関連した成果）並びに⑥経済的資本（医療費や欠勤等の減少による職業上のメリット）である。

　これらの便益は身体活動を行うことで自動的に得られるものではない。その恩恵を効果的に得ることができるようにするには、意図的、計画的な学習指導が求められることになる。同時に、このような便益を踏まえて提案された良質の体育（Quality Physical Education）は、運動の技能、認識能力、情意的スキル、社会的スキル全てを保障する教科であるとの提案を生み出すことになる[12]。そして、この提案は、今日、世界的な合意事項となり、その実現に向けた取組が世界各国で展開されるようになっている。そこでは、身体的な健康のみではなく、心の健康や認知能力の向上を可能にする、楽しく運動に親しむ具体的なプログラムが作成されてきている。アメリカにおけるSPARKや南アフリカにおけるKaziKidz、ドイツにおけるbewegte Schuleは、その例である。ここでは、健康との関連性を強調することが、体育の教科としての地位を安定させるという認識が見られる。

　しかし、日本の体育の授業では体力を高めるという結果が優先されている訳ではないことの確認も必要であろう。楽しく運動しながら、体力の高め方を理解し、その結果として体力の向上が期待されている。その意味ではこれらのプ

ログラムは、健康に関連した概念の学習を意図していることや結果的に体力テストの結果を高めればいいという発想ではなく、楽しく運動に親しむことができるようになることを意図している点で、体力トレーニングとは一線を画している。同時に、協同学習モデルのように、社会的スキルの意図的な学習を求めるプログラムも開発されてきている。それはまた、体育嫌いを生み出した体育授業への反省や運動の習慣化に関する研究成果を踏まえたものといえる。

　これらは、上記に挙げた身体運動から期待し得る便益を効果的に達成していくことを意図している点や具体的な教科内容を踏まえている点で、運動を手段的に用いる体育とも一線を画している。他方で、スポーツを通した価値教育やスポーツを通した開発支援のように、上記の便益に着目したプログラム開発も進められている。このような状況は、健康な生活習慣づくりに向けた学習を意図したプログラム開発が確実に進められてきたことを示すと同時に、運動を用いた健康づくりという観点から保健と体育の関係構築を促す試みと評価することもできる。

　では、このような情報を踏まえた時、2017・2018年告示の学習指導要領に示された保健と体育の関連付けはどのように映るのであろうか。

5●2017・2018年告示の学習指導要領に見る保健と体育の関連付け

　小学校の学習指導要領では、第3学年以降、運動と健康が密接に関連していることについて具体的な考えを持てるように指導することが求められている（文部科学省、2018、p.110、159）。また、第5学年、第6学年では体ほぐしの運動と心の健康について相互の関連を図って指導するものとされている（文部科学省、2018、p.159）。中学校では体育分野と保健分野の関連を図る工夫の例として、体ほぐしの運動と欲求やストレスへの適切な対処の観点との関係への考慮や、水泳の事故防止に関する心得と応急手当の観点との関連が、さらに体育理論と健康な生活習慣の形成の観点との関連付けが紹介されている（文部科学省、2018a、p.242）。高等学校においても体ほぐしの運動と保健の精神疾患の予防と回復などの内容との関連付けや、水泳における応急手当との関連を図ることが求められている（文部科学省、2019、p.187）。

　小学校学習指導要領では、社会科でオリンピックが扱われる。しかし、それはオリンピックそのものを教えることを意図している訳ではない。歴史上のトピックとして扱い、第二次大戦後の日本が国際社会の中で重要な役割を果たすようになったことを指導することが意図されている。これに対して体育と保健

の一層の関連を図った指導用の改善を求めるこれら一連の記述は、生涯にわたり健康を維持増進し、豊かなスポーツライフを継続するという観点から求められている（文部科学省、2018、p.9）。しかし、同時に、保健と体育で共通に扱い得る教科内容、あるいは近接した教科内容を関連付ける提案や教材の活用を促す提案といえる。逆にいえば、教科内容のレベルで関連付けを図るためには、関連付けが可能な、あるいはそれが容易な教科内容の確認やその実現条件の検討が必要になろう。このレベルからも、保健と体育の関連付けの可能性を論議していくことが一層求められよう。

（岡出美則）

引用・参考文献

1) NASPE (2010) PHYSICAL EDUCATION IS AN ACADEMIC SUBJECT. (http://www.aahperd.org/naspe/advocacy/governmentRelations/upload/PE-is-an-Academic-Subject-2010.pdf)（2012. 8. 12参照）
2) SHAPE. Literacy in PE + HE. (https://www.shapeamerica.org/events/healthandphysicalliteracy.aspx)（2019. 10. 26参照）
3) Chin, M. -K. and Edginton, C. R. (eds) (2014) Physical Education and Health. Sagamore Publishing: Urbana.
4) 国立教育政策研究所（2003）「体育のカリキュラムの改善に関する研究」. (http://www.nier.go.jp/kiso/kyouka/PDF/report_14.pdf)（2019. 10. 26）
5) 国立教育政策研究所（2004）「保健のカリキュラムの改善に関する研究」. (https://www.nier.go.jp/kiso/kyouka/PDF/report_17.pdf)（2019. 10. 26）
6) Phuse, U. and Gerber, M. (eds.) International Comparison of Physical Education. Meyer & Meyer Sport: (UK) Ltd: Aachen.
7) Klein, G. (2003) A Future for Physical Education within the International Context: Institutional Fragility or Collective Adjustment. in: Hardman, K. (Ed.) Physival Education: Deconstruction and Reconstruction-Issues and Directions. Hofmann: Schorndorf. pp. 153-169.
8) 文部省（1951）「中学校高等学校学習指導要領保健体育科編（試案）」昭和26（1951）年、戦後教育改革資料研究会編『文部省学習指導要領13　保健体育科編(1)』日本図書センター、1980.
9) 中村敏雄編『民主体育の探究』p. 274、創文企画、1997.
10) 丹下保夫先生遺稿集刊行会『戦後における学校体育の研究』p. 243、不昧堂出版、1987.
11) ICSSPE (2012) Designed to move. p. 11.
12) UNESCO (2015) Quality Physical Education (QPE): guidelines for policy makers. (https://unesdoc.unesco.org/ark:/48223/pf0000231101)（2019. 10. 25参照）
13) 文部科学省『小学校学習指導要領（平成29年告示）解説体育編』東洋館出版社、2018.
14) 文部科学省『中学校学習指導要領（平成29年告示）解説保健体育編』東山書房、2018.
15) 文部科学省『高等学校学習指導要領（平成30年告示）解説保健体育編体育編』東山書房、2019.
16) Ennis, C. (1999) A Theoretical Framewaork: The Central Piece of a Research Plan. Journal of Teaching in Phyical Education, 18: pp. 129-140.
17) Ennis, C. (2003) Using curriculum to enhance student Learning. In: Silverman, S. J. and Ennis, C. D. (Rds.) Student Learning in Physical Education. Human Kinetics:

Champaign. 2nd ed. pp. 109-127.
18) 岡出美則「ドイツの『スポーツ科』にみる脱近代スポーツ種目主義への移行過程の研究―NRW学習指導要領を中心に―」筑波大学博士論文. 12102乙第2825号、2017.

第2章

4

保健科のカリキュラムの構成

1●カリキュラムとは何か

　カリキュラムとは、ラテン語の cursum（走路）を語源とし、「人生の経歴」をも意味することから、転じて教育目標を達成するための課程を意味するようになったといわれている。一般にカリキュラムは、「教育課程」と訳されることが多い[1]。

　「教育課程」（カリキュラム）とは、学校教育の目的や目標を達成するために、教育の内容を子ども達の心身の発達に応じ、授業時数との関連において総合的に組織した学校の教育計画である。日本では、全国のどの地域でも、一定の水準の教育を受けられるようにするため、国が各学校で「教育課程」を編成する際の基準を学習指導要領として定めている。「教育課程」の編成主体である各学校は、これをベースに教育課程を編成する。

　しかし、学習指導要領だけで教育課程を編成できるわけではない。各学校は、教育課程編成の基準である学習指導要領や学校教育法施行規則で定められている小・中学校の教科等の年間の標準授業時数等を踏まえるとともに、子ども達の実態や地域の実情等を考慮して、各学校が設定する教育目標を実現するために、どのような教育課程を編成するのかを決定するのである。

　保健科においては、教科としての役割と教科横断的な健康教育としての役割から教育課程を考えることが重要である。教科としての役割を考える際には、保健科自体が単独の教科ではないことから、体育、保健体育という教科の役割や保健の位置付けがどのようになっているか理解することが大切である。一方で、2017年告示の学習指導要領では、教科横断的な視点から教育活動の改善を行っていくことや、学校全体としての取組を通じて、教科等や学年を超えた組織運営の改善を行っていくことが求められており、改めて学習指導要領総則に示されている健康に関する指導（いわゆる健康教育）としての位置付けを理解する必要がある[2]-[4]。

2●カリキュラム・マネジメント

　各学校は、学校教育目標を実現するために、学習指導要領等に基づき教育課程を編成（P）するだけでなく、それを実施（D）・評価（C）し、改善（A）していくことが求められる。これが、いわゆるカリキュラム・マネジメントである。つまり、カリキュラム・マネジメントは教育課程の方法的側面と経営的側面を統合した概念といえる。

　中央教育審議会「幼稚園、小学校、中学校、高等学校及び特別支援学校の学習指導要領等の改善及び必要な方策等について（答申）」（2016年12月）においては、カリキュラム・マネジメントが、これまで、教育課程のあり方を不断に見直すという側面から重視されてきているところであるが、「社会に開かれた教育課程」の実現を通じて子ども達に必要な資質・能力を育成するという新しい学習指導要領等の理念を踏まえ、以下の3つの側面から捉えられることが示されている[5]。

(1)各教科等の教育内容を相互の関係で捉え、学校の教育目標を踏まえた教科横断的な視点で、その目標の達成に必要な教育の内容を組織的に配列していくこと。

(2)教育内容の質の向上に向けて、子ども達の姿や地域の現状等に関する調査や各種データ等に基づき、教育課程を編成し、実施し、評価して改善を図る一連のPDCAサイクルを確立すること。

(3)教育内容と、教育活動に必要な人的・物的資源等を、地域等の外部の資源も含めて活用しながら効果的に組み合わせること。

　これらを踏まえながら、保健科のカリキュラム・マネジメントについて考えてみたい。

1) 体育・保健体育

　保健科においては、まず体育・保健体育としての教科の中でカリキュラム・マネジメントを実現することが基本となる。教科における保健科は、子ども達が生涯にわたって健康の保持増進を実現する資質・能力を育成するために、小学校体育「保健領域」、中学校保健体育「保健分野」、高等学校保健体育科目「保健」において、系統性のある目標と内容が示されている。体育・保健体育においては、これまでも、保健と体育の連携が図られてきたが、2017・2018年告示の学習指導要領ではそのことがより一層重視されている[2)-4)]。特に、健康と運動・スポーツとの関連について明確に示されているので、それを踏まえたカ

リキュラムを検討することが大切である。その際、計画作成、実施、評価、改善する役割は、小学校は学級担任、中学校・高等学校は保健体育の教科担任が中心となることはいうまでもない。

2) 健康教育

　これからの時代に求められる資質・能力を育むためには、各教科等の学習とともに、教科横断的な視点で学習を成り立たせていくことが課題となる。保健科においても、教科横断的なテーマである健康、すなわち健康教育の中核としての位置付けがある。そのため、体育・保健体育をはじめとした各教科等における学習の充実はもとより、教科等間のつながりを捉えた学習を進める観点から、教科等間の内容事項について、相互に関連付けたり、横断を図る手立てを明確にしたりして、体制を整える必要がある。また、学校保健という視点で捉えると、保健教育と保健管理の連携、特に、保健科で行う集団指導と、保健管理としての個別の保健指導との連携を考えたカリキュラム・マネジメントが求められる。その際、健康教育のカリキュラム・マネジメントについては、教科等の縦割りや学年を超えて、学校全体で取り組んでいくことができるよう、学校の組織及び運営についても見直しを図る必要がある[6]。そのためには、管理職のみならず全ての教職員が健康教育の必要性を理解し、日々の授業等についても、教育課程全体の中での位置付けを意識しながら取り組むことができるよう、健康教育の中核的教科である体育・保健体育の担当者がリーダーシップを発揮することが大切である。

　また、両者にいえることであるが、健康課題が子どもや学校、地域の実態によって異なることから、学習指導要領等を踏まえつつ、各学校の子ども達の姿や地域の実情等と指導内容を照らし合わせ、効果的な年間指導計画等のあり方や、授業時間や週課程のあり方等について、校内研修等を通じて研究を重ねていくことが重要となる。

　さらに、保健科を中心とした健康教育の実践の場が、学校だけにとどまらないことから、子ども達にどのような資質・能力を育むかという目標を家庭・地域とも共有し、学校内外の多様な教育活動がその目標の実現の観点からどのような役割を果たせるのかという視点を持つことも重要になる。

3●各学校で編成する保健科のカリキュラム

　保健科のカリキュラムを編成するにあたっては、まずは学習指導要領等を理

解することが大切である。学習指導要領は目標、内容、内容の取り扱いの3つのまとまりで示されている。カリキュラムを編成する際に最も注目される内容は、「知識」または「知識及び技能」と、「思考力、判断力、表現力等」に分けて示されている。単元の「知識」または「知識及び技能」の内容については、2つ〜5つの柱となる内容で構成されている。解説においては、それらの内容についてさらに㋐〜㋓として1つ〜4つに分かれており、授業で指導する内容がイメージできるように解説されている。しかし、これらの内容については、学習指導要領作成の際に検討されたものであり、指導計画の作成にあたって、もとにすべき内容であるが、必ずしも指導の順序や内容の区分・独立を示しているものではなく、学校や子ども達の実態に即し、弾力的に取り扱うことが必要である。

　ここでは、紙面の関係で内容を中心に説明するが、カリキュラムを編成する際には、内容だけでなく方法も考慮し、子ども達の学びの過程を質的に高めていくこと、すなわち単元のまとまりの中で、子ども達が「何ができるようになるか」を明確にしながら、「何を学ぶか」という学習内容と、「どのように学ぶか」という学びの過程を、「カリキュラム・マネジメント」を通じて組み立てていくことが重要になる。

1）小学校

　教育課程を通じて、生涯にわたって健康の保持増進の実現を目指す資質・能力を育んでいくためには、保健科を学ぶ意義を大切にしつつ、体育科及び教科等間の相互の関連を図りながら、教育課程全体としての教育効果を高めていくことが必要となる（表1参照）。その際、体育科保健領域は教科としての役割があることから、保健領域の指導について子どもの興味・関心や意欲などを高めながら、単元を見通して効果的に学習を進めるためには、学習時間を継続的または集中的に設定することが望ましい[7]。

2）中学校

　保健体育保健分野の学年別の授業時数の配当については、3年間を通して適切に配当するとともに、生徒の興味・関心や意欲などを高めながら効果的に学習を進めるため、学習時間を継続的または集中的に設定することが望ましい。特に今回の改訂によって、「(1)健康な生活と疾病の予防」の内容が第1学年から第3学年にわたって指導することとし、「(2)心身の機能の発達と心の健康」「(3)傷害の防止」「(4)健康と環境」の内容を指導する学年がそれぞれ指定されてい

表1　小学校保健科のカリキュラム例

ブロック	低学年	中学年	高学年
保健領域		【第3学年】 (1)健康な生活 [4時間] ア 知識 (ア)健康な生活 (イ)1日の生活の仕方 　(ア)運動、食事、休養及び睡眠などの調和のとれた生活 　(イ)体の清潔 (ウ)身の回りの環境 イ 思考力、判断力、表現力等 【第4学年】 (2)体の発育・発達 [4時間] ア 知識 (ア)体の発育・発達 (イ)思春期の体の変化 　(ア)体つきの変化 　(イ)初経、精通などの現象 (ウ)体をよりよく発育・発達させるための生活 イ 思考力、判断力、表現力等	【第5学年】 (1)心の健康 [4時間] ア 知識及び技能 (ア)心の発達 (イ)心と体との密接な関係 (ウ)不安や悩みへの対処 　(ア)不安や悩みへの対処の方法 　(イ)不安や悩みへの対処の実際 イ 思考力、判断力、表現力等 (2)けがの防止 [4時間] ア 知識及び技能 (ア)交通事故や身の回りの生活の危険が原因となって起こるけがとその防止 　(ア)けがの発生要因 　(イ)交通事故によるけがの防止 　(ウ)犯罪被害など身近な生活の危険が原因となって起こるけがの防止 (イ)けがの手当の原則の理解と実習 イ 思考力、判断力、表現力等 【第6学年】 (3)病気の予防 [8時間] ア 知識 (ア)病気の起こり方 (イ)病原体が主な要因となって起こる病気の予防 　(ア)インフルエンザの予防 　(イ)麻疹,風疹,結核などの予防 (ウ)生活行動が主な要因となって起こる病気の予防 　(ア)血管がつまる病気の予防 　(イ)歯の病気の予防 (エ)喫煙,飲酒,薬物乱用と健康 　(ア)喫煙、飲酒と健康 　(イ)薬物乱用と健康 (オ)地域の様々な保健活動の取組 イ 思考力、判断力、表現力等
運動領域との関連	活発に運動をしたり、長く運動をしたりすると、汗が出たり、心臓の鼓動や呼吸が速くなったりすること、体を使って元気に運動をすることは、体を丈夫にし、健康によいことなどを、各領域において行うこと。	保健領域の「健康な生活と運動」及び「体の発育・発達と適切な運動」について学習したことを、運動領域の各領域において関係付けて学習することによって、児童が運動と健康が密接に関連していることに考えをもてるよう指導すること。	「A 体つくり運動」をはじめ各運動領域の内容と、心の健康と運動、病気の予防の運動の効果などの保健領域の内容とを関連して指導すること。
関連のある教科等	生活科・社会・理科・家庭・道徳・特別活動・総合的な学習の時間		
その他	保健管理の保健指導との連携　　家庭・地域との連携		

表2　中学校保健科のカリキュラム例

学年	第1学年	第2学年	第3学年
保健分野	(1)健康な生活と疾病の予防 [20時間]		
	第1学年 4時間	第2学年 8時間	第3学年 8時間
	(ア)健康の成り立ちと疾病の発生要因 (イ)生活習慣と健康 　㋐運動と健康 　㋑食事と健康 　㋒休養及び睡眠と健康 　㋓調和のとれた生活	(ウ)生活習慣病などの予防 　㋐生活習慣病の予防 　㋑がんの予防 (エ)喫煙、飲酒、薬物乱用と健康 　㋐喫煙と健康 　㋑飲酒と健康 　㋒薬物乱用と健康	(オ)感染症の予防 　㋐感染症の予防 　㋑エイズ及び性感染症の予防 (カ)健康を守る社会の取組
	(1)健康な生活と疾病の予防の思考力、判断力、表現力等		
	(2)心身の機能の発達と心の健康 [12時間] ア 知識及び技能 (ア)身体機能の発達 (イ)生殖に関わる機能の成熟 (ウ)精神機能の発達と自己形成 　㋐知的機能、情意機能、社会性の発達 　㋑自己形成 (エ)欲求やストレスへの対処と心の健康 　㋐精神と身体の関わり 　㋑欲求やストレスとその対処 イ 思考力、判断力、表現力等	(3)傷害の防止 [8時間] ア 知識及び技能 (ア)交通事故や自然災害などによる傷害の発生要因 (イ)交通事故などによる傷害の防止 (ウ)自然災害による傷害の防止 (エ)応急手当の意義と実際 　㋐応急手当の意義 　㋑応急手当の実際 イ 思考力、判断力、表現力等	(4)健康と環境 [8時間] ア 知識 (ア)身体の環境に対する適応能力・至適範囲 　㋐気温の変化に対する適応能力とその限界 　㋑温熱条件や明るさの至適範囲 (イ)飲料水や空気の衛生的管理 　㋐飲料水の衛生的管理 　㋑空気の衛生的管理 (ウ)生活に伴う廃棄物の衛生的管理 イ 思考力、判断力、表現力等
体育分野との関連	・体育分野の「A 体つくり運動」の「ア 体ほぐしの運動」では具体的な運動の視点、保健分野の「(2)心身の機能の発達と心の健康」のア「(エ)欲求やストレスへの対処と心の健康」では欲求やストレスへの適切な対処の視点を十分考慮して関連のある指導を工夫する。 ・体育分野の「D 水泳」の事故防止に関する心得では具体的な態度の視点、保健分野の「(3)傷害の防止」のア「(エ)応急手当」では応急手当の適切な対処の視点を十分考慮して関連のある指導を工夫する。 ・体育分野の「G 体育理論」の「2 運動やスポーツの意義や効果と学び方や安全な行い方」では健康の保持増進を図るための方法等の視点、保健分野の「(1)健康な生活と疾病の予防」では運動、食事、休養及び睡眠などの健康的な生活習慣の形成の視点を十分考慮して関連のある指導を工夫する。 ・体育分野の「A 体つくり運動」から「G ダンス」の(3)学びに向かう力、人間性等の「健康・安全」では運動実践の場面で行動化する視点、保健分野の「(1)健康な生活と疾病の予防」では生活習慣と健康の中で運動の効果の視点を十分考慮して関連のある指導を工夫する。		
関連のある教科等	理科・技術・家庭・道徳・特別活動・総合的な学習の時間		
その他	保健管理の保健指導との連携　　家庭・地域との連携		

表3　高等学校保健科のカリキュラム例

年次	入学年次	次の年次
保健	(1)現代社会と健康 ［25時間］ ア 知識 　(ｱ)健康の考え方 　　⑦国民の健康課題 　　⑦健康の考え方と成り立ち 　　⑦健康の保持増進のための適切な意思 　　　決定や行動選択と環境づくり 　(ｲ)現代の感染症とその予防 　(ｳ)生活習慣病などの予防と回復 　(ｴ)喫煙、飲酒、薬物乱用と健康 　　⑦喫煙、飲酒と健康 　　⑦薬物乱用と健康 　(ｵ)精神疾患の予防と回復 　　⑦精神疾患の特徴 　　⑦精神疾患への対処 イ 思考力、判断力、表現力等 (2)安全な社会生活 ［10時間］ ア 知識及び技能 　(ｱ)安全な社会づくり 　　⑦事故の現状と発生要因 　　⑦安全な社会の形成 　　⑦交通安全 　(ｲ)応急手当 　　⑦応急手当の意義 　　⑦日常的な応急手当 　　⑦心肺蘇生法 イ 思考力、判断力、表現力等	(3)生涯を通じる健康 ［15時間］ ア 知識 　(ｱ)生涯の各段階における健康 　　⑦思春期と健康 　　⑦結婚生活と健康 　　⑦加齢と健康 　(ｲ)労働と健康 　　⑦労働災害と健康 　　⑦働く人の健康の保持増進 イ 思考力、判断力、表現力等 (4)健康を支える環境づくり ［20時間］ ア 知識 　(ｱ)環境と健康 　　⑦環境の汚染と健康 　　⑦環境と健康に関わる対策 　　⑦環境衛生に関わる活動 　(ｲ)食品と健康 　　⑦食品の安全性 　　⑦食品衛生に関わる活動 　(ｳ)保健・医療制度及び地域の保健・医療機関 　　⑦我が国の保健・医療制度 　　⑦地域の保健・医療機関の活用 　　⑦医薬品の制度とその活用 　(ｴ)様々な保健活動や社会的対策 　(ｵ)健康に関する環境づくりと社会参加 イ 思考力、判断力、表現力等
科目体育 との関連	・体育の「A 体つくり運動」の「ア 体ほぐしの運動」では具体的な運動の視点、保健の「(1)現代社会と健康」のア「(ｵ)精神疾患の予防と回復」では精神疾患への対処の視点を十分考慮して関連のある指導を工夫する。 ・体育の「D 水泳」の事故防止に関する心得では具体的な態度の視点、保健の「(2)安全な社会づくり」のア「(ｲ)応急手当」では応急手当の適切な対処の視点を十分考慮して関連のある指導を工夫する。 ・体育の「G 体育理論」の「2 運動やスポーツの効果的な学習の仕方」では健康の保持増進を図るための方法等の視点、保健の「(1)現代社会と健康」では生活習慣病などの予防と回復の視点から日常生活にスポーツを計画的に取り入れることの重要性について、それぞれ取り上げているので、この点を十分考慮して関連のある指導を工夫する。 ・体育の「A 体つくり運動」から「G ダンス」の(3)学びに向かう力、人間性等の「健康・安全」では運動実践の場面での行動の視点、保健の「(4)健康を支える環境づくり」では地域の保健・医療機関の活用の視点から、生涯スポーツの実践を支える環境づくりやその活用について、それぞれ取り上げているので、この点を十分考慮して関連のある指導を工夫する。	
関連のある教科等	理科・公民・家庭・特別活動・総合的な探究の時間	
その他	保健管理の保健指導との連携　　家庭・地域との連携	

ることから、各学年おおよそ均等な時間を配当できるようになっていることを踏まえて、指導計画を立てる必要がある（表2参照)[8]。

3）高等学校

　高等学校では、生徒一人ひとりの進路選択や、地域や社会の現状や見通しを踏まえて、各学校において育てたい生徒の姿を明確にし、教科・科目選択の幅の広さを生かしながら、教育課程を通じて育んでいくことが求められる。

　「保健」の学習指導を系統的かつ効果的に推進するためには、学習指導の予定を立て、年間にわたる見通しや指導の方向、基本的観点を明確にしておく必要がある。この全体的な見通しや予定等を示すために作成する年間計画は、月間及び毎時間の学習指導に不可欠な指針となるべきものである。したがって、年間にわたる学習指導計画の作成にあたっては、学習指導要領に基づきながら、地域、学校及び生徒の実態を考慮して、これに即応するように計画を作成することが必要である[9]。

（森　良一）

引用・参考文献

1)　今野喜清他『第3版　学校教育辞典』教育出版、2014.
2)　文部科学省「小学校学習指導要領」2017.
3)　文部科学省「中学校学習指導要領」2017.
4)　文部科学省「高等学校学習指導要領」2018.
5)　中央教育審議会「幼稚園、小学校、中学校、高等学校及び特別支援学校の学習指導要領等の改善及び必要な方策等について(答申)」(平成28年12月).
6)　文部科学省『小学校学習指導要領解説総則編』2017.
7)　文部科学省『小学校学習指導要領解説体育編』2017.
8)　文部科学省『中学校学習指導要領解説保健体育編』2017.
9)　文部科学省『高等学校学習指導要領解説保健体育編』2018.

保健科で育てる力への接近方法

1●保健科における実用主義・行動主義的教育観の克服

　保健科で育てる力について、保健科教育界ではこれまでどのように迫ろうとしてきたのか。その接近方法の一つとして、科学的認識の形成（＝「わかる」）とそれを通した自主的実践能力の形成（＝「できる」）をどのようにつないでいくのか、それぞれの内容を深化させるとともに両者の関連性を問う、といった観点から確認することができる。

　日本学校保健学会の共同研究・保健教育A班の整理（1984）によると、「『知識ばかりで実践化（行動化）されなければ意味がない』という主張に代表されるところの伝統的な目標観（実用主義的・行動主義的目標観）と、それに対する批判的視点をもって主として1960年代中頃から提出されてきた『保健の科学的認識の育成』を主目標とする目標観の拮抗・混在」[1] が続いてきた。保健科教育において、科学的認識の育成が意識的に強調される背景には、一つは、戦前の「修身保健」に代表される徳目的しつけ主義、衛生道徳主義が残存されてきたことがある。もう一つは、戦後の生活経験主義教育の流れを汲む生活適応主義が温存され、「生活化」「習慣化」「行動化」が重視され、しかもそれらを支える知識内容は浅い知識で、即物的な「日常生活に役立つもの」が選択基準とされてきたことへの批判がある。

　そして、この問題を解決していくためには、次の3点についての検討が必要であると指摘している[1]。

　一つは、保健の「科学的認識の内実」を明らかにしていく作業である。それは『保健の科学』の認識の方法と体系を明らかにしていくこと」になる。「さらに、その認識が深化したり、発達するとはどういうことなのか」を明らかにしていくことが必要となる。

　二つは、「『自主的実践能力』という概念の曖昧さと限界を明らかにしつつ、

目標概念の深化・発展を図る」ことである。実践能力は認識の能力や技能、人格が含まれた広い概念として考えられる。保健科の役割分担を考えることが必要となる。

　三つは、「『保健の科学的認識』の形成が『自主的実践能力』の獲得にいかにつながっていくのか」、あるいはそれをつなぐための具体的な方策は何か、といった視点からの検討が必要である。保健科で育てる力は、「両者の関連構造が明確化されること」により明らかとなっていく。

2●保健科における科学や生活との関係

1) 保健科における教育内容の現代化

　高度経済成長がもたらした子どもを取り巻く生活や地域の変化、科学技術の進歩に合わせて、教育界では「教育の現代化」や「教育と科学の結合」のもとに議論が展開された。

　保健科教育に関連して「教育と科学の結合」についての問題に早くから取り組んだ小倉学は、「健康教育への提言」と題して、「健康に対する系統的理解を支えるための学習内容」を構築する必要性や「生命尊重に対する認識」と「特に生命尊重に関する歴史的認識を確かにする」こと、及び「集団（国民）に対する社会科学的認識」を育成することの必要性を提示した[2]。小倉の研究は、教科の目標を捉え直すとともに、教科内容の構成原理（疫学を構成原理とする）と教科課程の編成に取り組む研究であった。その後、「疫学の三要因」に基づく教材の仮説的構成（五領域試案）を提示している[3]。さらに、教育内容の全般を科学的知識で再構成するために、小倉や森昭三らが中心となり、1967年より教育内容の科学化・体系化を課題とする共同研究が行われた[4]。

　また、「教育の現代化」に関しては、この時代は公害問題や労働災害問題などが拡大する中で、保健授業においても「公害学習」に取り組まれ、「健康に生きる権利（健康権や市民の育成）」が保健授業の目標・内容選択の視点として提起され、社会科学的認識と自然科学的認識を統一することの必要性が主張された[5]。

2) 保健科における科学的認識と生活

　近代の学校は、次の二つの教育方法の原理の間を揺れ動いてきたといわれる。一つは科学・文化を基礎とする教科を系統的に教授すること（系統学習・教科主義）と、その教授に際して子ども達の生活経験から遊離しないようにする（問

題解決学習・経験主義）原理である。これは科学・文化と生活を教育方法にどのように位置付けるのかという問題であり、「教育と科学の統合」と「教育と生活の統合」という命題のもとに論争された。保健科教育においても、科学的認識と実践的能力をどのように位置付けるのか議論されてきた。

1970年代中頃から生活の乱れや子どもを取り巻く環境の変化が顕在化する中で、「からだや生活に対する意識や認識が十分育てられていない、あるいは歪みが生じていることが指摘される」[1]ようになった。そして、沢山信一は、「子どもたちが健康について何が『わからない』のかについて整理して、①自分のからだの調子・状態がわからない、②健康なからだはどういう状態かわからない、③健康なからだを維持し、発展させるにはどうすればよいかわからない」[6]という問題を取り上げて、そのような現状に対する保健科で育てる力の保障の必要性を指摘した。

また数見隆生[7]は、子ども達のからだや健康の現実や意識から、からだや健康についての認識を育てる実践に取り組んできた。この実践の中で、「保健の科学」や「科学的認識」を形成することの教育的意味が問い返されていく。そして「科学を科学たらしめるもの、科学を国民のものたらしめるもの、それは実践過程以外の何ものでもない。矛盾の本質的理解に示唆を与え、その問題解決のための実践をより確かなもの、強固なものにし、その行為をより合理的、科学的なものにするもの、それが『科学』である」[8]と捉え返していく。この背景には、民間の保健教育研究運動の「科学的認識」における「科学」自体の検討が不十分だったこと、かつ「科学的認識」が実践性を伴うことに対する無理解から生じる即時的な「生活化」や「行動化」にとらわれている保健科教育の現状への批判があった。つまり、従来の保健の学習では、科学的内容は現実（実在）から遊離した出来合いのものとして設定され、生活変革の視点を持ち得なかった。また、単に知識があっても健康な「生活」を志向する行動への変容は難しいと考えられ、授業の中で知識と態度・行動変容が分離されていることへの批判があった（＝「教育と科学の結合」）。この問題を解決するために、保健の学習において「わかり方の質」が問題にされた。そのために教師の「願い」のある授業づくりや「実感の伴った認識」を生み出す授業づくりが提起された。その目的は、事実を知ることによって物の見方、考え方が変わり、物事への指向性（態度）が伴うような認識を育てるところにあった[9]。

この時期の保健科教育の課題は、「科学」と「生活」のあり方について、子どもの現実を直視する中でその内実を明らかにする作業を行い、科学的にして実践的な「生きて働く」保健で育てる力の育成を図ることにあると考えられた。

3●保健科で育てる力に迫る授業実践の取組

1)「授業書」方式による保健授業と保健で育てる力

「授業書」方式による授業[10] の成果を3つの観点から挙げたい。

一つは「わかる」授業から「楽しく・わかる」授業への転換である。子ども
に思考を促す発問や意外性のある発問は、「保健の授業は楽しい」「保健の授業
は面白い」という感想を抱かせることになる。60年代の「教育と科学の結合」
というスローガンのもとに「わかる」授業の創出が目指されてきたが、残念な
がら子ども達にとって本当に楽しい授業になり得ていなかった。仮説実験授業
研究会の板倉聖宣は、「『学ぶこと』『わかること』は本来きわめて人間的な行
為であり、楽しくてたまらない行為であるとして、そのことを理解するために
も『楽しくなかったけど、よくわかった』という学習観を一度根底から否定し
てみることを主張する。つまり、学習の『たのしさ』という観点から、従来の
『わかる』という意味内容を問い直し、さらにはこの観点から教育の内容と方
法を開発すべきである」と主張した[11]。

二つは、子どもの認識過程への着目である。授業書の発問は、子どもの認識
過程を覆すために意外性のある発問づくりが行われる。そのため、「わかる過
程（思考する過程）」についての考察が深められた。すなわち、授業でどのよ
うな認識が形成されたのか、子どもの認識はどう変化したのか、子どもは授業
で何を学んでいるのか、ということが発問開発の主要な関心事になり、発問と
認識過程の関係性を問うことにつながっていく。

三つは、教授行為（教師の発問、指示、指名、板書、教材提示等）が、授業
の「楽しさ」や「わかる過程」を支えることへの理解である。

「授業書」の導入は、「考えさせる」授業や「楽しい」授業をつくり出したが、
しかし「主体者形成」「多様な能力形成」という観点からの問題が指摘された。
森は「これまでの『授業書』では問題解決にのみ重点が置かれ、問題発見の重
要性が見落とされてきた」と指摘している[12]。つまり意外性のある発問は「楽
しさ」を喚起するが、保健の科学を学び取らせることに重点が置かれていたた
め、生徒はいつまでたっても「問題を解く人」という位置付けになり、本質的
には解説型授業と変わらないのではないか。生徒が自ら問題を発見し、問題を
つくり出すという授業が必要なのではないかという、主体者形成についての根
本的な問題提起がなされた。また沢山は、「授業書」における「問題」は対象
に対して予想を持って問いかけるという認識主体の能動性を喚起し、予想と事
実のずれを発見させることで子どもの認識の構造を組み替え、それを通して対

象の本質的側面を取り出し、概括できる能力を形成することに成功していると評価する。しかし、科学の構造と子どもの現実との交渉を欠落させて科学の構造の側から教材づくりがなされるために、教材内容の展開の側からのみ研究されることになる。本来は知識の習得とそれによる能力形成は子どもの様々な内的過程と結び付いて個性的に獲得されることから、このような教材づくりは、諸能力の構造をつくり出すことに問題が生じないか、と疑問が呈された[13]。

2)「生きて働く力の形成」を目指した「触発・追究型」授業

近藤真庸は[14]、「知識は身に付いているが…（略）…実際の生活に生かされていない」（教育課程審議会「中間まとめ」1997年）とする評価に対して、それを解決するためには従来からの「知識伝達・注入型」授業から「触発・追究型」授業に転換することを提案している。

これまでに学習指導要領解説においては「ディスカッション、ブレインストーミング、ロールプレイイング（役割演技）、心肺蘇生法などの実習、実験、課題学習など」というような具体的な学習方法が提示されている。その意図は、「知識伝達・注入型」の授業に終始していては健康問題の解決に役立つ"生きて働く"力の形成は困難との認識があるからである、と近藤は分析している。

近藤の提案する「触発・追究型」授業とは、授業で学んだことをもとに新たな学習課題を意識させ、さらなる追究へと子ども達を向かわせていく授業である。「知識伝達・注入型」の授業のあり方自体を転換し、授業を「身に付けた知識を活用して、その有効性を確かめる場」として位置付ける提起である。そこでは、子ども達は学んだ知識や技術を武器にして、実地調査に赴き現場検証で事実に出会うことになる。ここで気づいたことや考えたことを「出力」し、学習集団の中で交流・吟味・評価の過程を通じて認識を深め、確かなものにしていく。ロールプレイング、実験・調査、ディスカッションへと認識の活用場所を広げていき、そこで考えたり、話し合ったり、立ち止まったりと、それらの活動は全て子どもの自主性を引き出す契機となる。そして子ども達にその学びをつくり出すのが教師の役目となる。

3) ライフスキルの形成に重点を置いた授業

保健体育審議会答申（1997年）では、ヘルスプロモーションの理念に基づき、「適切な行動をとる実践力を身に付けることがますます重要になっている」という方針で、個人の行動変容をねらいとした行動主義的保健教育論が強調された。この考え方のもとに積極的に健康教育のあり方について提言を行っている

団体にJKYB研究会がある。この会では健康教育の目標については、「疾病予防もしくは健康増進という観点と教育的観点との利害を調整するために、学校における健康教育の直接的な目標を、健康そのものや行動の形成ではなく、スキルとりわけライフスキルの形成に置く」[15]としている。ここでいわれるライフスキルとは、問題解決や意思決定のスキル、ストレスに対処するスキル、自己コントロールを高めるスキル、対人関係のスキルなどである。ライフスキル教育が提案する授業づくりは、従来の保健授業にはない発想であり、子どもの自主的・主体的な活動体験を重視し、実践力の育成を目指す点で評価されるところである。

　しかし和唐正勝は、「実践力」の形成については評価しつつも、「実践力」をどう捉えるのか、またその形成への方略を問題にしている。つまり、「行動の変容をめざす行動主義心理学に基づく健康教育では、『わかっているのにやらない』原因を、知識や理解の不十分さよりも、知識と行動を媒介するものとしての自信や意欲、意思や自己肯定感、自尊感情など情意的な問題としてとらえる。そして、『知識だけではだめ、意欲や態度が必要』と、知識とは異なる情意的な能力を育成することによって対処しようとする」[16]。このことは、「保健の知識が個人の『行動の変容』に必要な知識に限定され、知識は所与のものとして与えられたものに限定され、その知識の批判的吟味も十分されないことなどが懸念され、いわば『保健の知』のやせ細りの問題が生じるのではないか」[16]、と危惧している。

　2008年の学習指導要領改訂によって、「習得」「活用」「探究」の指導の大枠が示され、ますます能力的要素の形成が重要視されてきている。保健の「科学の内容」と「能力形成」を分離して捉えるのではなく、両方が形成されるような内容研究と授業研究が求められている。

4●保健科で育てる力に接近するための課題

　2017・2018年改訂の学習指導要領では、社会や産業構造の変化に対応すると共に成熟社会に移行していく中での学力のあり方が問われている。そこでは、「様々な変化に積極的に向き合い、他者と協働して課題を解決していくこと」「様々な情報を見極め、知識の概念的な理解を実現し、情報を再構成するなどして新たな価値につなげていくこと」「複雑な状況変化の中で目的を再構築すること」などが指摘されている。具体的には、知・徳・体にわたる「生きる力」を子ども達に育むため、「何のために学ぶのか」という学習の意義を共有しな

がら、全ての教科等が「知識及び技能」「思考力、判断力、表現力等」「学びに向かう力、人間性等」[17]の3つの柱で再整理されている。

この3つの資質・能力に迫るために「主体的・対話的で深い学び」が求められ、その鍵として各教科の「見方・考え方」を働かせることが重要となると指摘されている。これらについて、どのような課題が設定されるのか、3つの観点から論じたい。

1) 保健科の「見方・考え方」の探究

「見方・考え方」とは、「どのような視点で物事を捉え、どのような考え方で思考していくのか」という教科等ならではの物事を捉える視点や考え方である。そして保健の見方・考え方については、「疾病や傷害を防止するとともに、生活の質や生きがいを重視した健康に関する観点を踏まえ、『個人及び社会生活における課題や情報を、健康や安全に関する原則や概念に着目して捉え、疾病等のリスクの軽減や生活の質の向上、健康を支える環境づくりと関連付けること』である」とおさえられている[17]。

一定の見解が示されているが不十分な点もある。例えば「原則や概念」とは何かである。教科の背景となる親学問が明確な場合は、その親学問で通用している専門的知識や原則・概念、技能、さらに判断力や価値観について議論することは可能である。しかし保健科の場合は親学問を「保健の科学」や「保健関連諸科学」と説明しているが、その内容は明瞭にはなっていない。

またその構築に向けての議論も不十分である。保健科の基礎的・基本的知識とは何か、知識の核をどう措定するのか早急に検討する必要がある。この問題へのアプローチとして目標研究やカリキュラム研究がある。先行研究では、小倉が保健科の目標を科学的認識の形成として、疫学概念を教科編成の中心概念として構想している[3]。また、内海和雄は健康を捉える枠組みとして「健康の成立―健康の破綻―健康の保障」をカリキュラム編成原理として構想している[18]。現在これらの研究の進展は見られないが、目標論議及びカリキュラム論議を再考する中で、21世紀を生きる子どもにふさわしい「見方・考え方」を探究する必要がある。

2) 健康問題の広がりと複雑化への対応

2018年改訂の高等学校学習指導要領おいて精神疾患が扱われることになった。若年者からの罹患の兆候やゲーム依存症の問題の顕在化などを考慮すると必要な措置と考えられる。同様に医学、生命科学、環境科学などの分野におい

ても問題群が拡大し、それへの対応として科学も拡大・高度化している。一方、子ども達の健康と成長に関しても様々な問題が顕在化している。長期の不況等により所得の格差は広がり、それが子どもの貧困問題にも影響し健康格差を生み出している[19)20)]。また児童虐待問題、引きこもり問題、いじめ問題など子どものこころとからだを蝕む要因はさらに広がっている。学力保障の観点から「科学」と「生活」は常に問い返しが必要な課題である。具体的には、これらの変化に対応したカリキュラム編成をどう行うのかが問われる。

本節の冒頭で取り上げた日本学校保健学会の共同研究・保健教育A班の言葉を借りれば、「現実社会に起こっている健康問題についての新しい情報や知識を、不断に教科内容としてとり込んでいくための装置（内容編成の原理とその方法）」[1)] をどうつくるのか、という課題に取り組む必要がある。

3) 保健で育てる力に接近するための実証的授業研究の必要性

今後の保健授業では、「見方・考え方」を働かせて、3つの資質・能力を育成するための「主体的・対話的で深い学び」が求められてくる。ここで問題となるのは、保健における「主体的・対話的で深い学び」の視点から保健の授業像を描き出し、そこでの児童生徒の学びの姿を実証的に捉えることである。しかし残念ながら、現状ではそうした実証的な授業研究が少なく、その研究方法論も不十分であり、保健科教育学関係者のさらなる取組が求められている。

（岡崎勝博）

引用・参考文献

1)　共同研究・保健教育A班「保健科の学力を考える―中間報告（その1）―」、『学校保健研究』26(6)：pp. 283-284、1984.

2)　小倉学「健康教育への提案」、『教育』88：pp. 21-29、1958. 6.

3)　小倉学「保健体育科では何を考えるのか」、『教育』p. 72、1962. 12増刊号.

4)　この研究の成果は、小倉学・森昭三編著『現代保健科教育法』（大修館書店、1974）に結実している。

5)　沢山信一「保健教育内容の科学化」、『体育科教育』41(14)：pp. 26-28、1993.

6)　沢山信一「保健教育の現代的課題（上）」、『体育科教育』28(2)：pp. 74-75、1980.

7)　数見隆生「科学的な保健認識をどう育てるか」、『体育科教育』25(4)：pp. 39-42、1977.

8)　数見隆生「保健科における人間形成」、丹羽劭昭・森昭三編『保健体育科教育と人間形成』p. 186、日本体育社、1975.

9)　沢山信一「保健の科学的認識の形成―「知識の生活化」をめぐって―」、『体育科教育』28(8)：pp. 24-26、1980.

10)　保健教材研究会「『授業書』による保健授業の試み」の連載が、『体育科教育』1982年4月号より開始される。代表は森昭三。

11)　田中耕治「序章　戦後日本教育方法論の史的展開」、『戦後日本教育方法論史（上）』p. 30、ミネル

ヴァ書房、2017.

12）森昭三「『授業書』による保健授業の試み＝高校＝」、『体育科教育』35（1）：pp. 56-59、1987.

13）沢山信一「保健教育の学力と人間形成」、『順正短期大学研究紀要』20：pp. 38-39、1991.

14）近藤真庸「"生きて働く"学力の形成と保健授業づくり」、『新版保健の授業づくり入門』pp. 66-80、大修館書店、1987.

15）JKYB研究会編『「健康教育とライフスキル学習」理論と方法』明治図書、1996.

16）和唐正勝「保健の『わかる』と『できる』を考える」、『体育科教育』55（8）：p. 12、2007.

17）文部科学省『中学校学習指導要領解説保健体育編』p. 3、東山書房、2018.

18）内海和雄「保健教育の課題と保健の科学」、『体育科教育』22（9）：pp. 27-30、1974.

19）近藤克則『健康格差社会』医学書院、2005.

20）岩川直樹「貧困・社会的排除と教育」、『論集　日本の学力問題（下巻）』pp. 232-239、日本図書センター、2010.

21）森昭三「21世紀の学校健康教育を考える」、『学校保健研究』39（1）：pp. 11-12、1997.

22）森昭三「これからの保健科教育が果たすべき社会的役割」、『体育科教育』53（8）：pp. 19-20、2005.

第2章 補節

学力論概説

1●「学力」を論ずることとは

　「学力」論は、「目標論」「内容論」「カリキュラム論」「指導方法論」などと不可分の関係にあり、それのみを独立して論ずることは難しい。ここでは、「目標論」以下の諸論に立ち入る際に、最低限、把握しておいた方がよいと思われる、第2次世界大戦後（以下、戦後）の教育学界における「学力」論について、素描しておく。

　『日本の学力問題 上巻 学力論の変遷』[1] (2010) という437頁に及ぶ大著がある。同書では、戦後の日本における著名な教育学者らによる学力論争を収載し、かつ、主たる研究者達の様々な学力論が取り上げられている。教育学界において学力をめぐる論議が、以前から最近に至るまで盛んに行われていたという証左でもある。

　宇佐美 (1978) は、「『学力』をどう定義しようとも、それだけでは何ら意義のあることではないし、どうでもいいこと」[2]だと述べ、「統一された観点から見て同じカテゴリーの言葉で論じつづけるという、理論にとっての最低限の条件さえ欠如している」[3]のが学力論争である、と指摘している。これに対し、先の大著の編著者である山内らは、「いわば『共通の土俵』がないことを認識することそれ自体が『共通の土俵』であり、議論の出発点でもある」[4]とし、学力を論ずることの意義や重要性を主張している。

　すでにスタートの時点で両者にはズレがあり、平易に「学力」を論ずることがどれほど困難であるのかが窺い知れる。

　村越 (1982) は、「落ちこぼれとは何か」に関わって、「その基盤となる『学力』という概念がきわめてあいまいなことばであることと密接な関係がある。そして、それは、実際には複雑な意味を内包しているのと同時に、まだ十分科学的な概念として精練されていず、日常的に使用される生活的な概念とほとんど同次元で、教育学のなかでも使用されがちである」[5]と述べている。

　また市川（2005）は、「『学力とは何か』は、教育界でもいろいろと議論されてきた。しかし、『何を学力と名づけるか』という議論は、不毛な定義論に終わってしまう。実体としてどのような活動における、どのような能力を育てたいのかを明らかにする必要がある。そして、あまりにも学力を広くとらえる議論、例えば『生きる力も学力だ』ということになると、混乱を招きかねない」[6]という。

　さらに松下（2017）は、「教育学の概念はその多くが多義的かつ曖昧で定義に苦労するものだが、学力はその最たる例といっても過言ではない。だがそれとは無関係に、『学力』は日常語として多用され、とりわけ学校現場では権力性を帯びたものにさえなっている」[7]と語る。

　教育学者達の多くが、「学力」という日常的にも多用される言語の定義が実は曖昧で、混乱を招きやすく、かつ定義付けの論議は不毛になりがちであるとの認識を有しているといってよいようである。詳述は避けるが、もとより「学力」論は、その時々の政権や財界などの意向に左右されやすい類のものである。また、家庭教育等を含む「教育全体」で培うべき「学力」なのか、「学校教育」でのものなのか、あるいは各「教科」での「学力」を問題にしているのかによって、「学力」論の内容は大いに異なってくる。議論のすれ違いの原因の一つといえる。

　しかしながら、これまでにどのような「学力」論が展開され、とりあえずにせよ、どのような決着を見ているのかを振り返ることは、現在の「学力」論全般、及び保健科教育における「学力」を考察する上で、恐らく有益であろう。

2●教育学における「学力」論の概観

1）これまでの主な「学力」論争

　松下は（2017）「学力とは」と題し、教育学の観点から手際よく日本における学力論争の経緯をまとめている[8]。表1は、松下が田中[9]（2008）の表に加筆したものを、筆者がさらに若干改変したものである。松下の論考と先の山内らの著書を援用して、戦後から1970年代中頃に至るまでの、主たる「学力論争」を整理することにする。どのような時期に、どのような人物が、どのような論争を繰り広げたのかが概観できるだろう。なお、1990年代前半の第4期、及び2000年代前半の第5期については、本稿において後述する「学習指導要領等に見る『学力』」と相当程度重複するため、ここでは論じない。

表1　学力論争史と主な論者達

〈第1期〉	1950年前後	「基礎学力」論争 青木誠四郎、国分一太郎、広岡亮蔵
〈第2期〉	1960年代前半	「態度主義」「計測可能学力」に関する論争 広岡亮蔵、勝田守一、大槻健、上田薫、中内敏夫
〈第3期〉	1970年代中頃	「学力と態度・人格」をめぐる論争 藤岡信勝、坂元忠芳
〈第4期〉	1990年代前半	「新学力観」をめぐる論争 小林洋文、竹内常一
〈第5期〉	2000年代前半	「学力低下」論争 西村和雄、刈谷剛彦、市川伸一、寺脇研

〈第1期〉

　1940年代末から1950年代初頭にかけて議論されたものであり、戦後の経験主義的な新教育がもたらした学力低下への批判とそれへの反論として展開された。読み・書き・計算（そろばん）といった能力（基礎学力）に、「学習態度」や「日常生活への応用」「問題解決能力」を含めるのか否か、という議論であったと理解できる。

〈第2期〉

　表1の〈第1期〉に広岡亮蔵の名前が見出せる。広岡は「学力モデル」を、①外層＝要素的な知識及び技能、②中層＝関係的な理解及び総合的な技術、③内層＝思考態度、感受表現態度、操作態度、の3層からなると構想し、そうした上で①と②を合わせた知識・技術層と、③の態度層との二重層構造で学力を捉えようとした。

　文部科学省等でいわれる現今の「知識及び技能」「思考力、判断力、表現力」「学びに向かう力、人間性等」の3つの柱と酷似している点は、ここでは置いておく。広岡のこの「学力モデル」は、のちの「学力」論争に大きな影響を及ぼした。すなわち、第2期の「態度主義」に関する論争は、広岡が「態度」を一つの重要な層として位置付けたことから、それでは態度主義に陥り、知識や科学の軽視に通じかねず、かつ態度に対しての教育的介入を許すことになる、という批判であった。

　また同時期の「計測可能学力」論争については、特に当時の時代背景を把握しておくことが重要である。1956年から1966年まで、文部省（当時）は全国学力調査を計11回実施している。その一方で、全国の民間教育団体の動きが活発化し、算数における「水道方式」*¹や、理科や社会科などにおける「仮説実験授業」*²などが成立したのもこの時期である。勝田は、学力を「成果が計測可能なように組織された教育内容を学習して到達した力」と規定したが、学

力を「計測可能」なものと限定することの是非や、全国学力調査で測る「学力」の中身が問われることになったのである。

〈第3期〉

　1950年代の半ばから始まり、1973年の石油危機をもって終焉した高度経済成長期を経て、高等学校への進学率は90％に達し、学校教育に対する親の関心・要求等も大きな高まりを見せていた。一方では、高度経済成長政策下での子どもの生活破壊の問題や、授業についていけない「落ちこぼれ」の子どもの増大などが課題となっていた。坂元は、学力形成には、子どもの生活を通して作られていく認識能力や生活意欲といったものが深く関わっているとして、生活と教育の結合、あるいは子どもの人格形成と学力形成との結合の重要性を主張した。

　これに対し藤岡は、これまでの説は、学力の中心に、本来測定不可能な「態度」や「思考力」などを持ち出し、学習指導要領の非科学性を覆い隠すような「態度主義の学力観」であったとして、これを強く批判した。同時に「わかる力」をも学力の範疇に含めることを否定し、教育内容（科学的概念）の獲得のみが「学力」形成であるとした。

　そもそもこの両者は基本的な研究スタンスが異なっており、必然的に議論は噛み合わず、田中（2010）が指摘するように、「論点を明確にしたにもかかわらず生産的な成果をあげることができなかった」[10] のである。

2)「学力」論をめぐる論点の整理

　以上、第1期〜第3期までを概観してきたが、例えば知識や態度をめぐる論争など、その本質において繰り返し議論されてきた問題がある。そこには、ある種の通底した考え方や捉え方の相違があるのではないだろうか。以下の2つに大別して整理しておきたい。

❶「学力」における重み付けの問題

　「学力」において何を重要視するのか、という問題である。志水（2005）は、「カリキュラム改革の振り子」として、図1[11] を提示している。右の極に「知識重視」、左の極に「態度重視」を置いている。すなわち「学力」において「知識」を重要視する考え方と、「態度」を重要視する考え方との対比である。これは、志水も指摘するように、国家や社会全体の要請を重んじ中央集権的で統制色の強い右側の立場と、市民の生活や要求を重んじ地域に根ざした分権的・草の根的で統制色の弱い左側の立場との対比ともいえる。右を伝統的・保守的な考え方、左を進歩的・革新的な考え方と表現することもできるだろう[12]。

図1　カリキュラム改革の振り子[11)]

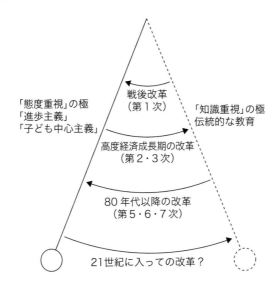

「態度重視」の極
「進歩主義」
「子ども中心主義」

戦後改革
（第1次）

「知識重視」の極
伝統的な教育

高度経済成長期の改革
（第2・3次）

80年代以降の改革
（第5・6・7次）

21世紀に入っての改革？

　戦後新教育がスタートしてからの「学力低下」をめぐっての右往左往、広岡が「態度」を重要視したことによる右往左往、高度経済成長や科学技術の進歩を背景として生じた「生活と教育」重視か、「科学と教育」重視かの右往左往など、論争の多くは上述の文脈で捉えることが可能である。

　こうした考察から見えてくることは、少なくとも右か左かという二者択一の論理からは、何物も生み出されないということである。二者択一の論理を超克した、「学力」論に替わる別の概念装置が求められているのかもしれない。

❷「学力」の範囲・範疇の問題

　「学力」を狭く限定的に捉える考え方と、やや拡大して広義に捉える考え方との対比である。先に見たように、「読み・書き・そろばん」などの戦前からいわれ続けていた能力に、「学習態度」や「日常生活への応用」等の新たな能力を含めるのか否かという論争は、〈第1期〉に見られたものであった。

　また勝田は、認識という能力を重視し、学校で育てられる認識の能力を「学力」の主軸としたい、と主張した。「学力」を、「成果が計測可能なように組織された教育内容を学習して到達した力」と規定したのは先述の通りであり、「学力」を限定的に捉える立場を鮮明にした。さらに藤岡は「計測可能」という範

囲に、「計測可能で誰にでもわかち伝えることができる」を付け加えるべきだと主張し、「学力」の概念をより狭く規定しようとした。これに対し坂元は、生活を通して作られる子どもの認識能力や生活意欲は、「学力」形成と不可分の関係にあり、これを無視する訳にはいかないと主張し、「学力」を広義に捉える立場をとったのである。

これまで繰り返されてきた、「態度」や「人格」を「学力」に含めるのかどうかといった議論も、要は「学力」の範囲・範疇をいかに考えるのかという問題に帰結する。

3●学習指導要領等に見る「学力」

1) これまでの「学力」論の流れ

学校教育の行政府である文部科学省（2001年以前は文部省）は、「学力」をどのように捉えていたのだろうか。梅原（2018）は、「総則の冒頭に、教育目標としてめざすべき『能力』等が掲げられたのは、1989年改訂での『社会の変化に主体的に対応できる能力の育成』であった」[13]と述べている。それまでは学習指導要領等に、「学力」よりも広い概念で捉えられる「能力」の規定もなかったということである。

1985年の臨時教育審議会答申、1987年の教育課程審議会答申を経て、1989年3月に幼小中高等学校の学習指導要領がそろって改訂された。文部省は、1992年の新学習指導要領講習会以降、新学習指導要領が「新学力観」に基づいて書かれたものである、との説明をするようになる[14]。科学技術の著しい発展、情報化社会の到来、価値観の多様化などを背景として、これまでの「知識・技能」を中心に据えた「学力観」から、「関心・意欲・態度」に重きを置いた「新学力観」へ転換させ、あわせて「思考力・判断力・表現力」の育成をも重視したのである。ただしここで留意すべきは、文部省は「新学力観」という表現にとどめており「学力」の定義はしていない、という点である。

さらに1996年の中央教育審議会答申、1998年の学習指導要領改訂において「生きる力」が登場し、「ゆとり教育」と命名されるようになった。わかりやすくいうならば、これだけ変化の激しい社会においては、知識などをいくら詰め込んでも限界があり、それならば子どもの関心や意欲・態度を重視し、指導から支援という方向に向かうべきである、ということである。実際に、「学力を単なる知識の量ととらえる学力観を転換」し、基礎的・基本的内容を厳選して教科の時間数も削減したのであった。先の「新学力観」のさらなる徹底といえ、

志水のいうところの「左の極」に舵を切った訳である。

　しかしそのような折、西村（1999）らが『分数ができない大学生』[15]を刊行し、学力低下論争が再燃した。田中（2013）もいうように当然ながら、「大学生の学力低下問題は、その原因として学習指導要領における『ゆとり教育』政策にあるとの批判へと発展して」[16]いくことになった。こうした動きの中で、当時、文部科学大臣であった遠山敦子氏から、2002年1月「学びのすすめ」という国民に向けての緊急アピールが発せられた。そこで「生きる力」を知の側面から捉えた（とされる）「確かな学力」という言語が初めて登場し、2003年の学習指導要領一部改訂（「確かな学力」の強調や「発展的な学習内容」の許容など）につながっていく。

　さらに拍車をかけるように、第2回PISA調査[*3]（2003年）の結果が発表され、特に「読解力」において国際的順位を大幅に下げたことが明らかとなった。このことは、単に「学力低下」論を後押ししたばかりでなく、PISAが提起した「リテラシー」に重きを置く、いわゆる「活用」力重視の発想に結び付いていったことにも注目すべきである。

　要するに、左の極にあった「態度」重視をより強調した1998年の学習指導要領改訂のわずか4〜5年後に、文部科学省自身の手によって「ゆとり教育」が見直（破棄）され、元の右の極に大きく転換させられたということである。

2）現在の「学力の3要素」論

　先にも触れたが、こうした激変に伴って「学力」観も大きく転換された。すなわち、「新しい学力」観から「確かな学力」観への移行である。2002年の遠山氏の「学びのすすめ」で誕生した「確かな学力」という言葉は、2003年3月の中央教育審議会答申において、

　　初等中等教育において、基礎的・基本的な知識・技能、学ぶ意欲、思考力、判断力、表現力などの「確かな学力」をしっかりと育成することが一層重要になっている。

と説明されている。

　さらに2005年10月に出された中央教育審議会答申では、「学力」観について、次のような解説が加えられている。

　　現行の学習指導要領の学力観について、様々な議論が提起されているが、基

礎的な知識・技能の育成（いわゆる習得型の教育）と、自ら学び自ら考える力の育成（いわゆる探究型の教育）とは、対立的あるいは二者択一的にとらえるべきものではなく、この両方を総合的に育成することが必要である。

　これからの社会においては、自ら考え、頭の中で総合化して判断し、表現し、行動できる力を備えた自立した社会人を育成することがますます重要となる。

　したがって、基礎的な知識・技能を徹底して身に付けさせ、それを活用しながら自ら学び自ら考える力などの「確かな学力」を育成し、「生きる力」をはぐくむという基本的な考え方は、今後も引き続き重要である。

　先に注意を促しておいたが、ここで「活用」という言葉が使用されていることに留意したい。この後、2007年に「学校教育法」が一部改正され、第30条（教育の目標）第2項において、「生涯にわたり学習する基盤が培われるよう、基礎的な知識及び技能を習得させるとともに、これらを活用して課題を解決するために必要な思考力、判断力、表現力その他の能力をはぐくみ、主体的に学習に取り組む態度を養うことに、特に意を用いなければならない」と規定された。この条文は、それまでにはなかった新たな規定である。

　これについては、2008年の中央教育審議会答申で、以下のような解説がなされている。

　改正教育基本法や学校教育法の一部改正は、「生きる力」を支える「確かな学力」、「豊かな心」、「健やかな体」の調和を重視するとともに、学力の重要な要素は、①基礎的な知識・技能の習得、②知識・技能を活用して課題を解決するために必要な思考力・判断力・表現力等、③学習意欲、であることを示した。

　こうした経緯を経て、2008年の学習指導要領改訂につながっていく。例えば小学校学習指導要領解説総則編には、「各学校において、児童に生きる力をはぐくむことを目指し、基礎的・基本的な知識・技能を確実に習得させ、これらを活用して課題を解決するために必要な思考力、判断力、表現力その他の能力をはぐくむとともに、主体的に学習に取り組む態度を養うことに努めることとした」と明記された。

　これが源流となって、現在、広く流布されている「学力の3要素」論が定着したのである。すなわち、
(1)基礎的な知識・技能
(2)思考力・判断力・表現力等の能力

⑶主体的に学習に取り組む態度

と簡略化されることが多い３要素である。めぐりめぐって本稿の最初の方で述べた広岡亮蔵の「学力」論と、非常に類似した３要素となったのである。なおこの「学力の３要素」論に関しては、主に以下の３点において十分な注意が必要である。

第一に、教育学者を含む何人かの論者が「『学力』が法的に規定された」あるいは「『学力』の定義がなされた」などと表現しているが、これは不正確である。文部科学省はあくまでも、「学力の要素」を規定したのであって、「学力」そのものを定義付けた訳ではないという点。

第二に、2014年12月の「高大接続改革答申」*4においては、「態度」の部分が、「主体性を持って多様な人々と協働して学ぶ態度（主体性、多様性、協働性）」となっており、高等学校・大学との接続性の観点においては「態度」の内容が異なる。かつ「態度」の順が一番目にきている点。

第三に、現行学習指導要領総則では、小中高ともに育成を目指す「資質・能力」として、

⑴知識及び技能（の習得）

⑵思考力、判断力、表現力等（の育成）

⑶学びに向かう力、人間性等（の涵養）

となっており、特に「態度」の部分が改変され、かつ育成を目指すものが「学力」ではなく「資質・能力」と置換された結果、「資質・能力」や「態度」についての解釈が無定見に拡大する危険性がある点。

結局、1980年代以降、文部（科学）省の「学力」観は右に左に大きく揺れ動き、第２回PISAの調査結果に翻弄され、辻褄合わせのように文言をやり繰りし、現在の「資質・能力」の３要素を提示するに至った。しかし例えば、田中（2013）もいうように「『知識及び技能』は教育内容の規定であって能力の規定では」[17]なく、明らかにカテゴリー概念の混乱が見られる*5。また、思考力・判断力・表現力等の能力は、知識・技能を活用して課題を解決するためだけに必要なものなのか、といった疑問もすぐに浮上する。さらに、学びに向かう力や人間性等も「資質・能力」に含まれているが、それは測定可能なのか、あるいはかつて批判された「態度主義」に陥る危険性はないのか、そもそも「資質・能力」とは何かという点が明示されていないこと等、多くの問題点を抱えているといわざるを得ない。「学力」の定義が法的に確定されたはずもなく、批判的検討の継続が強く望まれる。

最近では一般に、「学力」という言語の使用を避け、「資質・能力」や「〇〇

力」といい換えることが多い。しかし中村（2018）は、「その『能力』が、これまでとは異なる新しい時代に対応した能力であることを標榜しながら、実は陳腐なものの言い換えにすぎないもので一貫していたとしたら……」との疑念を提示した上で、「いかなる抽象的能力も、厳密には測定することができない」[18]と指摘している。また石井も、「『〇〇力』自体を直接的に教育・訓練しようとする傾向は、思考の型はめによる学習活動の形式化・空洞化を呼び込む危険性をはらみますし、教育に無限責任を負わせることにもなりかね」[19]ないと述べている。

「資質・能力」論を単独で論じたり、その定義付けに拘泥したりすることなどは恐らく不毛である。また先述した通り、「学力」を「資質・能力」に置き換えて語る場合、内包する概念が広がることは避けられず、「活用」などという方法論的言語も簡単に滑り込ませることが可能となる。保健科教育においては、そうした論議に振り回されることなく、「目標論」や「内容論」「カリキュラム論」などの具体的検討と重ね合わせながら論じていくことが賢明である。

4●保健科で目指す「学力」との関わり

1) 保健科教育におけるこれまでの「学力」論の概説

戦後、教育学界において「学力」が論じられるようになったのは1950年前後からであったが、保健科教育において正面から「学力」論が取り上げられたのは、それよりもかなり時間が経ってからである。

日本学校保健学会の共同研究・保健教育A班（1984年）によれば、「保健科の学力論への志向は、保健教育の分野で内発的に出てきたものではな」く、「一般の学力論議に触発されながら、保健教育の独自の問題への引き寄せ（課題の自覚化）という形で生み出されてきた」[20]という。すぐに続けて、「保健教育の現状において、保健科の学力をことさら問わなければならない問題状況が十分に熟してきているというわけではない」と述べている。

時期的に見て、先の〈第3期〉以降の議論に触発されたものと見て間違いはないだろう。坂元・藤岡らの論争に刺激を受けた、いわば外発的動機付けによって保健科教育の本格的「学力」論がスタートしたといえる。

ただしもちろん、学力に関する考察・論及が、保健科教育においてそれ以前、皆無であった訳ではない。小倉は、過去の学習指導要領等を視野に入れつつ、保健教育が目指すもの（目標）について、「各種の目標にある程度共通なことは、保健教育がめざすものが知識・理解ということだけでなく、習慣や態度・能力

を含んでいることである。要するに、保健教育は保健の科学的認識を発達させ、保健習慣を素材として含めた実践的能力を身に付けさせることをめざす教育であると考える」[21]と述べている。その後、保健教育は「自然科学と社会諸科学との統一的認識を発達させる教科としての性格をもつ」[22]ものだとも記述している。さらに小倉は、「適応能力や実践的能力を認識に含めるならば、保健の主たる目標は『保健の科学的認識の発達』であるといってもよい」[23]といい切っている。

　小倉自身の保健科の目標観を記述したものではあるが、保健に関する科学的認識と実践的能力が保健の「学力」である、と捉えることもできるだろう。非常に早い時期から、「保健に関する科学的認識と実践的能力」を目標（学力）とみなしていたことは瞠目に値するし、こうした先達の論考があった上での本格的「学力」論の開始であったことを忘れてはならない。

　ところで、保健科教育におけるこれまでの「学力」論でも、一般の「学力」論と同様に右と左の間を行き来する、振り子現象が起きていた。一般の「学力」では「知識」重視か「態度」重視か、であったが、保健科教育の場合には、小浜もいうように「長い間（現在でも）『わかる』と『できる』の間で、その目標とされる学力観が揺れ動いてきた」[24]のである。

　極めて雑駁ではあるが、明治以降の日本において子どもの健康問題を語る際には、主に「しつけ」や「生活習慣」「習慣形成」が重要であるとの論調が強かった。それゆえ、健康に関していくら「わかって（わかる）」も、「でき（できる）」なければ意味がない、との言説が通りやすいという土壌があったといえる[*6]。

　話を元に戻そう。日本学校保健学会の共同研究・保健教育A班の中間報告では、保健科の学力研究への接近方法として、①目標論的接近、②内容論的接近、③授業論的接近の3つが提案されている[25]。①では、「保健の科学的認識」と「自主的実践能力」のそれぞれの概念と、両者の関連構造の明確化が課題として提出されている。②では、保健の学力が科学的な知識（内容）によって形成される認識を中核としているがゆえに、子どもにどのような保健の文化的内容（教養）を身に付けさせるのかを明らかにすべきである、という課題を提示している。③では、学力論そのものというよりは、「学力形成」の課題というべきではあるが、教材づくりや授業創出をどのように実践して学力を形成していくのか、という課題が出されている。

　こうした課題整理を踏まえた上で、学会共同研究・保健教育A班の最終報告[26]（1986年）へとつながっていく。その報告の中で藤田は、保健科が育てるべき保健的能力として、①自分のからだの状態がわかる能力、②健康がどのように

図2　保健の能力・学力モデル[27)]

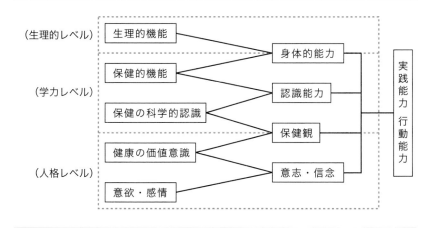

維持・破壊・回復されるのかがわかる能力、③健康を維持・回復する方法がわかり、その方法が必要に応じて使える（能力）、④健康の維持・回復のために必要な社会的行動が取れる能力、の4つを挙げている。

　藤田はこれらの学会共同研究を下敷きにして、のちの著書の中で「学力」に関わる論考を展開している[27)]。保健科教育においては、まとまった「学力」論となっており、学力に関しての一つの到達点といってよい。ちなみに図2の「保健の能力・学力モデル」は、同書において示されたものである。「学力レベル」においては、「保健的技能」と「保健の科学的認識」となっており、端的に述べるならば、この2つが「保健の学力」であるとみなすことができる。

　ただ、その後の保健科教育学界では、「学力」そのものを問う議論はそれほど進展しなかった。それよりはむしろ、保健教材研究会[*7]の「授業書」方式等に代表される、教材づくり・授業づくりが活発化した。上述の「学力」への接近方法でいうならば、「子どもの学力形成を実現するためには、どのような教育内容を、どのような教材や授業によって教授すればよいのか」という研究の方向性が明確になったのである。

2) 保健科における「学力」論への提言

　繰り返しになるかもしれないが、「何のためにどのような目標で」という保健科の目標・目的がある程度明らかにされなければ、子どもに培うべき「学力」を語ることはできないはずである。そうした順次性を無視して議論するならば、

やはり実りは少ないといわざるを得ない。保健科において、「学力」のみを先んじて定義付けすることに拘泥せず、政府や財界の意向にも大きくは振り回されなかったのは、結果として幸いであったかもしれない。

　保健科における「学力」を論ずる際には、一定の限定をかける必要性と論理の順次性とが不可欠であり、かつ「学力」を論ずることと、「学力」をいかに形成するのかという議論は峻別して考えた方がよい。当然ではあるが、まずは「保健科」という教科（授業）に限って述べるべきであり、評価が極めて困難な「態度」は含めず、「知識」「認識」「技能」に限定すべきだと考える。また、「学力形成」論とは一線を画すのはもちろん、「習慣形成」も「学力」論からは除外して論ずることが妥当だと思われる。

　最近の「学力」論においては、野津（2019）が、「これからの子供たちに一層求められる保健の学力」と題し、「健康の価値観を土台として、保健の基礎的・基本的な知識を確実に習得するとともに、新しい知識を習得しようとする態度や、身につけた知識をもとにして思考・判断し、行動に結びつける能力が一層求められている」[28]と述べている。今後とも一般論としての「学力」論を展開するのではなく、「目標論」や「内容論」などと相まった、「保健科」ならではの「学力」論を追究していくべきであろう。

（今村　修）

注

＊1　水道方式：1958年頃より数学者の遠山啓らによって提唱された算数教育の指導方法。一般的な問題を先に学習させ、その後特殊な問題を解かせることを、貯水池から各家庭へ水を供給する水道に喩えたところからの名称。

＊2　仮説実験授業：1963年、科学教育学者の板倉聖宣によって提唱された授業方式。ある問題に対し、予想し、討論し、実験によって検証するという手順で実施される。その際、授業案と教科書とノートを兼ねた「授業書」が用いられる。当初は理科系の教科で行われたが、のちに保健や社会科などでも実践された。

＊3　PISA調査：Programme for International Student Assessment調査の略。世界各国の15歳の子どもに対し、OECDが3年おきに行う学習到達度調査。読解力、数学的リテラシー、科学的リテラシーの3領域にわたって調査される。2003年の第2回PISA調査において、読解力が前回の8位から14位に急落したことにより、日本全体が衝撃を受けたことをPISAショックと呼ぶ。

＊4　高大接続改革答申：正式には「新しい時代にふさわしい高大接続の実現に向けた高等学校教育、大学教育、大学入学者選抜の一体的改革について」という、中央教育審議会の答申。

＊5　読み・書き・算数、要素的知識、技能等を「実体的学力」、見方、考え方、学び方等を「機能的学力」とする論もあるが、森昭三もいうように、各教科で、「実体的学力」に対応する教育内容は考えられるが、「機能的学力」に対応する教育内容を措定することは困難であり、この2つは異なったカテゴリーと見るべきである。

＊6　例えば、1994年WHOにおいてライフスキルが定義付けられ、その影響により2000年代の初め頃より日本においてもライフスキル教育が注目され、学校教育の中に導入された。それにより、できな

ければ意味がないという論調が高まった。

＊7　1975年に発足。当時のメンバーは、森昭三、和唐正勝、田村誠、数見隆生、藤田和也、内海和雄であり、その後「授業書づくり」を精力的に進めていった。

引用・参考文献

1)　山内乾史・原清治編著『論集 日本の学力問題 上巻』日本図書センター、2010.
2)　宇佐美寛『授業にとって「理論」とは何か』明治図書選書7、p. 133、1978.
3)　前掲書2)、p. 137.
4)　前掲書1)、p. i.
5)　村越邦男『子どもの学力と評価』p. 177、青木書店、1982.
6)　市川伸一編『学力から人間力へ』p. 22、教育出版、2005.
7)　松下佳代「学力とは 教育学の観点から」、『日本労働研究雑誌』681：p. 55、2017.
8)　前掲論文7)、p. 55.
9)　田中耕治『教育評価』岩波書店、2008.
10)　田中耕治、前掲書1)、p. 311.
11)　志水宏吉『学力を育てる』p. 30、岩波新書、2005.
12)　前掲書11)、p. 31.
13)　梅原利夫『新学習指導要領を主体的につかむ』p. 18、新日本出版社、2018.
14)　山本俊郎「1990年代以降の教育過程における学力概念の検討」、『日本福祉大学こども発達学論集』9：p. 2、2017.
15)　西村和雄他『分数ができない大学生』東洋経済新報社、1999.
16)　田中耕治「『確かな学力』考」、『円環する教育のコラボレーション』p. 30、2013.
17)　前掲論文16)、p. 39.
18)　中村高康『暴走する能力主義』ちくま新書、p. 6、47、2018.
19)　石井英真『今求められる学力と学びとは』p. 9、日本標準ブックレット、2017.
20)　共同研究・保健教育A班「保健科の学力を考える」―中間報告（その1）―、『学校保健研究』26(6)：p. 281、1984.
21)　小倉学「保健教育の役割」、『現代教育学講座 第14巻 身体と教育』p. 257、岩波書店、1962.
22)　小倉学「教科の特性と関連教科」、前掲書21)、p. 261.
23)　小倉学「これからの保健教育の目標」、『現代教科教育学体系 第8巻 健康と運動』p. 137、第一法規出版、9174.
24)　小浜明「保健科の『学力』概念の中の『考える力』に関する実証的研究」東北大学大学院、博士学位論文、pp. 7-8、2018.
25)　前掲論文20)、pp. 283-288.
26)　保健教育A班「学会共同研究最終報告I」、『学校保健研究』28(11)：pp. 503-506、1986.
27)　藤田和也「保健科の学力と教育内容」、森昭三・和唐正勝編著『新版 保健の授業づくり入門』pp. 82-122、大修館書店、2002.
28)　野津有司「育成すべき保健の学力」、教員養成系大学保健協議会『学校保健ハンドブック 第7次改訂』p. 55、ぎょうせい、2019.

コラム2 ── 保健学習と保健指導の区別は必要か？

　読者の皆さんは、保健科教育に関わる会議等で、保健学習と保健指導の違いを論じた経験はないだろうか。それでは、これまで使用されてきた保健学習と保健指導という言葉が使われなくなるとしたらどうだろう。

　2017・2018年の学習指導要領等の改訂に伴い、文部科学省は、保健教育においては、それらの言葉を使用しないようになった。例えば、学習指導要領解説総則編にこれまで使用されてきた「保健指導、安全指導、給食指導」という用語は、「保健や安全に関する指導、給食を含む食に関する指導」と示されている[1]。それでは、保健学習と保健指導の用語がなぜ使用されなくなったのか、その経緯について考えてみよう。

保健学習や保健指導の捉え方の違い

　学校保健は、「学校における保健教育と保健管理をいう」（文部科学省設置法第4条第12号）と示されているように、学校では、児童生徒等の健康の保持増進を目指して保健教育と保健管理に取り組んでいる。保健教育を行うためには学習指導要領等が、保健管理を行うためには学校保健安全法が根拠となる。

　しかし、学習指導要領には「保健学習」「保健指導」という用語はもとより、「保健教育」という用語も示されていない。学習指導要領第1章総則では、「学校における体育・健康に関する指導」の中で「学校における食育の推進」「体力の向上に関する指導」「安全に関する指導」と並んで「心身の健康の保持増進に関する指導」を示しているが、まさにこれが保健教育を意味するものと考えられている（図1）[2]。なお、学校保健安全法では、「学校における保健管理に関する必要な事項を定めること」（学校保健安全法第1条）と保健管理について示されているだけでなく、「保健指導」（学校保健安全法第9条）についても明示されている（図2）。

　文部科学省が作成した資料において、保健教育を構造的に示しているものではどのように示されているだろう。歯科保健教育ではあるが「『生きる力』をはぐくむ学校での歯・口の健康づくり」（2011年3月）では、体育・保健体育や関連教科、総合的な学習の時間などは「保健学習」としてまとめており、特別活動や個別指導などは「保健指導」としてまとめられている。当時、教科ではなかった道徳はどちらにも属さない形となっている（図3）[3]。

図1　心身の健康の保持増進に関する教育のイメージ

心身の健康の保持増進に関する教育のイメージ

教科等横断的な視点から教育課程を編成

身近な生活や個人生活における健康との関わり

社会生活における健康との関わり

[道徳] 心身の健康の増進を図ろうとする心の育成

[幼児教育]
・基本的な生活習慣の育成
・病気の予防
・危険を避ける能力の育成

[小学校・特別活動]
・基本的な生活習慣の形成
・心身ともに健康で安全な生活態度の形成

[小学校・体育]
・健康な生活
・体の発育・発達
・心の健康
・けがの防止
・病気の予防

[中学校・特別活動]
・心身ともに健康で安全な生活態度や習慣の形成
・性的な発達への適応

[中学校・保健体育]
・心身の機能の発達と心の健康（性に関する指導を含む）
・傷害の防止
・健康と環境
・健康の保持増進と疾病の予防

[高等学校・特別活動]
・心身ともに健康で健全な生活態度や規律ある習慣の確立

[高等学校・保健体育]
・現代社会と健康（健康の考え方、健康の保持増進と疾病の予防、精神の健康）
・生涯を通じる健康
・社会生活と健康

[総合的な学習の時間]
福祉・健康など横断的・総合的な課題を解決する探求的な学習

生活　理科　技術・家庭　等

個別指導

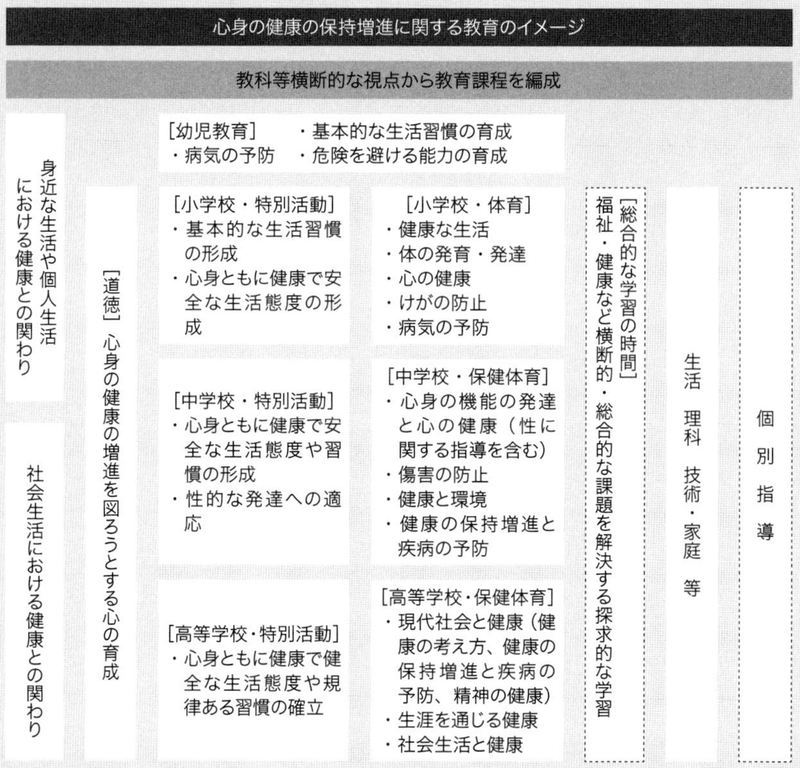

（出典：2016年12月21日中央教育審議会答申　別紙295ページ）

図2　学校保健の2領域

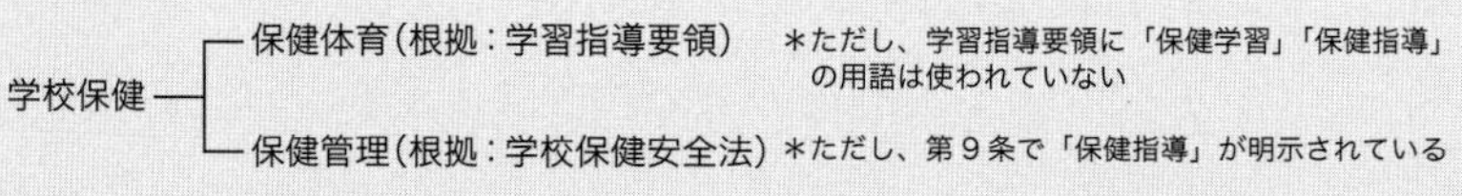

学校保健 ── 保健体育（根拠：学習指導要領）　＊ただし、学習指導要領に「保健学習」「保健指導」の用語は使われていない

保健管理（根拠：学校保健安全法）＊ただし、第9条で「保健指導」が明示されている

　この図を例に考えてみると、まず、保健学習についてであるが、保健教育関係者の捉え方が一致していない現状がある。少なくとも、この図が示すように体育・保健体育、関連教科、総合的な学習の時間を含めたもの（広義）と捉えるのか、体育・保健体育の保健のみ（狭義）と捉えるのか分かれる状況である。また、広義で捉える立場でも、関連教科は具体的にどの教科なのか、特別の教科になった道徳は含まれるのかといった課題が出てくる。

図3　歯科保健教育の構造

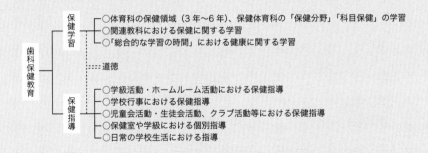

次に、保健指導については、学校保健安全法の保健指導との関連である。図3には、保健教育に保健指導が位置付いている。しかし、学校保健安全法に位置付いている保健指導が保健管理に位置付いていない。このように法的な根拠との矛盾が生じているのである。

「『生きる力』を育む小学校保健教育の手引き」（2019年3月）はどうだろうか。ここでは、この手引きで取り上げた事例をもとに構造化しているため、保健教育を保健学習と保健指導に分けて示すことはしていない[4]。これを参考に学級担任が保健の授業を実践することになる。この手引きは、中学校、高等学校版も発行され、学校に配布し活用されているが、どの校種においても保健学習と保健指導の区別がどうなっているかなどの問い合わせはないようである。つまり、学校の保健教育においては、保健学習と保健指導の区別は必要ないのである。

より多くの人々が関われるように

このような状況の中、2016年12月21日に中央教育審議会から、「幼稚園、小学校、中学校、高等学校及び特別支援学校の学習指導要領等の改善及び必要な方策等について」（答申）が出された。そこでは、「現代的な諸課題に対応して求められる資質・能力と教育課程」の中で、7つの例示の代表として、「健康・安全・食に関する資質・能力」の育成について示されている。これらの資質・能力を育成するためには、「教科等相互の連携」「学校保健計画の作成、評価、改善」「地域や家庭とも連携・協働した実施体制の確保」が重要だとされている。それを学校、家庭、地域で連携して進めていくために、注釈として「なお、従来、教科等を中心とした『安全学習』『保健学習』と特別活動等による『安全指導』『保健指導』に分類されている構造については、資質・能力の育成と、

図4　保健教育の体系

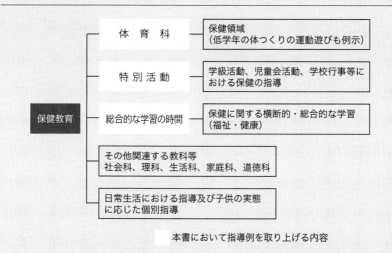

教育課程全体における教科等の役割を踏まえた再整理が求められる[2]」と示されたわけである。

　保健教育を推進し、子ども達の資質・能力を育成するためには、学校の教職員をはじめ多くの人々に関わってもらう必要がある。そのためには、保健教育関係者だけでなく、全ての人々にわかる用語を使用する必然性が生まれたのである。そこで、保健学習や保健指導という言葉を使用することをやめ、多くの人々が知っている教科や領域の名称を重視することとなった。

　保健科教育に携わる方々も、この趣旨を理解し、全ての人々がわかりやすい正しい教科や領域の名称を使用することが肝要である。そのことで、保健教育の中核である体育・保健体育の認知度や必要性が増し、保健科教育が発展することにつながると考える。

（森良一）

引用・参考文献

1)　文部科学省「小学校学習指導要領（平成29年告示）解説総則編」2017.
2)　中央教育審議会「幼稚園、小学校、中学校、高等学校及び特別支援学校の学習指導要領等の改善及び必要な方策等について」(答申) 2016.
3)　文部科学省「『生きる力』をはぐくむ学校での歯・口の健康づくり」2011.
4)　文部科学省「改訂『生きる力』を育む小学校保健教育の手引き」2019.

第**3**章

保健科の学習指導論

保健の授業づくり論

1●よい授業とは

　保健に限らず、授業は教育の中核的役割を果たしている。それがゆえに教師は授業づくりに頭を悩ませ、労力をかけながら、「よい授業」を追い求める日々を過ごしている。では、「よい授業」とは何か。

　井上（1974）は、「よい授業は教師のもっている教育理論の全体系と教育技術のすべてが授業のなかに凝集的に表現されるもの」と述べている[1]。様々な教具や最新の電子機器を活用し、流れるように計画通り遂行されていく授業は見栄えがよく、よい授業と捉えられがちだが、そうではない。教育によってどのような社会を形成し、どのような人間を育成しようとしているのかといった教育の目的を教師自身が明確に持ち、その達成のためにはどのような資質・能力を育成しなければならないのかを考え、教育理念として持っていなければならない。さらに、求めている資質・能力はどのような教育内容・方法によって効率的に獲得できるのか把握しておく必要がある。また、教育に対する熱意を持ち、教師自身が教育内容についての理解を深めていくことも重要である。学習者の理解度に個人差があることや知的活動の発達過程についても考慮しながら、つくりあげていくことでよい授業に近づくのであろう。このように多くの要因が複雑に交錯しながら、「よい授業」が成立する。

2●インストラクショナルデザイン

　では、授業はどのような手順でつくられていくのか。授業づくりについては様々な分野において研究されてきたが、学際的に解明しようと取り組んでいる分野の一つに教育工学がある。教育工学では授業（インストラクション）を設計（デザイン）することをインストラクショナルデザインと呼んでいる。インストラクショナルデザインは、「教育活動の効果・効率・魅力を高めるための

手法を集大成したモデルや研究分野、またはそれらを応用して教材や授業など
の学習環境を実現するプロセス」と定義されている[2]。

　インストラクショナルデザイン研究では、よりよい授業を効率的につくるた
めの手法の一つとして、ADDIEモデルがよく用いられる[3]。

3●ADDIEモデル

　ADDIEモデルは、授業に対してどのようなニーズがあるか見極め（Analysis；
分析）、何を（Design；設計）、どう教えるのかを考え（Develop；開発）、授
業の実践（Implement；実施）と評価（Evaluate；評価）を行うといった5つ
の段階を循環させながら、改善を繰り返すことでよりよい授業づくりを図るも
のである（図1）。PDCAサイクルに似たモデルではあるが、分析や設計、開発、
実施といった段階でも評価と改善を繰り返すことにADDIEモデルの特徴があ
る。本節では、このモデルの手順に沿って、授業づくりについて論を進める。

1) Analysis（分析）

　授業づくりは、教育目標を達成するために教育内容や方法を決め、目標が達
成されたか否かを評価するといった手順を踏む。目標を設定するためには、ま
ず授業に対するニーズを分析しなければならない。授業に対するニーズには、
教師のニーズや学習者のニーズ、社会のニーズが考えられる。

❶教師のニーズ分析

　教師とは、常に子ども達の成長を願う職業である。その願いが、授業づくり
の根幹ともなる。教師が自身の教育理念や教育に対する熱意などを持ち、それ
を教育目標や教育内容に落とし込むことで、教育成果につながるだろう。しか

図1　ADDIEモデル

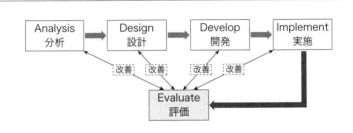

し、教師自身のニーズばかりを教育目標に反映させてしまっては、独り善がりの授業になる危険性がある。以下に説明する学習者や社会のニーズも含めて、教育内容をデザインすることが望ましい。

❷学習者のニーズ分析

　授業をつくるために、学習者のニーズ全てに応える必要はないが、教育目標や内容、方法をデザインする際に学習者が保健学習に何を期待しているかといった分析は必要となる。また、学習者の既習事項やレディネスを把握することで、授業づくりがスムーズになろう。

　国立教育政策研究所の調査（2013）によると、保健の授業は人生に役に立つと考えている中学生は全体の82.1％存在し、保健に高い期待を寄せていることがわかる[4]。しかし、保健を好きと回答した中学生は全体の51.8％、保健の授業を理解している中学生は全体の60.7％にとどまっていた。

　この結果から、保健に期待している中学生に対して、健康や安全について理解させ、保健を好きにさせるという目標が浮かび上がってくる。この目標を達成するためには、わかりやすく、学習意欲が湧いてくるような教育内容、方法をデザインすることを意識しなければならないだろう。この他にも、学習者の特徴（学級の雰囲気や学習意欲など）や、学習方法の好み（グループワークへの積極性など）、学習者の課題（抱える健康課題など）についても事前に把握しておくことで、教育内容や方法をデザインしやすくなる。

❸社会のニーズの分析

　学習者である子ども達が大人になった時、社会で活躍できるよう育成していくためには、社会的背景または社会の要請を考慮した授業づくりを心がけなければならない。しかし、実際には社会的背景や社会の要請を考慮した保健の教育目標が、学習指導要領に規定されているため、その目標を教師が十分に理解しておくことで、社会のニーズ分析に代えることができよう。

　2017年の中学校学習指導要領では「(1)個人生活における健康や安全について理解するとともに、基本的な技能を身に付けるようにする、(2)健康についての自他の課題を発見し、よりよい解決に向けて思考し判断するとともに、他者に伝える力を養う、(3)生涯を通じて心身の健康の保持増進を目指し、明るく豊かな生活を営む態度を養う」の3本の柱で整理されている[5]。各学級の学習者の特徴に合わせつつ、学習者や教師自身のニーズだけではなく、社会のニーズも読み取り、それに応えていくために教育目標を立てる必要がある。

2) Design（設計）

　教育目標が決まれば、いよいよ授業をデザインする段階へと移行する。決して忘れてはならないのが、教育目標を達成するために教育内容をデザインするということである。「教育目標の達成」という大義が薄れてしまうと、次第に「今日は教科書の○ページまでを終わらせる」といったノルマ達成が目標へとすり替わってしまう。日々の教育実践を繰り返しながら、分析の段階で定めた教育目標を忘れずに授業をデザインしていかなければならない。また、教育目標の達成は1回の授業では到底なし得ないものであり、学習の系統性や教育内容の全体像を念頭に置きながら、一つの授業をデザインしていく必要がある。

　一つの授業を計画する際、ガニェの9教授事象が参考になろう（表1）。ガニェは授業構成を分析し、9つのステップに分類している。ここで、ガニェの9教授事象を実際の保健授業案（交通安全）にあてはめてみる。

　まず、ドライブレコーダーで撮影された交通事故の動画を学習者に見せ、興味関心を引く（ステップ1）。「交通事故の要因を判別できるようになる」という授業の目標を学習者に知らせ、本時の学習で目指すべき方向を全員で確認する（ステップ2）。本時で学習する新たな内容を紹介する前に、前時で学習した内容（日本における交通事故の現状など）を振り返ったり、これまでの学びの過程を紹介したりする（ステップ3・4）。交通事故の発生要因の判別方法を説明し（ステップ5）、導入で見せた交通事故の要因判別をさせる（ステップ6）。学習者が要因判別できているか確認をしながら、個別に助言を与え、学習を評価する（ステップ7・8）。最後に、本時の学習内容を振り返らせたり、交通事故の新聞記事から要因判別をさせたりして学習内容の定着を図る（ステップ9：保持）。または、実際の通学路で起きそうな交通事故を予想し、その発生要因を答えさせることで、本時の学習内容を日常生活へ応用できるようにさせる（ス

表1　ガニェの9教授事象

ステップ	内　　　容
1	学習者の注意を獲得する
2	授業の目標を知らせる
3	前提条件を思い出させる
4	新しい事項を提示する
5	学習の指針を与える
6	練習の機会をつくる
7	フィードバックを与える
8	学習の成果を評価する
9	保持と転移を高める

テップ9：転移)。

　この9教授事象の順番は、授業構成をデザインする際のヒントになろう。しかし、この9つのステップは必ずしも順番通りである必要もないし、一つの授業に全てのステップを組み込まなくてもよいとガニェ自身が解説している。デザインした授業を実践しながら、評価を行い、必要な要素を取捨選択し、授業構成のバランスをとることも重要である。

3) Develop(開発)

　教育内容をデザインした後は、その内容をどう効率的に教えるかを考える。つまり、教材や教育方法の開発である。教材を開発するには、かなりの労力を要する。よい授業をつくるためには、教師自身がよりよい授業をつくろうと熱意を持っていることが前提となろう。その熱意が、ADDIEモデルを円滑に循環させる原動力となる。

　しかし、当然のことながら熱意だけではよい授業にはなり得ない。教師自身が教育内容をしっかりと正しく理解している必要がある。教材づくりへの熱意も教育内容の理解もない教師（第1象限）は論外だが、教育内容の理解が浅い教師から誤った知識や浅い情報を情熱的に説明された際の学習者への悪影響は想像に難くない（第2象限）。教育内容への理解度は高いが、熱意に欠けた教

図2　教材づくりの類型分類

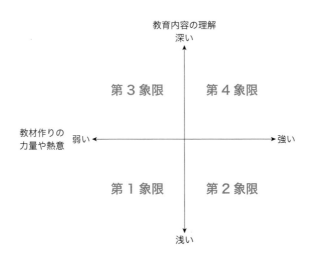

152

師の授業（第3象限）は、説得力に欠けるだろうし、果たして学習者の胸に響くだろうか。原動力である熱意に欠けた教師が自身の授業を評価し、改善するだろうか。少なくとも、本書を手に取り、この章に目を通している読者（あなた）は、よい授業づくりをしようと熱意を持っているはずである（ことを願う）。

　ここでいう教育内容の理解とは、教材の解釈を含んでいる。斎藤（1990）は、教師による教材解釈を3つの視点に分けて捉えている[6]。1つ目は、一般教養としての一般的な解釈である。これは、教師でなくとも万人が同じく、かつ正しく理解できるものであり、最も低次元な解釈である。教師が保健の教科書を読み、その内容を科学的事実として理解し、学習者に対しそのまま説明することは容易だが、授業に厚みや深みは生まれない。そこで、教師という専門家のする専門的な解釈が必要となる。この2つ目の解釈は、学習者の特徴や自身の教育理念などを考慮しながら、この教材を使って、どのような方法で、教育目標を達成していくかを考えることを指している。保健の教科書を読みながら、その内容を学習者に伝えた際の反応を予想したり、発問をつくったり、授業の進行をイメージしたりすることで教師自身の解釈が深まっていく。3つ目の解釈は、教育内容に関わる最新の研究成果を教師がはっきりと理解していることである。保健関連の研究は日進月歩であり、健康情報は日々更新されている。国内の健康情報は厚生労働省や文部科学省などのHPで、世界の情報はWHOのHPなどで取得することが可能である。教師は常に正確かつ最新の情報を追っていかなければならない。これら3つの解釈が相互に絡み合うことで、教育内容の理解が深まり、授業の幅が広がり、よい授業づくりへと近づくのであろう。

4）Implement（実施）

　設計した授業を実施するには、発問や説明は避けて通れない。

❶発問

　和唐（1993）は、授業づくりは「教師が教えたいものを子どもたちの学びたいものへ転化、発展させていくことを構想すること」としており、そのためには「『教えたい』ものを子どもたちの『学びたい』ものへと転化させていく発問づくりが重要」としている[7]。

　発問とは、「理想状態（正解）を把握している教師が、子どもの潜在的な『不備・不足・不十分』を顕在化し、正しい理解に導くために、問いのかたちをとって指導する教育技術の一つ[8]」である。発問は、子ども達の思考を促し、理解を深める効果がある。その効果を高めるために、よい発問の条件として藤岡（1989）は以下の4つを提示している[9]。

具　体　性：発問を構成する諸要素が広く深く児童生徒の経験と結び付いていること。

検証可能性：発問に対する正答が存在し、しかもどの予想が答として正しいか調べる手立てが存在すること。

意　外　性：発問に対する児童生徒の予想と正答の間に思いがけないズレがあるものになること。

予測可能性：その発問について学習した結果、同類の新たな発問や関連する多くの発問に児童生徒が正しい予想を立てることができるようになる性質を発問が有していること。

　これらの条件を念頭に置きながら、さらに児童生徒の反応（誤答や沈黙など）を予想し、発問をデザインしておくべきである。児童生徒に発問をした後、児童生徒の反応を見定め（評価し）、正答へ導くために、または思考や理解を深めるために、次なる発問やヒントを投げかけなければならない。その準備も教師は忘れてはならない。

❷説明

　学習者に新しい情報について説明する際、わかりやすさを重視すべきである。近年、医学の分野ではわかりやすい説明が求められ、様々な研究や実践が行われている。文章の読みやすさや内容の理解しやすさのことをリーダビリティー（Readability）と呼ぶ。リーダビリティー研究が盛んに行われるようになった背景として、医者が患者に対し病状や施術について説明する際、用いる医学用語が難解であるがゆえに、患者が主体的に治療などの意思決定を下しづらい状況があった。この課題を打開するには、患者のヘルスリテラシーを高めることも考えられるが、何よりも医者がわかりやすい言葉を使って説明を工夫することが必要であった。そのため、医学用語をできるだけわかりやすく説明し、誤解が生じないように配慮するようになってきている。

　保健学習においても、同様の配慮が必要となる。保健は健康・医療情報を扱う分野であり、専門的な用語を扱う場面がある。専門的な内容を含む説明では、学習者が誤解しないよう、リーダビリティーを追究すべきである。植田（1994）は、小学校の保健教科書のリーダビリティーについて検証し、当時の教科書は漢字や科学的な語彙の使用率が高く、リーダビリティーの程度はやや難しいと指摘している[10]。現在の教科書は、その頃に比べ、比較的平易な表現で記述され、イラストや図表なども多く扱われるようになり、リーダビリティーは改善傾向にあるだろう。しかし、授業内における教師の説明や発問、配布資料やワークシートなどのリーダビリティーについて検討した研究はなく、その実態や課

題は明らかになっていない。

　前掲した国立教育政策研究所の調査結果[4]で、保健の学習内容をわかったと回答した中学生が全体の約60％にとどまっていることを鑑みると、教科書の記述に限らず、授業全体（発問や説明、ワークシートなどの配布資料）のリーダビリティーをさらに追究すべきであろう。その際に、国立国語研究所の「『病院の言葉』をわかりやすくする提案」が参考になる[11]。これは医学用語を平易な表現でいい換えた一覧を示しており、保健の授業においても十分活用できるものである。

5）Evaluate（評価）

　授業の良し悪しの評価には、学習者検証の法則に則って行われることが望ましい。学習者検証の法則とは、授業の成果を評価する時に「実際学習者が何をどの程度学べたのかを調べて、その証拠をもって判断する原則に従うこと」を意味している。つまり、学習者が教育目標を達成できていなかった場合は、教師側に落ち度があると理解し、改善を図らなければならない。例えば、学習者が授業に集中しておらず、成果が上がらなかった場合、ややもすると教師は「学習者のモチベーションが低かったから授業の成果が上がらなかった」と結論付けてしまいがちである。しかし、学習者のモチベーションを上げることも教師の役割の一つである。

　学習者のモチベーションを引き出す授業になっているか評価する際に、ARCSモデルの観点を軸にするとわかりやすい。ARCSモデルはKeller（1987）が学習意欲を高める要因を分類して体系化したモデルである[12]。名前は、Attention（注意）、Relevance（関連性）、Confidence（自信）、Satisfaction（満足感）の頭文字をつなげたものである。

　学習意欲を高めるためには、まず導入で注意を惹きつけ、この授業は面白そうだと思わせることから始まる（Attention）。具体的な手立てとしては、身近な話題の提供やゲーム形式の導入などが考えられる。他にも、電子タブレットを用いた学習は紙媒体より飽きにくいという研究結果がある（赤堀・和田、2012）ため、授業の導入から電子タブレットを活用することで、注意を惹きつける効果も期待できる[13]。次に、学習者の生活と関連性の高い内容を扱うことで、学習者にやりがいを感じさせることができ、学習意欲が高まる（Relevance）。そして、授業内で成功体験をさせ、学習者自身がやればできそうだという自信を持てるようにする（Confidence）と、さらに学習意欲が高まる。保健の学習内容をより身近に感じさせ、自身の生活や人生に直結する問

題であることを理解させたり、自身の健康課題の解決を思考させたりすることで、学習に積極的になることが期待できる。Satisfactionは保健の授業を受けてよかったと満足することを指す。保健を学習したことで、学習者自身の生活習慣が改善されたり、悩みが解決されたりし、満足感が得られる。この満足感がさらに学習したいという意欲をかきたててくれる。

　教師が授業づくりにどれほどの時間をかけ、どれほどの情熱を注ぎ込んだかといった教師を軸とした授業評価は、自己満足に陥るばかりで、あまり意味を持たない。教育目標が達成できたかによって授業を評価し、さらなる授業の改善が図られなければならない。つまりは、目標と評価は一体とし、授業をデザインしなければならないのである。

　他の教科に比べ保健は授業研究が低調であるという批判を受けるが、これまでに保健授業づくりに関する検討は様々行われてきた。その中でも、授業書方式による保健授業は、本章で述べた授業づくりに関する理論と類似する部分を含んでおり、それ以上に学ぶところが多い。授業書方式の保健授業とは、板倉が1963年に提唱した仮説実験授業の授業書を参考に、保健授業に適用したものである。この方式では、問題、予想・仮説、討論、検証という授業過程をたどる。この過程においては、前述した藤岡（1989）のよい発問の4条件（具体性、意外性、検証可能性、予測可能性)[9]を含むように設定されており、旧態依然とした知識伝達型の保健授業の姿を大きく変貌させた。

　授業書には授業過程が詳述されており、指導案と授業実践記録の機能をあわせ持っている。このことで、授業内容の伝達性や再現性が高まり、授業内容の良し悪しを評価（Evaluate）できるようになった。森昭三を代表とする保健教材研究会は、授業書方式による保健授業を数多くの媒体で公表し、多くの教育現場で追試され、ある一定の教育成果を上げた[14][15]。

　保健科教育のさらなる発展のためには、ただ闇雲に授業をつくるのではなく、授業書などの授業実践記録の分析、評価を行い、同様の授業を追試しながら、蓄積していくことが重要である。

（荒井信成）

引用・参考文献

1)　井上弘『よい授業の条件』明治図書出版、1974.
2)　鈴木克明『教材設計マニュアル―独学を支援するために―』北大路書房、2002.
3)　Walter Dick, James O. Carey, Lou Carey（角行之訳）『はじめてのインストラクショナルデザイン』ピアソンエデュケーション、2004.
4)　国立教育政策研究所「平成25年度中学校学習指導要領実施状況調査」2013（http://www.nier.

go.jp/kaihatsu/shido_h25/index.htm）

5）　文部科学省『中学校学習指導要領（平成29年告示）解説保健体育編』東山書房、2018.

6）　斎藤喜博『授業』国土社、1990.

7）　和唐正勝「保健の授業研究と教師の力量形成」、『体育科教育』41（9）：pp. 14-17、大修館書店、1993.

8）　野口芳宏『野口流教師のための発問作法』学陽書房、2011.

9）　藤岡信勝『授業づくりの発想』日本書籍、1989.

10）　植田誠治「小学校保健教科書の文章の読みやすさ（Readability）に関する研究」、『学校保健研究』36（5）：pp. 245-249、日本学校保健学会、1994.

11）　国立国語研究所「病院の言葉」委員会「『病院の言葉』を分かりやすくする提案」、2009（http://www2.ninjal.ac.jp/byoin/teian/）

12）　Keller. J. M. "Development and use of the ARCS Model of instructional design", Journal of Instructional Development, 10(3): pp. 2-10, 1987.

13）　赤堀侃司・和田泰宜「学習教材のデバイスとしてのiPad・紙・PCの特性比較」、『白鷗大学教育学部論集』6（1）：pp. 15-34、2012.

14）　保健教材研究会『新版「授業書」方式による保健の授業』大修館書店、1999.

15）　保健教材研究会『小学校「授業書」方式による保健の授業』大修館書店、2002.

16）　向後千春『上手な教え方の教科書―入門インストラクショナルデザイン―』技術評論社、2015.

17）　今村修「良い保健授業の姿をイメージしよう」、日本保健科教育学会編『保健科教育法入門』pp. 38-43、大修館書店、2017.

18）　福田洋・江口泰正『ヘルスリテラシー』大修館書店、2016.

19）　向後千春『教師のための「教える技術」』明治図書、2014.

20）　稲垣忠・鈴木克明『授業設計マニュアル Ver. 2―教師のためのインストラクショナルデザイン―』北大路書房、2011.

保健科の教材論

1●「教材」とは何か

　「教材」という用語は、「教材づくり」「教材研究」「教材論」等、日常的に使用されているが、実はその捉え方は幅広く、例えば、広辞苑（第七版）では「教授・学習の材料。学習の内容をいう場合と、それを伝える媒体を指す場合とがある。教材研究の教材は前者、教材作成は後者になる」と2つの捉え方が定義されている。「教材」が児童生徒に教えるべき「教育内容」を指す場合と、それらを教えるための手段や媒体・材料のことを指す場合と2つの意味で語られている。また文部科学省が示した「教材整備指針」（2011）に見られる「教材」は、プロジェクターや音楽プレーヤーなどの視聴覚機器や、体育授業で使用する柔道着、理科で使用する実験道具・機材など、一般的には「教具」と捉えられる意味合いが強いものである。さらに「教科書教材」という用語は古くから一般的に用いられており、法律上[1]では、教科書について「主たる教材」と記されている。文部科学省での教科書の位置付けは「教科書を中心に、教員の創意工夫により適切な教材を活用しながら学習指導が進められています」とあり、教科書は中心的な教材として位置付けられている。

　このように「教材」という用語は、授業において重要な要素の位置付けであるという点は共通しているが、その概念規定は多様であり、一定の共通認識がなされてきたわけではない。

1)「教材研究」という用語における「教材」の捉え方

　これまで「教材」の概念が不明瞭であったと述べたが、先輩教師や教育実習の指導教諭が「教材研究が足りない！」などと叱咤する場面で使われるこの「教材研究」は、一定の概念に基づくものとして使用されている。

　森[3]は、よい教材を見つけ出し、自分の武器にしていく過程を「教材研究」であるとし、とある教育内容を「何で」教えるかの研究が本来の「教材研究」

であると述べる。しかし、授業準備の際に、目の前の児童生徒にとって教育内容として何が必要で、「何を」教えるべきなのかを研究する、一般的には、教育内容研究と呼ばれる研究も「教材研究」と呼ぶ場合もあり、さらに教授過程研究ともいうべき「いかに」教えるかの研究を踏まえ、3つ全てを含んだ領域を総称して「教材研究」といわれているとも述べており、今日使われる「教材研究」の意味もその総称に該当するであろうと筆者も考える。

　「何を」「何で」「いかに」教えるかを、「感染症の予防」の授業づくりにあてはめて考えると、「感染症を予防するには、発生源をなくすこと、感染経路を遮断すること、身体の抵抗力を高めることが有効である」という教育内容を理解させるために、インフルエンザに関する事実や現象、科学的知見をどのように引き出し、どう使うかが重要な作業となる。インフルエンザの月別発生患者数のグラフを見せたり、インフルエンザワクチンのポスターを用意し、体の抵抗力をつければ予防できることを具体的に理解させられるかもしれない。しかしその際にインフルエンザではなくエイズや他のウイルス感染症を選択した方が望ましい場合もあり得るため、どのようなテーマを選択するかも重要な作業といえる。また「いかに」教えるかについては、授業形態や教授行為に関わる内容である。一斉学習がよいのかグループ学習がよいのか、といった「授業形態」に関わる研究、また板書やノートの方法、話術といった「教授行為」に関わる研究である。

　このように一般的に使用されている「教材研究」という用語における「教材」とは、授業の目的、教えるための手段や方法など、授業づくりに関わる全てを含む捉え方である。

2)「教材」と「教育内容」の分化

　先に挙げた広辞苑で、学習の内容つまり教育内容を教材と捉える場合と、それを教えるための手段を教材と捉える場合とで2つの定義がなされているとしたが、藤岡[4]は、教育学において「教育内容」と「教材」を明確に区別すべきという議論が1950年代後半から1960年代にかけて起こったと述べている。真船の、「理科教育においてテコや天秤自体は『教材』であり『教育内容』ではなく、テコや天秤に働いている力学的な法則が『教育内容である』」とする論や、小川の、「教えるべきことがらを、子どもの学習課題として提示するときの具体的な材料が『教材』である」という論、また柴田の、「『教育内容』である科学的概念を習得させる上に必要とされる材料（事実、文章、直感教具など）を『教材』とよぶ」という論を紹介している。藤岡はこの「『AでBを教える』」と

いう構想が生まれた時、そのAが教材に当たる」[4]と説明する。さらに、それらの「教育内容」と「教材」の区別は、単に授業実践の構造分析のための枠組みとしてでなはく、「科学と教育の結合」というスローガンのもと、生活上の素材をそのまま学習させるべき内容とみなす生活経験主義の教材観を克服し、教育内容を科学の概念や法則によって構成し直すことは国民的課題であるという信念に支えられていたと述べている。

3) 保健科教育学における「教材」の捉え方

保健科教育学において「教材」という用語の使用からその概念を読み解くと、1960年代に小倉が保健の教育内容に関して、5領域に構造化することを試みたが、それは「保健教材構造化の試み」と題して述べられている[5]。つまり、教科として教えるべき内容の集合体である単元を、「教材」と呼んでいる。しかし、小倉は、5領域の3番目に該当する「疾病・傷害の予防」について、赤痢がその典型教材として有効であるとも述べており[7]、内容を効果的に教えるためのテーマも「教材」として捉えている。このことから「教材」という用語に関して明確な概念整理がなされていたとはいい難い。

森は1979年発刊の『「保健科教育法」教育の理論と実際』[7]の中で、「教科の対象となるものは、客観的な現実（自然や社会）の諸事実であるが、教科の内容となるもの、そして、教科の体系を構成するものは、これら事実に対する科学的概念や法則である」と「内容」を定義し、「これら科学の概念や法則を子どもに習得させるうえに利用される材料を『教材』と呼ぶ」と「教材」を定義し、それらを明確に区別している。教科で扱う、自然や社会の現象を教えるための具体的な事実や現実を「教材」と捉えている。さらに1990年代から2000年代を中心に「保健教材研究会」が「『授業書』方式による保健の授業」[8]-[12]として多

図1　「教材研究」とは[3]

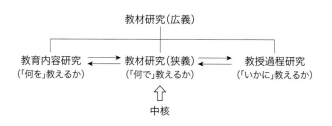

くの授業実践を提案しているが、この「保健教材研究会」での取組について、当研究会の一員である友定は「具体的な教材づくり・授業づくりを重視した研究をすすめてきた。つまり、実際に行われる授業を意識した『教材＝教授方法』段階の研究である」[13]と述べている。つまりここでの「教材」は授業方法をも内包した捉え方をしていたと考えられる。後述するが、研究会代表の森においては、「学習形態」をも教材に位置付けて論じているものもある[14]。

　その後保健科教育学において、一定程度の概念整理が行われている[15]が、まずは改めて授業づくりの「教材」概念の整理を試みたい。

2● 保健授業における教育内容・教材・素材・教具の関係性

　授業づくりにおいて最も重要なのは、まず「生徒にこれを理解してほしい」という「教育内容」を明確にすることである。例えば「感染症の予防」の単元で「感染症を予防するには、発生源をなくすこと、感染経路を遮断すること、身体の抵抗力を高めることが有効である」という教育内容を教えるとしよう。ある教師はインフルエンザをテーマに、インフルエンザの月別発生患者数の新聞の切り抜き、インフエンザにかかった時の体験談を織り交ぜて授業をしようと考えている。つまり「『インフルエンザについての新聞記事や体験談』で『感染症を予防するには、発生源をなくすこと、感染経路を遮断すること、身体の抵抗力を高めることが有効であること』を教える」という構造が成立する。前述した藤岡[4]の「『AでBを教える』という構想である。

　さらに、そこに「素材」の概念を含めた場合の関係性で見てみたい。例えば上記と同様のインフルエンザを「素材」と定義し、それをCとしよう。先にも挙げたが、インフルエンザに関する新聞記事や写真などを用意したり、時には教師の体験談を話すこともあるであろう。それら具体的な新聞記事や写真、体験談は「感染症の予防」を教えるための「教材」である。インフルエンザという「素材」が教師の手によって授業設計の中に意図的に位置付けられ、教育的価値を持たせようとした時に「教材」となるのである。今村[15]はその作業過程を「素材」の「教材化」と定義付けている。よって「Cを教材化したAでBを教える」という関係性が成り立つ。「教材」とは「教育内容を、学習者によりわかりやすく、より深く、より楽しく教えるために選ばれる、あるいは工夫される『仕かけ』である」と定義付けたい。

＊

　［B］教育内容……感染症を予防するには、発生源をなくすこと、感染経路

を遮断すること、体の抵抗力を高めることが有効であること

［A］教　　材……上記の素材を授業展開の中に意図的に位置付けたもの
　　　　　　　　　・インフルエンザの月別発生患者数の新聞切り抜き
　　　　　　　　　・インフルエンザにかかった時の体験談

⇧ 教材化

［C］素　　材……インフルエンザ

＊

　次に、「教具」に触れるが、黒板やチョーク、マグネットなど、授業における「仕かけ」となっていない単なる物質的な道具が「教具」である。しかし、「教具」は「教材」になることがある。新井[16]は「教材」はソフトウェアであり、一方、「教具」はハードウェアであると説明しているが、同氏の例を引用すれば「望遠鏡は天体についての教育を行う場合は教具であるが、望遠鏡という装置自体について学ばせる場合には、望遠鏡は教材となる。つまり、ハードウェア自体について学ばせる場合は、それはソフトウェア＝教材になる」ということである。筆者も保健の授業においても、この「教具」概念の整理が適当であると判断したい。しかし、体育科教育学における教材・教具の捉え方について岩田[17]は、「教材」の中でも物質的なものを「教具」と位置付けており、「教具は、授業に挿入される『物体化された構成要素』、つまり『モノ』ではあるが、運動学習に必要な用具や器具といった平板な意味を超えて、意図的な運動課題の状況や条件を創出する『指導装置（instruction device）』（Siedentop, 1983）として理解されるべきである」と述べている。体育も保健と同じように教室で体育理論の授業が展開されており、両者の学習指導方法が共通していることを考えると、この点はさらなる議論が必要である。

3●教材の分類の考え方

　教材の分類に関してこれまで、いくつかの分類が示されている。前述したが、法律上[1][2]においては、「主たる教材である教科書」と教科書「以外の教材」と示してある。教科書「以外の教材」について具体的記述はないが、教科書「以外の教材」と二分される概念と理解できる。かつて検定教科書制度が制定され、教科書以外にほとんど教材がなかった時代にはこの分類が適切であったかもし

れないが、現代の様々な教材がある中でそれらを教科書「以外の教材」と一括りにすることは有益な分類とはいえないであろう。また文部科学省では、「教材機能別分類表」として、教材の機能の視点から①発表・表示用教材（黒板、プロジェクター、スライド等）、②道具・実習用教材（楽器、工具、スポーツ用具類等）、③実験観察・体験用教材（応急手当て用具、実験機材等）、④情報記録用教材（ビデオカメラ、ボイスレコーダー等）の４つの分類で示している。

　教材の概念に関して、共通認識がなされていない中で、その分類が様々な視点でなされることは当然ではあるが、古藤[18]は、「認知・知覚作用」「媒体の特性」「学習目的」の３つの視点からそれぞれの分類を行っている。「認知・知覚作用」に視点を置いた場合は①言語教材（教科書、副読本、図書など）、②視覚教材（写真、図表、スライドなど）、③聴覚教材（音声テープ、CDなど）、④視聴覚教材（映画、映像など）、⑤触覚（実物）教材（標本、模型など）に分類している。「媒体の特性」に視点を置いた場合は、①印刷教材（教科書、雑誌など）、②スライド教材、③ビデオ教材（映像、DVDなど）、④放送教材（ラジオ、テレビなど）、⑤新聞教材（NIEなど）、⑥コンピューター（デジタル）教材（ネット情報など）に分類している。「学習目的」に視点を置いた場合、①ドリル教材（練習による基礎的内容の習得）、②プログラミング教材（個人ベースによる学習）、③シミュレーション教材（目に見えない現象の可視的学習など）、④ネット教材（調べ学習など）に分類している。

　保健科教育学において見てみると、森[14]が藤岡の「教材化の四つの形式」[19]に倣い、①問題、②文章、③教具、④学習形態の４つの分類を用いて、保健の授業づくりについて述べている。このそれぞれの教材の関係性について「必ずしも相互排除的な形式ではない。たとえば、人工呼吸法の授業で『ダミーを使って実習する』という学習形態がある。ここでは、『ダミー』という教具と『グループ実習』という学習形態の二つの形式にまたがって実現される。このように、いくつかの形式にまたがるのが普通であるが、多くの場合、よい教材は四つの形式のどれかを核にして組織されている」と述べている。近年ではこの藤岡の４つの分類を援用した今村による①問題教材、②文章教材、③具体物教材の３つの分類が見られる[15]。この他にも、教材を授業のどのタイミングで使用するかを視点に①導入教材、②展開教材、③まとめ教材といった分類もできるであろうし、知識の習得段階を視点に①習得教材、②定着（反復）教材、③応用教材といった分類も考えられるであろう。また各教科の特性を考慮し、それぞれで特有の分類もできるであろう。

　「教材」概念の捉え方にも通じるが、分類に関しても使用者の語る内容や立

場による認識や教育観の構造の違いから、様々な捉え方がなされているのである。どの視点の分類がよいか悪いかではなく、授業づくりの際には、先に挙げたような様々な視点があることを認識した上で、素材を教材化していくことが重要であろう。

4●教材としての教科書とその活用

　各学校種、各教科で学ぶべき内容（＝教育内容）は学習指導要領に定められているが、教科書はその内容に従い、各教科書会社が作成する。そこには、教科書としてその内容がふさわしいかどうかを判定する検定制度が定められている。また「教科書の発行に関する臨時措置法第2条」において「小学校、中学校、高等学校、中等教育学校及びこれらに準ずる学校において、教科課程の構成に応じて組織配列された教科の主たる教材として、教授の用に供せられる児童又は生徒用図書」であると定められており、学校教育法により各学校種においてその使用が義務付けられている。ところで教科書には、多くの図表、グラフ、挿絵等が掲載されており、授業で児童生徒の理解に有効に働くであろう「教材」の性質を有するといえる。一方、学習指導要領に則り作成され、生徒に学ばせたい内容が記載されており、「教育内容」としての性質を有しているともいえる。この二面性により、「教科書で教える」のか「教科書を教えるのか」といった議論がしばしばなされる。社会科教育における授業での教科書の扱いについて論じた「教科書と授業の四類型」[20]を参考にしながら教科書の使用方法について整理を試みたい。

*

タイプⅠ：教科書に記述された執筆者の解釈を教育内容とし、教科書に掲載
　　　　　された資料を教材とするため教科書しか使用しない授業。
タイプⅡ：教育内容は教科書に記述された解釈に依拠する授業であるが、そ
　　　　　の教育内容を教えるために、目の前にいる児童生徒の実態に合わ
　　　　　せた教師独自の「教材」を用いる授業。
タイプⅢ：教科書に記述された解釈を教育内容とはせずに教師独自の教育内
　　　　　容が設定されるが、教科書に掲載された資料を教材として用いる
　　　　　授業。
タイプⅣ：教科書には記述がない、教師独自の教育内容が設定され、教師独
　　　　　自の教材を用いる、教科書を用いない授業。

*

図2　授業のタイプ別教科書の活用方法

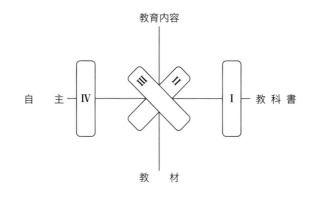

タイプⅠは、まさに「教科書を教える」授業である。教科書の見開きの左上から右下に授業が展開され、教科書の記述文章を音読させ、重要キーワードに下線を引かせ、そのキーワードを暗記させる授業が想像される。最も退屈な授業の一つであり、教材研究の必要性もなくプロフェッショナルの教師としては避けたい授業である。タイプⅡは、教科書内容＝教育内容と解釈し、それを教えるために、様々なオリジナルな「教材」を準備する。児童生徒に「何を」教えるのかといった内容は検討されず、「何で」教えるかを主に検討する授業である。タイプⅢ、タイプⅣは、「何を」教えるのかの検討が必要な授業である。授業者が担当する目の前の児童生徒に合致した教育内容を設定する際には、その妥当性や科学的根拠などが十分に検討されなければならない。授業を進める上で教科書の資料を教材として活用する場合は、タイプⅢの授業であり、いわゆる「教科書で教える」授業といえる。教材としても教科書をまったく使用しない場合はタイプⅣの授業といえる。このタイプの授業は、教師の強い「願い」や「ねらい」が反映された授業となり得るが、その妥当性については別問題である。

5●授業におけるICTの効果的活用

　ICTとは情報通信技術を指す言葉で、これらを活用する機器として、パソコン、タブレット端末、電子黒板、テレビ、プロジェクターなどが挙げられる。これらに対応するデジタルコンテンツやインターネットの普及も拡大している。

情報通信技術は加速度的に日々進化し、国際団体ATC 21によって定められた「21世紀型スキル」ではICTの活用に関する項目も含まれ、今後学校教育でのICT活用は必須であると考えられる。松尾[21]らは教科指導におけるICT活用には、「学習指導の準備と評価のための教師によるICT活用」「授業での教師によるICT活用」「児童生徒によるICT活用」の3つに分けられると述べる。主に「授業での教師によるICT活用」「児童生徒によるICT活用」が本章で述べたい、教材・教具論の観点であり、それらの観点でICTの有効性を考えると以下のように整理できる。

(1)情報共有の手段……グループ活動や個人の多様な意見をネットワークで共有したり、学びの交流が可能になる個々の学習記録などを教員や保護者と共有し、個別学習・持ち帰り学習での活用が可能

(2)情報検索の手段……インターネットによる検索機能を利用し、ある課題や問題に対して主体的な情報検索が可能

(3)デジタルコンテンツによる理解……映像や動画、音楽による、より具体的な理解や納得が得られる表現豊かなプレゼンテーション

(4)授業遂行の効率化……スライドや電子黒板による板書時間等の削減

　近年、ICTを活用した教育実践も多く発表され、その効果のエビデンスも蓄積されつつある。ICTを活用した授業と活用しなかった授業とで比較するとその後のテスト結果が、ICTを活用したグループの方が有意に高いこと、また、生徒が持った授業後の、考えを深めたり、わかりやすく伝えたりしたかといった「思考・表現」に関する意識や、学習内容を理解できたかといった「知識・理解」に関する意識、楽しく学習できたか、進んで参加できたかといった「関心・意欲」に関する意識もICTを活用したグループの方が有意に高いことが報告されている[22]。保健科においてはその蓄積は十分ではないため、今後ICTを活用した授業実践の報告を期待したい。

　ICTはあくまで、教育内容を、学習者によりわかりやすく、より深く、より楽しく教えるための手段であることを念頭に置いて利用すべきである。ICTを使用することが目的ではないことを最後に強く主張しておきたい。さらに、パソコンやタブレットなどの情報端末機器の使用による目の疲れ、首や肩の痛み、頭痛などの症状が現れるVDT障害や、またIT眼症といったICT導入による健康障害の可能性も見逃してはならない。これらの予防を踏まえたICTの使用環境の整備に加え、機器の導入やネットワークの整備、情報管理、学習効果のエビデンスの蓄積等、まだまだ多くの課題が残されている。　　　　　（藤原昌太）

参考・引用文献

1) 教科書の発行に関する臨時措置法（昭和二十三年法律第百三十二号）、第2条
2) 学校教育法、第34条
3) 森昭三『現代保健学習・指導事典』pp. 25-26、大修館書店、1984.
4) 藤岡信勝「教材を見直す」、東洋他編『教育の方法3 子どもと授業』pp. 155-159、岩波書店、1987.
5) 小倉学「保健教材構造化の試み」、『体育科教育』16(1)：pp. 64-68、大修館書店、1968.
6) 小倉学「保健教育内容の構成」、小倉学・浜田靖一編『保健体育科教育法』p. 171、学文社、1961.
7) 森昭三『「保健科教育法」教育の理論と実際─すぐれた保健授業の創出をめざして─』pp. 106-107、東山書房、1979.
8) 保健教材研究会『「授業書」方式による保健の授業』大修館書店、1987.
9) 保健教材研究会『続「授業書」方式による保健の授業』大修館書店、1991.
10) 保健教材研究会『新版「授業書」方式による保健の授業』大修館書店、1999.
11) 保健教材研究会『小学校「授業書」方式による保健の授業』大修館書店、2002.
12) 保健教材研究会『最新「授業書」方式による保健の授業』大修館書店、2004.
13) 友定保博、前掲書9)、p. 3.
14) 森昭三「保健の教科内容と教材」、森昭三・和唐正勝編『保健の授業づくり入門』p. 114、大修館書店、1987.
15) 今村修「教材を準備しよう」、日本保健科教育学会編『保健科教育法入門』pp. 63-67、大修館書店、2017.
16) 新井郁男「教材とは」、日本教材学会編『教材学概論』p. 11、図書文化社、2016.
17) 岩田靖「体育の教材・教具論」、高橋健夫・岡出美則・友添秀則・岩田靖編著『新版体育科教育学入門』p. 56、大修館書店、2011.
18) 古藤泰弘「教材の種類・形態その働き」、澤崎眞彦他編『「教材学」現状と展望 上巻』pp. 67.
19) 藤岡信勝「教材化の四つの形式」、『社会科教育』19(1)(No. 225)：pp. 100-108、1982.
20) 河南一「社会科教科書の授業論的考察『教科書で教える授業』の検討」、『熊本大学教育学部紀要、人文科学』40：pp. 9-35、熊本大学教育学部、1991.
21) 松尾七重ら「教科指導におけるICT活用の具体化─各教科等の特性を生かして─」、『千葉大学教育学部研究紀要』66(1)：pp. 149-159、2017.
22) 文部科学省委託事業「ICT活用による学力向上の証し─実証授業による指導の効果検証結果の報告」独立行政法人メディア教育開発センター、2006年度報告書.
http://warp.da.ndl.go.jp/info:ndljp/pid/259200/spa.nime.ac.jp/report_2006.php

保健科の指導方法論

1 ● 指導方法としての「主体的・対話的で深い学び」

2017年の改訂では[1]、目標として資質・能力の育成が明示され、その柱は「知識及び技能」「思考力、判断力、表現力等」「学びに向かう力、人間性等」とされている。指導方法についても「主体的・対話的で深い学び」が求められている。「主体的・対話的で深い学び」については、特定の指導法ではなく、従来の蓄積された実践を生かした通常の授業の質の向上が目指されている[1]。また、3つの過程は順序性や階層性を示すものでなく相互に関連付けること、その実現は、毎時の授業ではなく単元や題材など内容や時間のまとまりの中で実現を図るものとされる。

奈須は[2]、「主体的・対話的で深い学び」を実現する授業づくりの原理として、「有意味学習」「オーセンティックな学習」「明示的な指導」を挙げている。

有意味学習とは、新たな指導内容を子ども達の既有の知識につなげる学習である[2]。「学習は常に既有知識を背景に生じる」とされ[3]、学習効果を高めるために既有知識との関連付けが重要視されている。保健学習では、習得すべき知識が様々あり、子ども達の知識が乏しいと捉え知識を注入することになりがちであるが、それでは効果が期待できない。断片的で誤解を含む場合もあるかもしれないが、子ども達は、その健康課題に関する知識や課題への方略（予防策、対処法等）を有しており、それらとつなぐことを図る。

次に、オーセンティックな学習とは、「学習は具体的な文脈や状況の中で生じる」と捉え、文脈と関連させて進める学習である[2]。このような関連付けは、健康教育において、高橋が行動や環境の実態と科学（理論、法則等）の間を往復させるUターン構造として提案しており[4]、心身や日常生活の課題を取り上げる保健学習では用いやすいといえる。ただし、学習を具体で終わらせるのではなく、抽象、一般、原則などのレベルまで高めたり[2]、原則等を日常生活に関連付けたり、日常生活の課題解決に生かしたりすることが求められる。

明示的な指導とは、学習の過程で経験したことを明示化（自覚化）、道具化（概

念化、言語化）し、様々な場面での活用を促すような指導である[2]。子ども達には、自分で構築済みまたは構築中（＝理解途中）の知識や理解の状態を、言語、図や絵などによって外に向けて明示することを求める[3]。そのような行為や明示に関わる他者との意見交換などは、理解を進めるものとされる。

　ところで、「主体的・対話的で深い学び」では具体的指導方法は示されていないが、学習指導要領解説体育編／保健体育編では、資質・能力育成のため、方法が具体的に例示されている。例えば中学校では、自他の健康に関心を持ち、健康に関する課題を解決する学習活動のため、「指導に当たっては、生徒の内容への興味・関心を高めたり、思考を深めたりする発問を工夫すること、自他の日常生活に関連が深い教材・教具を活用すること、事例などを用いたディスカッション、ブレインストーミング、心肺蘇生法などの実習、実験、課題学習などを取り入れること、また、必要に応じてコンピュータ等を活用すること、学校や地域の実情に応じて、保健・医療機関等の参画、養護教諭や栄養教諭、学校栄養職員などとの連携・協力を推進することなど、多様な指導方法の工夫を行うよう配慮すること」とある。小学校、高等学校でも同様である。

　有効な指導方法を模索することは当然であるが、万能薬は見あたらず、特徴と限界をあわせ持つ各方法を、授業のねらいや内容に応じて組み合わせて用いる。例えば、ブレインストーミングを行った後、発問により、また教科書等の資料を使ったりしながら、知識の構造化や概念化を図る。なお、子ども達は、各指導方法に得手不得手があるかもしれないが、多様な指導方法を用いることは、特定の子どもだけでなく様々な子どもに活躍の機会を提供することになる。

　以下では、代表的な指導方法について特徴、使用例を示す。各方法の詳細や具体例については、関連文献[5] [6]、自治体の教育センター等の関連サイト、児童生徒用の保健の教科書等を参照していただきたい。また、保健学習の様々な実践について、指導方法に着目し、それから学び批判的に検討されたい。なお、今後、ICTの活用が一層進み、その活用のみならず、ICTを他の方法と併用し有用性を高めることも期待される。保健学習のみならず他教科での活用にも目を向けていきたいものである。

2●具体的指導方法

1）講義形式

　講義形式は一斉学習においてよく用いられ、多人数に情報を効率的に伝えることができる。一方、指導者と子ども達との双方向のやりとりが難しく、子ど

もが受け身になりがちである。子ども同士の意見交換や個別的な支援も行いづらく、積極的な授業参加が特定の子どもに限られたりする。そのため、講義の間にペア学習、グループ学習等の別の学習形態を挿入したり、教材、教具を工夫したりすることが必要である。

2）発問

発問とは、子ども達の思考や活動を促すために用いられる「問い」とされる。授業において、子ども達が発問に対して興味を持ち積極的に思考するためには、一般的に、具体性、簡潔・明瞭性、意外性等が求められる。一方、指導内容の本質を直接問うような発問は、一般的、抽象的であるため不適切とされる。

しかしながら、教科の中核に位置し探究を促す論争的な問いである「本質的な問い」が、指導内容を教師が構造化したり学習内容を子どもが構造化したりすることを助けるものとして注目されている[7]。「エッセンシャル・クエスチョン」も同様と考えられるが、それは思考を刺激しさらなる疑問を生み、議論を引き起こし、その科目の内外で繰り返し問われる問いとされる[8]。その例として、社会科の江戸幕府を学ぶ際の「その時代に支配的であった体制はどのようなプロセスを経て衰退するか」という問いは、鎌倉幕府やローマ帝国の学習においても用いることができるとしている。保健学習においても、健康の成立に主体要因と環境要因が関わることを問うようなことが考えられる。これらは、「見方・考え方」の形成にもつながるものと期待される。

3）視聴覚教育教材

視聴覚教育教材は、リアルでわかりやすく、短時間で多くの情報を伝えることができる[8]。子ども達は、視聴内容について共通のイメージ等を持つことができる。また、知識や技能の習得、思考力や判断力の形成、態度の形成や動機付けなど幅広く活用できる。ただし、理解を深めるためには、視聴後の意見交換、関連資料の参照などが必要である。

使用の際には、まず、指導の目的や指導内容に合った教材を探す。合致した場合でも、視聴内容の学習の適切性を検討する。例えば、薬物乱用防止教育では、薬物の入手方法や使用方法は見せないようにする。また、全体ではなく部分的な活用も可能である。教材の中には、入手は難しいが教材として有用な情報も見られる。例えば、文部科学省作成の教材に限っても、交通弱者（聴覚・視覚障害者、幼児、高齢者等）や自動車運転者から見た若者の自転車の運転（中・高校生用安全教育DVD「安全な通学を考える」）、通学路での犯罪被害に関す

るヒヤリハット事象や具体的対処法の実演（小学校安全教育DVD「安全に通学しよう」）、薬物乱用防止では、薬物依存の治療に関わる医師、薬物乱用経験者、麻薬取締官等へのインタビューなどがある（高校生用薬物乱用防止DVD「未来があるから」）。

インターネットによっても有用な映像や画像を入手できる。例えば、心肺蘇生法の手順（日本赤十字社等）、ダミー人形を使った自転車同士の衝突実験、それによる転倒や頭部打撲の状況、スマホ使用運転時の視線の動き、動画における危険予測（日本自動車連盟）などがある。

指導者の自作教材も有効である。子ども達の日常生活（文脈）に関わる学習ができる。例えば、校内の環境や施設・設備、地域の交通状況や課題、地域の保健センターや保健所、医療機関、消防署などがある。TVも利用できるが、内容を精査し選択して用いる。

使用の際には、学習効果を高めるため、まず視聴の目的や内容を明確にしておく。また、視聴前には視聴の目的や学習課題を示す。視聴中には適宜、補足説明、一時停止、発問等を行い、思考や理解を促す。視聴後には、課題に関する意見交換、資料の内容との関連性を確認する。

4）事例を用いた学習

事例は、中学校保健学習全般にわたって最もよく使用される指導法である[9]。特定の健康課題や安全課題、日常生活でそれらが起こった場面や状況などが示され、課題の発生の背景や要因、登場人物のその時の心理状態、行動の結果、対処の仕方等を考えたり話し合ったりする[8]。内容としては、発育・発達の悩み、事故、喫煙、飲酒、薬物乱用、生活習慣の乱れ等様々あるが、子ども達の日常生活や教育活動における文脈に関わるものが多く、オーセンティックな学習を行いやすい。事例はインターネットでも入手できる。例えば、学校管理下の事故事例「学校事故事例検索データベース」（日本スポーツ振興センター）、労働災害の事例「職場のあんぜんサイト」（厚生労働省）などが有用である。

事例の課題は、学習の有効性を高めるため、現在あるいは近い将来に遭遇する可能性の高いものとする。また、課題の難易度は、通常、具体的な対処法や解決法を考えることができる程度、すなわち課題解決の見通しが立つものとする。

学習を進める際には、自由な発想と十分な時間を確保し、批判的な思考や創造的な思考を促す問いかけをする[6]。また、「もしあなただったら」という問いかけは序盤には避け、登場人物の視点から考える。事例を客観視したりよい意味で他人事として捉えたりすると自由に意見を出しやすいためである。さら

に、子ども達にはすばらしい意見や回答を求めるのではなく、自分なりの思考や他との意見交換等により、思考を深める過程を重視する。指導者に都合のよい「特定の考えや価値観を強引に押しつけ」たり、まとめの際に「ありがちな結論の性急な提示」をすることは避ける。

5)ブレインストーミング

　ある課題やテーマについて、様々なアイデアや意見があることを明らかにするグループ（4～6人程度）活動である。テーマは、子ども達が多様な意見等を出せるもので、例えば次の通りである。
・元気さんとはどんな人？
・知っている病気
・健康や安全のための学校での取組
・健康な生活を送るために必要なこと
・ストレス源、ストレス対処法
・喫煙、飲酒、薬物乱用のきっかけ
・喫煙、飲酒、薬物乱用の防止対策
・健康とはどういう状態か
・医療機関に求める条件
・よい医者や患者の条件

　また、多数の多様な意見等が積極的に出されるように、以下のようなルールを設け徹底する。自分の意見が否定されずに一つとしてカウントされることは、子ども達にとって学習の大きな励みになる。
・意見等に対し批判やコメントをしない。
・若干的を外れた意見等も認める。
・多くの意見等を出す。
・他の人の意見等に対し便乗、活用等する。

　各人は、2～3分間の制限時間のもと、思いついた意見等を声に出しながら、短冊1枚に1個ずつ書いていき（周囲の意見を促すため）、終了後、各グループの合計の個数を確かめる。まとめでは、テーマや子どもの発達段階を踏まえて、教師が支援することと子どもに任せることのバランスをとる。例えば、教師が全ての意見等を黒板にまとめたり、教師が2,3個のグループに分けることを指示し、以降は部分的あるいは全面的に子ども達に任せたりして柔軟に対応する。

6)ロールプレイング

　ロールプレイングは役割演技法とも呼ばれ、ある状況における特定の役割を演じることにより、対処能力を高めたり対処法等を理解したりするものである。保健学習でのテーマとしては、酒や薬物を勧められた場合の対処、本意でないことを求められた場合の自己主張、救急車の呼び方、医療機関の受診の仕方などがある[5]。ロールプレイングでのせりふづくりでは、習得した知識（飲酒の健康影響など）、自己主張に関する考え方、自分の価値観などを参考に、適切なせりふを考える。グループ内で意見交換すると、適切なせりふは様々あることがわかる。演技者はそれらのせりふを使って演じる。また、グループの全員が演技を経験する。演技者以外の子ども達も演技の観察や評価により学習できる。すなわち、効果的な対処法を観察したり、それが有効であることを実感したり、また効果的な対処の仕方が様々あることを理解できる。なお、対処法の演技に対する評価については、よい点や効果的な点を中心に指摘し、改善点の指摘は限定的とする。

7)実験

　実験は、ある目的意識や見通しのもと、人為的に条件を制御して、事象や現象に直接的に働きかける活動であり、結果が明確に示され、実証的であることが特徴である[5]。実験の目的は手法の習得ではなく、実験の前に仮説を立てて実験により仮説を検証したり、条件と結果の関係を考えたり、科学的な事実や法則を理解したりすることである[1]。実験例としては、換気や飲料水の衛生的管理などがある。換気は小学校3年生での実践であり[10]、窓や出入り口の開け方による空気の流れを調べるため、段ボール箱に出入り口と窓、ガラス張りの天井を取り付けた教室模型を作り、中に線香の煙を充満させる。出入り口や窓の開閉の仕方と換気の効果の関係を予想し、線香の煙の動きから確認する。飲料水の衛生的管理は中学校2年生での実践であり[11]、濁り、臭い、透明性などの異なる水について観察により飲料水の適否を判断した後、適否の条件を考える。さらに、残留塩素を測定して適否を最終判断し、残留塩素測定の意味も考える。

8)実習

　保健学習では、実習は心肺蘇生法を含む応急手当やストレス対処の技能の習得等のために用いられる。応急手当の手順は複雑であるが、手順の暗記で終わらぬよう、応急手当の意義、手順の根拠の理解、活用できる状況や場面との関連付け等を行う。また、習得のための教具（ダミーや簡易な練習用具）、動画、

評価のためのチェックシート、ICT（実技をビデオ撮影し確認）等を適宜活用する。技能習得のための練習は複数回必要であるが、演習を自己評価、他者評価などして技能を向上させる。

9) 校内の専門家、学外の保健医療機関の参画

　学内外の専門家の参画により、健康課題の実態や捉え方、具体的対処法などについて学習できる。指導内容が、発達段階に応じており、子ども達の既有知識と関連付けられていると有効性が高まる。そのため、事前に、健康課題に関わる子ども達の知識や態度、関連事項の学習状況などについて講師とともに確認し、指導内容を調整することが必要である。また、保健体育教師とTT（チーム・ティーチング）で進めると、動機付け、振り返り等が充実する。担当者と健康課題について例示する。

・養護教諭：体の発育、応急手当、心身の機能の発達と心の健康
・学校カウンセラー：心の健康、ストレス対処
・栄養教諭等：食生活と健康
・学校薬剤師：薬物乱用防止教育、医薬品教育
・医師、保健師等：喫煙、飲酒、薬物乱用防止教育、地域の保健・医療機関の利用
・消防：心肺蘇生法等の応急手当　　　　　　　　　　　　　　（西岡伸紀）

引用・参考文献

1) 文部科学省『小学校学習指導要領（平成29年告示）解説体育編』東洋館出版社、2018.
2) 奈須正裕『「資質・能力」と学びのメカニズム』東洋館出版社、2017.
3) ソーヤーRK（森敏昭訳）「イントロダクション：新しい学びの科学」、ソーヤーRK（大島純・森敏昭・秋田喜代美他監訳）『学習科学ハンドブック第2版第2巻—効果的な学びを促進する実践／共に学ぶ—』pp. 1-13、北大路書房、2016.
4) 高橋浩之『健康教育への招待』大修館書店、1996.
5) 西岡伸紀「新しい学習指導の方法」、大修館書店編集部『新しい学習指導要領とこれからの保健体育』pp. 77-103、大修館書店、2002.
6) 日本学校保健会『喫煙、飲酒、薬物乱用防止に関する指導参考資料小学校編』2010.
7) 小山義徳・高木啓・安部朋世他「教師の発問に関する学際的考察—教育学、日本語学、教育心理学の立場から—」、『千葉大学教育学部研究紀要』64：pp. 195-203、2016.
8) 石井英真『今求められる学力と学びとは—コンピテンシー・ベースのカリキュラムの光と影—』日本標準、2015.
9) 上田裕司・清水貴幸・鬼頭英明他「中学校保健学習の準備、生徒の反応、使用指導方法等に関する保健体育科教員の意識：質問紙調査の小単元別の分析結果から」、『学校保健研究』57(5)：pp. 227-237、2015.
10) 日本学校保健会『3・4年生から始める小学校保健学習のプラン—新学習指導要領に基づく授業の展開—』2001.
11) 日本学校保健会『新学習指導要領に基づくこれからの中学校保健学習』2009.

保健科の評価論①
学習評価

1●学習評価の位置付け

　学習評価とは、「児童・生徒の能力や行動の現状や変化などの教育事象を捉え、何かしらの目標（教育目標、学習目標等）を基準に価値判断することにより、授業実践（学習指導）のためのフィードバック情報を得る[1]」一連の過程とされている。このように学習評価は独立して成り立つことはなく、教授・学習プロセス（目標―内容―方法―評価）のつながりの中に位置付けられている。そのため、時代の変化や子ども達の状況、社会の要請等を踏まえた上で教育目標や指導内容等を示す学習指導要領の趣旨や改善事項は、学習評価にも反映されている。

　この「つながり」から現行学習指導要領を振り返ると、2007年の改訂学校教育法（第30条2項）において「学力の三要素」が示されたことを踏まえ、思考力・判断力・表現力の育成に向けて「言語活動の充実」を図り、習得した「知識・技能を活用する」学習の様相を評価する取組が衆目を集めた。そして、2017年告示の学習指導要領では、「育成を目指す資質・能力」を「三つの柱」（①知識及び技能、②思考力・判断力・表現力等、③学びに向かう力・人間性等）に整理し、主体的・対話的で深い学びを通じて「何が身に付いたか」を適切に捉える学習評価の充実が求められている。このように、カリキュラムの重点が「内容ベース」から「資質・能力ベース」にシフトしたことにより改善される教育目標、指導内容、学習過程とのつながりを十分に把握した上で評価することが「指導と評価の一体化」に結実する。

2●目標に準拠した評価と保健の評価

　2000年以降、学習評価は学習指導要領に示す教科・科目の目標や内容に照らして、その実現状況を判定する「目標に準拠した評価」が実施されている。

そこでは、児童生徒の実現状況を観点ごとに評価し、生徒の学習状況を分析的に捉える「観点別の学習状況の評価」と、それらをもとに総括的な学習状況を示すための「評定」の双方を取り入れている。その上で、現行学習指導要領の評価観点は、「関心・意欲・態度」「思考・判断・表現」「技能」「知識・理解」の4観点が設定されている。それが学習指導要領においては、各教科の目標が資質・能力の「三つの柱」に基づき再整理されたことを受けて、観点別評価も目標に準拠し、「知識・技能」「思考・判断・表現」「主体的に学習に取り組む態度」の3観点に整理された。なお、資質・能力の柱の一つである「学びに向かう力・人間性等」には、感性や思いやりなども含まれており、それらは評価になじまないことから、「主体的に学習に取り組む態度」が観点として設定されることとなった。この観点では、粘り強く知識・技能を獲得したり、思考・判断・表現しようとする意思的な側面を捉えて評価することになる。一方、先の感性や思いやりは評価の対象外となるため、「個人内評価」を通じて見取ることで「学びに向かう力・人間性」との関係性を担保することとなる。

　こうした資質・能力の柱に再整理された中で保健は、個人及び社会生活における健康課題を解決する観点から、これまで評価の対象外であった「技能」の内容が新たに示された。そのため、中学校では「欲求やストレスとその対処」「応急手当の実際」、高等学校では「日常的な応急手当」「心肺蘇生法」において「知識・技能」の観点から評価することとなる。また、上記の内容に加えて、中学校の「生活習慣と健康」や高等学校の「精神疾患の予防と回復」「生活習慣病などの予防と回復」「地域の保健・医療機関の活用」の評価規準の作成においては「保健と体育の一層の関連を図ること」を考慮する必要があるだろう。今後「学習評価の工夫改善に関する参考資料」において、学習指導要領を手がかりに教員が評価規準を作成し、見取っていく上で必要な手順等が示されることになる。

3●認知レベルを構造的に捉える

　保健の学習指導要領解説の内容には、知識を「理解できるようにする」ことが示されている。しかしながら、この場合の「理解」を前述の「知識・技能」「思考・判断・表現」の観点から評価する場合には、「どのレベルで身に付いたか」という認知の次元に関する視点を抜きにすることはできないだろう。こうした理解の程度については学習の質的な違いを分類する領域とカテゴリーを示したブルーム（B. S. Bloom）らの「教育目標の分類学」が知られている。これら

の研究に端を発した目標分類学の知見を踏まえて石井（2015、p.22）は、教科内容に関する学力・学習の質（学びの深さ）とそれに対応した知識のタイプを「認知システム」として表している（図1）。そこでは、前者を「知識の獲得と定着(知っている・できる)」―「知識の意味理解と洗練(わかる)」―「知識の有意味な使用と創造(使える)」の三層構造として捉えている。そして、後者を「知識（内容知：knowing that）」と「スキル（方法知：knowing how）」に整理し、「事実的知識・技能(個別的スキル)」―「概念的知識・方略(複合的プロセス)」―「原理・方法論」の三層構造を対応させている。それぞれのモデルは、各レベルが独立して成り立つのではなく、相互関係を示している。それゆえ「知っている・できる」レベルの課題を解くことができようとも、「わかる」レベルの課題が解けるとは限らず、同様に「わかる」レベルの課題が解けようとも、「使える」レベルの課題が解けるとも限らない（石井、2015、p.24）。しかし、各レベルの課題の成否で判断するのではなく、むしろ、その高次な次元に精緻化していく過程こそが学習には重要である。

　このように児童生徒の学習状況や成果を3つのレベルの違いから構造的に捉え「どのようなレベルの能力が身についたか」（石井、2015、p.26）を的確に捉える必要がある。それは同時に、これまでの学力や知識の概念の更新を図ることにも結び付くだろう。というのも、これまで保健は教科書の内容を記憶し、テスト等において記憶の再現の成否を問うこと、すなわち保健に関する断片的

図1　認知システム[2)]

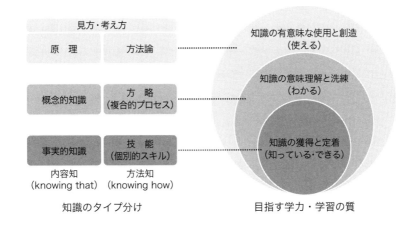

な知識をいかに「知っているか」で評価しているケースが多いことが知られている。いい換えれば、多くの授業において知識とは「事実的・個別的」レベルで捉えられていたことになる。しかしながら、資質・能力の育成に向けて「習得した知識や技能を活用して課題解決することや、学習したことを相手に分かりやすく伝えること」（中央教育審議会答申、2016）が求められることからも、今後は「わかる」「使える」レベルの育成を企図した学習が積極的に展開されていく。そこでは、「事実的・個別的」な知識を要素として包摂し、構造化する「概念的知識・方略」「原理・方法論」のように高次な知識・スキルレベルが用いられることになる。それらを用いる児童生徒の学びの状況や成果を適切に捉えるためにも、学力・学習の質や知識・スキルを構造的な視点から捉えて評価することが欠かせない。

4●評価方法

　認知システムを構成するモデルのレベルを評価する方法は様々あるが、本項では代表的な方法を紹介したい。最初に、「知識の獲得と定着（知っている・できる）」レベルの評価には、選択回答式の客観的テストが用いられる。多くの答の中から正答を選ぶ多肢選択式や穴埋め問題、組み合わせ問題などが代表的な形式である。ここでは「事実的な知識・個別的な技能」を記憶し、再現できるかが問われることになる。

　次に、「知識の意味理解と洗練（わかる）」レベルの評価には、自由記述式の問題が多く用いられている。ここでは、比較や分類、関連付け、複数の統計資料から情報を読み取る方法など、様々な文脈で活用できる知識の意味内容（概念）や方略が適用できるかが問われる。代表的な形式には簡単な論述問題や文章題、作問法などがある。今後、筆記テストを用いる場合も「知っている・できる」「わかる」レベルを問う内容を組み合わせることで前者に傾斜していたテストから改善することが可能となろう。

　そして「知識の有意味な使用と創造（使える）」レベルの評価には、作品や活動が用いられる。ここでは意思決定や問題解決など知識・スキルの総合的な活用力を、活動のプロセスを含めて問われることになる。このような知識やスキルを具体的な状況の中で「使える」レベルであるかを評価するための有効な方法として「パフォーマンス評価（performance assessment）」が取り上げられている。だが、単に作品の提出や活動を求めるのではなく、そこでは児童生徒のパフォーマンスを引き出し、実力を試すために設計された評価課題（パ

フォーマンス課題）が用いられる。その代表的な形式には、論説文やレポート等の「完成作品」やプレゼンテーション、協同での問題解決（プロジェクト）の「実演」などが採用される。当該課題の作成については、高次の知識・スキルのレベルである「原理・方法論」と対応させることに加えて、それらを見極めて使いこなすための教科の中核に位置する「本質的な問い」の設定が有用とされている[4]。なお、実施されたパフォーマンスの質を評価する際は、「成功の度合い示す数レベル程度の尺度と、それぞれのレベルに対応するパフォーマンスの特徴を示した記述語（評価規準）からなる評価基準表（ルーブリック）[5]」の採用が広がりを見せている。

これまでの筆記テストに代表される評価方法は、形式と時期を固定して、そこから捉えられるものを評価することができた。一方、パフォーマンス評価は、

図2 学力評価の方法[4]

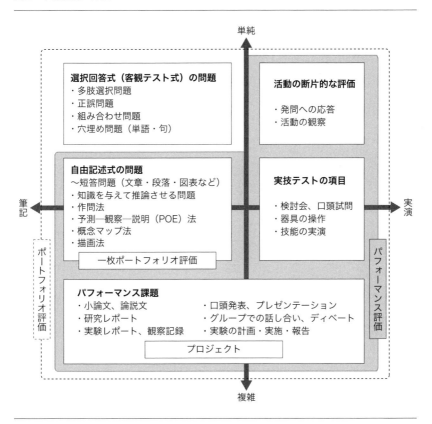

評価課題に対する成果物のみならず活動のプロセスも評価対象となるため、仲間との話し合いや学習の過程を示すノート、発言内容など生徒が実力を発揮している場面に評価のタイミングや方法を合わせることが可能となる（石井、2015、p. 58）。

　また、上記のレベル別評価方法に加えて、単元の進行に応じて3つのレベルの推移を総合的に捉える視点も欠かせない。その場合、各レベルの所定の基準を満たしたことを示した資料や記録をまとめた「ポートフォリオ」で評価することも有用であろう。筆記テストやレポートといった成果物や実演記録を系統的に蓄積することで、単元間の関係や学年全体を通じた学力レベルの発展を評価することが可能となる。

　以上の通り紹介してきた評価方法は課題内容（単純―複雑）と活動内容（筆記―実演）の軸を用いて図2のようにまとめられている。ここに記した以外にも評価方法は様々あるが、方法が優先することがないよう、それぞれの特性を理解した上で採用することが必要である。

5●信頼性のある評価に向けて

　これまで、学習評価について認知レベルを構造的に捉える視点と代表的な評価方法を示してきた。中でも、パフォーマンス評価は高次の思考力・判断力・表現力を評価する上で今後の活用が期待されるだろう。だが、その一方で誰が採点しても同じになる客観的テストとは異なり、個々の学習状況・成果が多様であるため、評価者としての教師の信頼性が問題になる。そうした評価の信頼性を確保するためにも、指導の改善に加えて教師間において評価の共通理解や解釈の調整（モデレーション：moderation）、評価事例の蓄積・共有といった継続的な取組が必要となる。そうした営みが児童生徒の学びを適切に評価する教師の力量（教育的鑑識眼：connoisseurship）の育成にもつながることになる。しかしながら、児童生徒を「育てるための評価」に結実するためには、ここに記したことのみならず、社会的な文脈の中で常に評価のあり方を問い続ける姿勢が求められよう。

（伊佐野龍司）

引用・参考文献

1）　高田俊也「学習評価の観点」、竹田清彦・高橋健夫・岡出美則編『体育科教育学の探究』p. 318、大修館書店、1997.

2）　石井英真『今求められる学力と学びとは─コンピテンシー・ベースの光と影─』pp. 22-58、日本標準、2015.

3）　中央教育審議会答申「幼稚園、小学校、中学校、高等学校、及び特別支援学校の学習指導要領の改善及び必要な方策等について」p. 186、2016.

4）　西岡加名恵・永井正人・前野正博・田中容子他編『パフォーマンス評価で生徒の「資質・能力」を育てる』pp. 12-14、学事出版、2017.

5）　松下佳代「パフォーマンス評価による学習の質の評価」、『京都大学高等教育研究』18：pp. 75-114、京都大学高等教育研究開発推進センター、2012.

第3章—5

保健科の評価論②
授業評価

1●授業評価の考え方—3つの問い—

　こんなデータがある。2015年に日本学校保健会保健学習推進委員会が実施した全国調査の結果[1] によると、「保健の学習は大切だ」という項目に対し「そう思う」「どちらかといえばそう思う」と肯定的な回答をしている児童生徒は、小学校5年生が94.0%、中学校1年生が87.8%、高等学校1年生が92.5%、高等学校3年生が93.7％といずれも高率を示している。この値は、どの学年も、過去2回（2004年、2010年）の値を上回るものである。一方、同調査結果では、「保健の学習が好きだ」という項目に対し肯定的な回答をしている者は、小学校5年生が65.9%、中学校1年生が50.9%、高等学校1年生が51.2%、高等学校3年生が47.8%となっている。こちらも過去2回の値を上回るものの、読者諸君はこの結果をどのように捉えるだろうか。

　このような学習意欲につながる要素もまた、授業改善につながる視点である。IEA国際数学・理科学力動向調査（TIMSS）等の国際学力調査の結果[2] を見ると、日本の児童生徒が学習意欲の面で課題があることが指摘されている。つまり、「保健の学習は大切だ」と思っていても「保健の学習が好きだ」と思わなければ、保健科教育が目指すところの自他の健康の保持増進や回復に向けた資質・能力の育成は、遠いものとなる可能性がある。

　このような児童生徒の保健の学習に対する見方は、いかにして形成されるのだろうか。知識の指導に偏ることなく、3つの資質・能力をバランスよく育むことができたか否かの評価は、前項で論じられた。では、その成否を左右したのは、学習過程のどのような工夫にあったのか。それを検討・評価し、授業改善に生かしていくことが授業評価の意義である。そこで本稿では、①誰が何を評価するのか、②いつ評価するのか、③どのように評価するのか、といった問いを中心に、授業評価の実際を紐解いていこう。

2●授業評価の実施主体と対象─誰が何を評価するのか─

　授業評価では、学習内容や教材はさることながら、教師の教授行為や学習者の受けとめ方を評価の直接の対象とする。さらに、その評価は、学習評価と同様に教師が行うものもあれば、学習者である児童生徒自身が行うものもある。多角的な視点から客観的に授業を見つめ直し、授業改善につなげることが重要である。

1)生徒が生徒を評価する

　授業実践の有効性を検証する上で、学習者である児童生徒が授業をいかに捉えたのか、客観的に捉えるための評価票が開発されている(表1～3)[3)-5)]。現在では、各教育委員会が独自に開発した評価シートがホームページ上で散見されるようになったが、ここでは学術的に検証された3事例を概観する。小学生向け評価票[3)]は、共同的学習、認識、興味・関心・意欲、自己評価の4観点16項目から構成されている。中学生向け評価票[4)]は、意欲、興味・関心、有益性、認識、協力の5観点14項目から構成されている。高校生向け評価票[5)]は、生徒の学習過程、教師の教授過程、能動的な思考、受動的な思考の4観点27項目から構成されている。いずれもこの評価票によって授業の良し悪し全てが決定付けられる訳ではないが、アクティブ・ラーニングの必要性が強調される時代であるからこそ、学習者中心の教育(student-centered-learning)[6)]について評価することは必須であろう。学習者中心の教育とは、従来の、学習者のニーズ・個人差を無視して画一化した教育を実施する、という教育方式から、個々人のニーズ・能力・嗜好・スタイルに合った学習環境を提供するという考え方である[6)]。中央教育審議会は、有効なアクティブ・ラーニングの方法として、発見学習、課題解決型学習、体験学習、調査学習、教室内でのグループ・ディスカッション、ディベート、グループ・ワーク等を挙げていることから[7)]、これらの学習効果測定の指標として、既存の授業評価票を用いるとよいだろう。

2)教師が生徒を評価する

　授業者である教師が、その対象である児童生徒をいかに評価するのかについては前節(学習評価)で論じられた。個人の学習成果の到達度を測るのが学習評価であるとするならば、学習者集団全体としてどの程度の児童生徒が規準を満たしたのか集団の学習成果を測るのが授業評価であろう。そのような意味で、授業評価に関する研究は、これまでにも多く行われている。評価観点別に評価

表1 小学生向け授業評価票[3)]

1	友だちと助け合って学習できましたか。	はい　いいえ　どちらでもない
2	友だちの意見を聞いて、いっしょに考えることができましたか。	はい　いいえ　どちらでもない
3	友だちから教えてもらったり、助けてもらったりしましたか。	はい　いいえ　どちらでもない
4	友だちと力を合わせて仲良く学習することができましたか。	はい　いいえ　どちらでもない
5	今日の勉強は、大切なことがらだと思いましたか。	はい　いいえ　どちらでもない
6	今日の勉強で、これからの生活に役に立つことがあると思いましたか。	はい　いいえ　どちらでもない
7	「ア、ワカッタ」とか「アア、ソウカ」と思ったことがありましたか。	はい　いいえ　どちらでもない
8	新しい発見やおどろきがありましたか。	はい　いいえ　どちらでもない
9	夢中になって勉強することができましたか。	はい　いいえ　どちらでもない
10	きょうの勉強は、楽しかったですか。	はい　いいえ　どちらでもない
11	「もっと知りたい、もっとしらべたい」と思うことがありましたか。	はい　いいえ　どちらでもない
12	もっとつづけて勉強したいと思いましたか。	はい　いいえ　どちらでもない
13	自分からすすんで勉強することができましたか。	はい　いいえ　どちらでもない
14	授業中、わからないことや、ぎもんに思うことがあるときは、自分でしらべたり、しつもんしたりしましたか。	はい　いいえ　どちらでもない
15	自分の意見をもつことができましたか。	はい　いいえ　どちらでもない
16	「～を知りたい」、「～をはっきりさせたい」と思いながら勉強することができましたか。	はい　いいえ　どちらでもない

表2 中学生向け授業評価票[4)]

今日の授業で、以下のことについて、あてはまるものに〇をつけて下さい。

1	せいいっぱい、いっしょうけんめい勉強することができた。	はい　どちらでもない　いいえ
2	むちゅうになって、勉強することができた。	はい　どちらでもない　いいえ
3	自分からすすんで、勉強することができた。	はい　どちらでもない　いいえ
4	「もっと知りたい」、「もっと調べたい」と思うことがあった。	はい　どちらでもない　いいえ
5	「～を知りたい」、「～をはっきりさせたい」と思いながら、勉強することができた。	はい　どちらでもない　いいえ
6	今日の勉強に興味をもち、ほかの関係することについても、調べてみようと思った。	はい　どちらでもない　いいえ
7	健康に役立つことを勉強した。	はい　どちらでもない　いいえ
8	健康的に生活していくには、「こうすればいいのだな」と気づいたことがあった。	はい　どちらでもない　いいえ
9	今日勉強したことは、これからの生活にいかすことができるだろう。	はい　どちらでもない　いいえ
10	「知っていたこと」が、実はちがっていた。	はい　どちらでもない　いいえ
11	「わかっている」と思っていたことが、実はわかっていなかった。	はい　どちらでもない　いいえ
12	意外な事実を知った。	はい　どちらでもない　いいえ
13	友だちから教えてもらったり、助けてもらったりした。	はい　どちらでもない　いいえ
14	友だちと助けあって、学習できた。	はい　どちらでもない　いいえ

表3　高校生向け授業評価票[5)]

1	保健の授業は興味深かった	はい	いいえ
2	保健の授業では自分自身の問題として考えることができた	はい	いいえ
3	保健の授業は授業時間が短く感じた	はい	いいえ
4	保健の授業は分かりやすかった	はい	いいえ
5	保健の授業では疑問を解決する機会が与えられていた	はい	いいえ
6	保健の授業は知識の暗記が中心だった	はい	いいえ
7	保健の授業は教科の中で価値があるものだと思う	はい	いいえ
8	保健の授業は授業時数が十分だった	はい	いいえ
9	保健の授業ではお互いに協力することができた	はい	いいえ
10	保健の授業は中途半端でまとまりがなかった	はい	いいえ
11	保健の授業は休み時間と授業の区切りがつけられた	はい	いいえ
12	保健の授業は長い期間印象に残った	はい	いいえ
13	保健の授業では学習目標が達成できた	はい	いいえ
14	保健の授業を受けて自分自身に何か変化や成長があった	はい	いいえ
15	保健の授業は実際の生活または将来の生活で役に立つ内容が多い	はい	いいえ
16	保健の授業は「あっそうか」「あっわかったぞ」という新しい発見があった	はい	いいえ
17	保健の授業は生徒の側に立ったものだった	はい	いいえ
18	保健の授業では先生が熱心に授業に取り組んでいた	はい	いいえ
19	保健の授業では自分の存在が認められていた	はい	いいえ
20	保健の授業は積極的に活動したい雰囲気だった	はい	いいえ
21	保健の授業は意に反して「やらされている」と感じていた	はい	いいえ
22	保健の授業で教師の魅力を感じた	はい	いいえ
23	保健の授業では多角的な考え方ができた	はい	いいえ
24	保健の授業は教科書以外にも豊富な資料があった	はい	いいえ
25	保健の授業はその授業時間内での重要な点が明瞭だった	はい	いいえ
26	保健の授業は自分の生活を見つめ直す機会となった	はい	いいえ
27	保健の授業では教師とのコミュニケーションがとれた	はい	いいえ

規準に達している児童生徒の割合を授業前後で比較したり、授業後にその割合の差を指導方法別に比較したりすることはよく見られる方法である。ただし、評価する教師の職歴や、児童生徒の何を評価するのかといった評価対象によって、実態把握の信頼性が異なることがある点に注意を要する。例えば、中学校の保健授業において、仲間による喫煙や飲酒をするような圧力（言語的・非言語的双方）を受けた場合の拒絶スキルを授業前後で比較検討した研究では、生徒の拒絶スキルの言語的表現の評価は信頼性があったが、非言語表現についての信頼性は不十分であったことが報告されている[8)]。評価結果を授業改善に生かすためには、できる限り信頼性の高い評価指標を用いることや経験の豊かな

教師を評価者に交えるなどの工夫を講じるとよい。

3) 教師が教師を評価する

いわゆるピアレビューである。ピアとは"仲間"を意味する言葉である。授業者の同僚（仲間）である他の教師が、授業に観察参加し、授業者である教師の指導法等を評価する。同僚に評価してもらうことで、授業者である教師自身が自覚していない側面に気付いたり、参観側も自らの授業の振り返りのきっかけになったりするため、授業改善の有効な方法であるといわれている[9]。体育授業では、授業実践者が行った授業に対する客観的な評価と、観察した教師が実際に同じ学習プログラムを実施する場合の見通しについて回答を求めるという調査設計でピアレビューの実践研究が行われている[10]。保健授業でも、授業研究などの校内研修が各所で実施されており、教師の指導法等が評価されている。その場での議論を見える化し、他所でも再現性のある評価方法が開発されると、協議会での議論が活発になったり教師自身が自らの指導法改善につなげることができるようになったりするであろう。

一方、各教育委員会が授業評価のために作成している評価シートや、教員養成課程で学生の模擬授業を評価するために作成されている評価シートなども、参考になる。東京都教職員研修センターが作成した「授業力相互診断シート」では、使命感・熱意・感性、児童・生徒理解、統率力、指導技術（授業展開）、教材解釈・教材開発、指導と評価の計画の作成・改善の6カテゴリーについて、あてはまらない～あてはまるの4件法で評価できるよう構成されている[11]。この他、教師による賞賛、受容、発問、説明、指示、批判、修正、沈黙といった発言回数を記録することで、定量的な評価が可能となる方法も提示されている[12]。また、教員養成課程の現場では、学生同士による保健の模擬授業のピアレビューが、評価シートを用いた実践例として示されている[13] [14]。

4) 生徒が教師を評価する

授業評価に児童生徒が積極的に関わっている例が少ないとの指摘がある[15]。各教育委員会等が作成している評価シートを概観すると、教材や学習内容等の授業の成否に関わる事項をはじめ、児童生徒から見た授業の理解しやすさ、板書の見やすさ、教師の話し方の聞き取りやすさ等、教師の指導技術そのものについて定量的に評価するものが散見される。例えば、宮城県教育委員会では教材の研究、授業の展開、指導の技術、学習の環境といった4領域を軸とし、児童生徒用の評価シートに表4のような授業評価項目を設けている[16]。児童生徒

表4　児童生徒が教師の指導力を評価するための授業評価項目の一例

	はい	どちらかといえばはい	どちらかといえばいいえ	いいえ
・先生の説明はていねいで分かりやすかった。	はい	どちらかといえばはい	どちらかといえばいいえ	いいえ
・先生が勉強のために用意したものは、学習内容を理解するのに役立った。	はい	どちらかといえばはい	どちらかといえばいいえ	いいえ
・先生はたくさんの人が発表できるように工夫していた。	はい	どちらかといえばはい	どちらかといえばいいえ	いいえ
・自分の意見や考えを発表しやすい雰囲気だった。	はい	どちらかといえばはい	どちらかといえばいいえ	いいえ
・先生の話し方ははっきりしていて聞きやすかった。	はい	どちらかといえばはい	どちらかといえばいいえ	いいえ
・先生が黒板に書いたことは見やすかった。	はい	どちらかといえばはい	どちらかといえばいいえ	いいえ
・先生が黒板に書いたことは、学習内容を理解するのに役立った。	はい	どちらかといえばはい	どちらかといえばいいえ	いいえ
・考えたり活動したりする時間がきちんとあった。	はい	どちらかといえばはい	どちらかといえばいいえ	いいえ
・先生は私たちの考えや意見をよく聞いてくれた。	はい	どちらかといえばはい	どちらかといえばいいえ	いいえ
・先生は分からないところやむずかしいところをきちんと説明してくれた。	はい	どちらかといえばはい	どちらかといえばいいえ	いいえ
・みんなの様子を見まわりながら、教えてくれた。	はい	どちらかといえばはい	どちらかといえばいいえ	いいえ
・先生は勉強の始まる時間や終わる時間を守っていた。	はい	どちらかといえばはい	どちらかといえばいいえ	いいえ
・先生はいっしょうけんめい勉強を教えてくれた。	はい	どちらかといえばはい	どちらかといえばいいえ	いいえ
・宿題はちょうどよかった。	はい	どちらかといえばはい	どちらかといえばいいえ	いいえ
・教室内は整理整とんされ、勉強しやすかった。	はい	どちらかといえばはい	どちらかといえばいいえ	いいえ
・授業はおもしろかった。	はい	どちらかといえばはい	どちらかといえばいいえ	いいえ

(出典：宮城県教育委員会「授業評価」より一部抜粋)

が教師の指導力等を評価することの有効性は、科学的に明らかになっていない。しかし、大学でのFD（Faculty Development）など教員授業力向上による授業改善に向けた取組が活発になる中で、初等中等教育においても、発達段階に応じた授業評価の工夫が必要となるであろう。

3●授業評価のタイミング─いつ評価するのか─

　教育課程審議会が2000年に示した答申では、「指導と評価の一体化」の重要性が示された[17]。教師にとっては学習指導の工夫、児童生徒にとっては学習や発達をそれぞれ促すものであることを意図するとともに、指導と評価は別物ではなく、評価を後の指導に生かすために充実させることを意味するものである。これを進めるためには、指導計画の立案段階からすでに評価が行われていることになる。このような観点は、ブルーム[18]によって提唱された評価の3つの局面を捉えることによって理解することができる。すなわち、診断的評価、形成的評価、総括的評価のことであり、保健の授業評価においても一般的に論じ

られている考え方である[19]。これら3つの局面は、基本的には学習評価のタイミングを考慮する際に論じられてきたが、授業評価のタイミングとしても並行して捉えるようにするとよい。

1）診断的評価

　学習指導の前に、児童生徒の特性を把握する局面に行われる評価である。ここでは、児童生徒の既習事項の習得状況、興味、関心、それまでに経験している学習形態等を把握することが評価の中心となる。それによって指導の計画を立てることになる。教師は、指導計画立案時点で、児童生徒を日常的に観察していることなどから、すでに主観的な診断的評価は可能である。ここでは、さらに授業後に評価する予定の評価指標を定め、それを用いて授業前の評価を行うようにしたり、より信頼性の高い客観的な評価を加えたりすることが肝要であろう。

2）形成的評価

　学習指導の途中に、児童生徒の学習の習得状況を把握する局面に行われる評価である。ここでは、指導が最も効果的なものとなるように、児童生徒の学習の習得状況、学習活動が目標とかみ合っているか、児童生徒が主体的に学習に取り組んでいるか、次の指導へのレディネスができているか等を把握することが評価の中心となる。それによって、次の指導のあり方を考えたり、修正を図ったりすることになる。つまり、単元の途中で指導計画を修正することが生じる場合があることを念頭に置く必要がある。この局面は、教師の指導法というインプットに対し児童生徒の学習の習得状況というアウトプットの関係性を的確に捉えることのできる期間でもあるため、計画的な評価計画を作成しておくことが重要である。

3）総括的評価

　学習指導が内容のまとまりで一段落した時点で、児童生徒の学習の習得状況を把握する局面に行われる評価である。学期末や学年末に行われる。児童生徒が学習した結果として、準備された指導の目標に達しているのかどうか、あるいは成果を上げているのかどうか等を把握することが評価の中心となる。そして、授業前後の比較を行ったり、可能であれば指導法別に学習者群を比較したりする等、多角的な視点から授業評価を行うようにするとよい。

4●授業評価の方法―どのように評価するのか―

評価の方法は、大別すると、評価結果を数字で表すことのできる定量的評価と、数字では表すことのできない定性的評価がある。

1）定量的評価

定量的な授業評価は、児童生徒が回答することを前提とした選択肢を設けたアンケートの集計結果や、テストの点数などが用いられるのが一般的である。その他にも、教師等が児童生徒の様子を数値で捉えたものがあれば、アンケート結果と同様に分析することが可能である。児童生徒の様子を捉えた数値の高低別に指導法など諸要因との関連性を検討するための材料として用いる。関連性が認められれば、有用な指導法として次の指導計画に反映させることができるだろう。

2）定性的評価

定性的な授業評価は、ワークシート、レポート、観察、実演等が挙げられる。そのような児童生徒の活動がわかる資料や映像をまとめてファイルに保存するポートフォリオ[20]も近年導入されている。ポートフォリオは、児童生徒の学習に対する自己評価を促し、教師も児童生徒の学習活動と自らの教育活動を評価することができるといわれている[21]。また、保健科教育における思考力・判断力や授業評価の向上を促す可能性があることも報告されている[22]。

5●ロジックを意識する

これから実践しようとしている指導が、具体的にどのような児童生徒の姿に反映されるのか説明できるだろうか。教師は指導計画の作成時に、評価規準となる児童生徒の姿を記述するが、授業全体の成否に関わる要因を意識して指導にあたれているだろうか。指導と評価の一体化が強調されていることから、PDCAサイクルを念頭に入れたり、健康教育に有用な理論やモデルを援用してロジックモデルを作成したりするとよい。

1）PDCAサイクルを念頭に置く

PDCAとは、Plan（計画）、Do（実行）、Check（評価）、Action（改善）の頭文字を表す。ある活動を円滑に進めるための手法の一つで、学校評価を行う

際にも推奨されているものである[23]。教師の授業力向上をねらいとした授業研究においても有効だと考えられていることから[12]、この枠組みに沿って計画的に授業評価を行えるようにする。

2) ロジックモデルを活用する

ロジックモデルは、政策評価に導入された手法で、ある施策がその目的を達成するに至るまでの論理的な因果関係（構造）を明示したものである[24]。これを授業評価に置き換えるならば、保健授業の目的を達成するに至るまでの指導内容（インプット）とそれによって生じる児童生徒の様子（アウトプット）を数値化する等、できるだけ具体的に図式化する（図1）。このことで、どのような効果が予想されるのか指導の方向性を示すことができるとともに、視覚化されることで授業改善に向けた組織的取組が可能となる。

3) 授業評価を教師自身の力量形成につなげる

PDCAサイクルもロジックモデルも、授業改善に向けた一連の方法論ではある。しかし、授業のための授業、評価のための授業となってしまっては意味がない。フランスの詩人であるルイ・アラゴンは、「教えるとは、ともに未来を語ること。学ぶとは、誠実を胸に刻むこと。」という名言を残した。保健授業

図1　授業改善に向けた保健授業のロジックモデル（がん教育を例として）

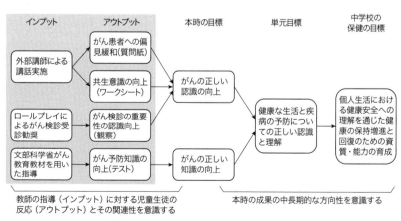

を通じて人を育てたり、教師自身の力量を高めたりするための授業評価なのだ、という考えを常日頃持ち続けていたいものである。

(助友裕子)

引用・参考文献

1)　日本学校保健会「保健学習推進委員会報告書—第3回全国調査の結果—平成29年2月」(https://www.gakkohoken.jp/books/archives/201)

2)　文部科学省「国際数学・理科教育動向調査(TIMSS)の調査結果」(http://www.mext.go.jp/a_menu/shotou/gakuryoku-chousa/sonota/detail/1344312.htm)

3)　植田誠治「小学校保健授業の教授—学習過程評価票の開発—」、『学校保健研究』40(1)：pp. 75-81、1998.

4)　七木田文彦「保健授業評価票作成の試み—中学生の授業評価構造に着目して—」、『学校保健研究』44(1)：pp. 47-55、2002.

5)　白石龍生・宮井信行・森岡郁晴・宮下和久・武田眞太郎「保健授業の生徒による評価の研究」、『日本健康教育学会誌』5(1)：pp. 15-21、1998.

6)　青木久美子「学習スタイルの概念と理論—欧米の研究から学ぶ—」、『メディア教育研究』2(1)：pp. 197-212、2005.

7)　文部科学省中央教育審議会「新たな未来を築くための大学教育の質的転換に向けて～生涯学び続け、主体的に考える力を育成する大学へ～(答申)　2012年8月28日」(http://www.mext.go.jp/b_menu/shingi/chukyo/chukyo0/toushin/1325047.htm)

8)　Iwata H. Evaluating middle school student smoking and drinking refusal skills: comparing physical education teacher and school health nurse ratings. School Health, vol. 7, pp. 1-7, 2011.

9)　Blackmore P, Gibbs G, Shirives L. Supporting staff development within department. The Oxford Centre for Staff and Learning Development, 1999.

10)　池田孝博「田川市中学校剣道プログラム(TCKP-1)の策定とその評価」、『福岡県立大学人間社会学部紀要』21(2)：pp. 47-63、2012.

11)　東京都教職員研修センター「『授業力』診断シート活用資料集」(http://www.kyoiku-kensyu.metro.tokyo.jp/08ojt/jyugyo_shindan_sheet/index.html)

12)　荒井信成「保健の授業研究の行い方」、森良一編著『中学校・高等学校保健科教育法』pp. 166-176、東洋館出版社、2016.

13)　須甲理生、助友裕子「保健体育科教職志望学生における保健体育教師イメージの変容：模擬授業とその省察を中核に展開した教科教育法の前後に着目して」、『日本女子体育大学紀要』47：pp. 49-63、2017.

14)　野坂俊弥「授業を振り返り(省察)、次に活かそう」、日本保健科教育学会編『保健科教育法入門』pp. 108-110、大修館書店、2017.

15)　江藤芳彰「児童生徒の視点を生かした授業の工夫改善—児童生徒による授業評価の在り方について—」、『奈良県立教育研究所研究紀要』12：pp. 1-7、2004.

16)　宮城県教育委員会「授業評価」(http://www.edu-c.pref.miyagi.jp/longres/H16_A/hyoka/guide/aghgb3.pdf)

17)　教育課程審議会答申「児童生徒の学習と教育課程の実施状況の評価の在り方について2000年12月」(http://www.mext.go.jp/b_menu/hakusho/nc/t20001204001/t20001204001.html)

18)　B. S. ブルーム他著(梶田叡一・渋谷憲一・藤田恵璽訳)『教育評価法ハンドブック—教科学習の形成的評価と総括的評価』第一法規、1973.

19) 植田誠治「評価を工夫しよう」、日本保健科教育学会編『保健科教育法入門』pp. 94-100、大修館書店、2017.

20) Esm'e Glauert(鈴木秀幸訳)『教師と子どものポートフォリオ評価』論創社、1999.

21) 西岡加名恵『教科と総合に活かすポートフォリオ評価法：新たな評価基準の創出に向けて』図書文化、2003.

22) 嘉数健悟・岩田昌太郎「中学校保健学習におけるポートフォリオ評価を用いた事例的研究」、『日本教科教育学会誌』33(1)：pp. 1-10、2010.

23) 文部科学省「学校評価ガイドライン(平成28年改訂)　平成28年3月22日」(http://www.mext.go.jp/component/a_menu/education/detail/__icsFiles/afieldfile/2016/06/13/1323515_02.pdf)

24) 文部科学省「ロジックモデルについて」(http://www.mext.go.jp/a_menu/hyouka/kekka/06032711/002.htm)

コラム3 —— 保健科の教師が持つべき資質と能力

　教育基本法第9条には「法律に定める学校の教員は、自己の崇高な使命を深く自覚し、絶えず研究と修養に励み、その職責の遂行に努めなければならない」とあり、教員にとって資質能力の向上は責務であるといえる。保健の授業を担当することができるのは小学校教諭、中学校及び高等学校教諭（保健体育、保健）、養護教諭だが、これらの保健授業を担う教師にはどのような資質能力が求められるのであろうか。

　かつて私が中学校教師であった頃、とある保健体育科の教員研修会で講師の大学教授から「あなたの専門は何ですか？」と問われたことがある。迷うことなく私が「テニスです」と答えると、その教授に「保健体育ではないですか？」と返された。自分の専門とは何をもって専門とするのであろうか。得意とするスポーツ種目だろうか、大学や大学院における専攻分野だろうか、はたまた現在の職業なのだろうか。いずれにしてもその教授の問いは、保健体育という教科にもっと自信と誇りを持って欲しい、またはそのような思いが持てるように専門性を高めて欲しいという願いが込められていたのだと思う。私が所持する教員免許状を改めて見直してみると「中学校教諭（保健体育）」と明記されていた。保健体育教師としての自覚が不足していると実感した苦い思い出である。

　このエピソードに関連付けて資質能力を考えてみると、一つは保健科に対する自信や誇り及び高い専門性があること。もう一つは実践的な知識を備えているということが挙げられるだろう。後者については、例えば教育基本法第9条には教員の「研修」に関する内容が規定されているという知識を持っていたとしても、実践に結び付けることがなければそれは単なる知識でしかない。したがって、ある知識の意味を真に理解して価値深いものにすること、つまり実践的に用いる資質能力が求められるといえる。

　そもそも資質能力とはどのように定義付けられているのだろうか。国はこれまでに1997年の教育職員養成審議会第1次答申や2012年の中央教育審議会答申において、不易の資質能力や今後特に求められる資質能力として非常に多岐にわたる項目を多数挙げている[1)2)]。さらに2015年の中央教育審議会答申では使命感や責任感、教育的愛情、教科や教職に関する専門的知識、実践的指導力、総合的人間力、コミュニケーション能力といった不易の資質能力に加え、

自律的に学ぶ姿勢、時代の変化や自らのキャリアステージに応じて求められる資質能力を生涯にわたって高めていくことのできる力、情報を適切に収集し、選択し、活用する能力や知識を有機的に結び付け構造化する力、アクティブ・ラーニングの視点からの授業改善、道徳教育の充実、小学校における外国語教育の早期化・教科化、ICTの活用、発達障害を含む特別な支援を必要とする児童生徒等への対応といった新たな課題に対応できる力量を高めることが必要であるとしている[3]。

　一方、よりよい保健授業を追求してきた教師として、私自身の経験則をもとに求められる資質能力を挙げてみると、社会背景の的確な把握、学校教育の目標の理解、学習指導要領の理念の理解、学校教育のカリキュラムにおける学校保健の位置付けや役割の認識、教育課程内外の活動を含めたカリキュラムマネジメント、適切な教材観・指導観・生徒観、よい授業イメージ、適切な学習目標の設定、学習内容の十分な理解、有効な教材・教具の準備・工夫・開発、多様な授業スタイル、効果的な指導計画（年間、単元、時案）の作成、偏りのない配当・配列、優れた教授行動、適切な評価、客観的なリフレクション、実践的研究力、他の教師（校内外の他教科教師も含む）達との連携、若手教師や教育実習生への適切な指導などなど、挙げればきりがない。

　さて、このように保健授業を担う教員に求められる資質能力を列挙してみると、その項目は膨大かつ多種多様であり、何をもって資質能力とするのかを特定することは困難になってきている。さらにそれらをどのようにして向上させていけばよいのか、その答えは限りなく存在しそうである。前掲した国の答申においても「教員に求められる資質能力は、語る人によってその内容や強調される点が区々であり、それらすべてを網羅的に掲げることは不可能である」ことや「社会の急速な進展の中で知識・技能が陳腐化しないよう絶えざる刷新が必要であり、『学び続ける教員像』を確立する必要がある」こと、「新たな教育課題が次々と積みあげられている現状を鑑みると、もはや一人の教員が全ての課題に対応することは困難であり、『チーム学校』の一員として組織的・協働的に課題解決に取り組む力が必要であること」などが示されている。佐藤(2015)[4]が「教師の仕事のほとんどが、不確実性に支配されている」と述べていることは、まさに的を射た表現だといえよう。

　とはいえ、ここでは保健にフォーカスした資質能力をまとめなければならない。日本学校保健会による全国調査の結果報告書によれば、①保健学習の指導

意欲が高い教師は保健学習を指導する際の準備、適切な評価、指導方法の工夫、生徒に対してよい影響をもたらす授業などの実施状況が良好であること、②そうした教師の指導意欲は養成課程での保健科教育法等の履修や教育実習での保健学習の指導の状況が良好であること、保健学習に熱心な教師仲間がいること、有用な教材や教具が容易に利用できること、研修状況が良好であること等と関連していること、③保健学習の指導意欲は体育学習の指導意欲の高さとも関連していることなどが明らかとなっている[5]。以上の話を踏まえた上で、最後に次の3点を挙げることにする。

一つ目は、よりよい保健の授業者であれということである。そのためには、指導内容や指導方略、授業設計等に関する専門的な知識やそれを裏付ける理論が幅広く必要になってくるが、何よりも重要なことは「どうして」「なるほど」「わかりやすい」「面白い」「これはどうだろう」「それはこうかな」「ためになる」「もっと勉強したい」「試してみたい」など、生徒の視線に立つことである。その視点で、常に理論と実践を統合しながらよりよい授業の追求を続けていくことが大切だ。

二つ目は、反省的教師であれということである。授業実践に対する成果や課題とその解決方法を常に主体的に研究し続けていくことが求められる。佐藤（2015）[4]も「教える専門家から、学びの専門家へシフトしている」と指摘しているし、近年ではアクションリサーチ型の研究手法が注目されていることからも、保健授業に関して実践的に課題解決を図っていき、その反省をもとにまた授業改善していくサイクルを繰り返すことが重要になってくる。さらに、このような実践的研究は校内研修や地区の研修会等において教員同士がお互いに学び合えるフラットな関係性を築きながら協働的に進めていくことが大切である。

三つ目は、ICTの活用である。超スマート社会ともいわれる「Society 5.0」[6]という高度情報化社会を迎えるにあたり、まずは教師自身が情報モラルを大切にして情報や情報機器を適切かつ有効に活用しながら諸々の課題解決を図っていくことが必要になる。その上で生徒達に対してもまたそれぞれが適切にICTを活用しながら、個々の健康課題に応じて有効な情報を収集したり、よりよい課題解決に向けて実践したりすることができるように指導することは、ヘルスプロモーションの視点からも重要なことだと考えられる。

いずれにしても、資質能力の向上には教師自らが考え行動することが前提となる。その原動力の根源は、保健が「必要だから」という以上に「楽しいから」「面白いから」という原点に回帰するのではないだろうか。冒頭のようなシー

ンに直面した時に、私の専門は「保健です」と自信を持って即答できるような
教師になりたいものである。

(木原慎介)

引用・参考文献

1) 教育職員養成審議会「新たな時代に向けた教員養成の改善方策について(第1次答申)」1997.
2) 中央教育審議会「教職生活の全体を通じた教員の資質能力の総合的な向上方策について(答申)」2012.
3) 中央教育審議会「これからの学校教育を担う教員の資質能力の向上について〜学び合い、高め合う教員育成コミュニティの構築に向けて〜(答申)」2015.
4) 佐藤学『専門家として教師を育てる─教師教育改革のグランドデザイン』岩波書店、2015.
5) 日本学校保健会「保健学習推進委員会報告書─第3回全国調査の結果─」2017(https://www.gakkohoken.jp/book/ebook/ebook_H280040/index_h5.html#表紙　参照日2018年9月20日)
6) 文部科学省「Society 5.0に向けた人材育成〜社会が変わる、学びが変わる〜」2018(http://www.mext.go.jp/component/a_menu/other/detail/__icsFiles/afieldfile/2018/06/06/1405844_002.pdf　参照日2018年9月2日)

第2部

保健科
教育学の
研究方法

第 **1** 章

保健科教育学研究の進め方

研究の設計のための基礎

1●保健科教育の研究を始めるにあたって──研究とは

　研究とは、「一つの問題意識のもとに、明確に設定された一つの課題を解決するために、計画的・系統的に情報を収集し、それを適切な認識的枠組み（理論あるいは仮説）のもとに分析解釈し、さらにその成果を第三者がアクセスできるような形にまとめて社会に公表する、という一連の知的活動」[1] のことだといわれている。保健科教育研究において、この「課題を解決する」ということには、これまでに知られていない未知の事象を明らかにするような基礎的な研究から、教育実践の中で課題となっている事象を解決するような応用的な研究まで、幅広いものがあろう。しかし、どのような保健科教育の研究に取り組むにあたっても、全ては真理を探究するために行われるものであり、決して自己満足的な行為にとどまるものではないこと、また、再現性のある科学的な方法論に則って行わなければならないこと、さらには、研究成果を社会に公表するといった公共性が求められることを、十分理解しておく必要がある。

2●研究課題の設定

1）問題意識を持つこと

　研究は、研究課題を設定することから始まる。すなわち、どのような課題の解決に向けて何を明らかにするのかが明確にされなければ、具体的な研究に取りかかれない。そのためにまずは、問題意識を強く持つことが求められる。保健科教育研究における問題意識は、はじめは自らの授業実践の中で気になっていたり、あるいは学習指導要領において求められていることで個人的に興味や関心があったりするものが多いようである。また、積極的に学会や研究会などに参加したりして、研究仲間や学校現場における教員との交流や議論を通して問題意識が喚起されることもあろう。いずれ、問題意識を高めるためには、日

常的に「それはなぜか」という探究心を持って情報などに接することや、「それは本当か」という批判的な思考を働かせることが必要である。

2) 問題意識から研究課題の設定へ

研究しようとする人がはじめに抱いた問題意識が、そのまま研究課題になるわけではない。研究は、真理を探究し、新しい知の創造に向けた活動であることから、問題意識を「科学的に研究可能な課題」[1]となる研究課題へと転化することが求められる。このような研究課題の設定は決して簡単ではなく、かなりの時間と労力を要することになる。しばしば、研究課題の設定は研究全体の知的作業のうち半分以上を占めるともいわれるほどである。したがって、研究活動の期限があらかじめ決められているような場合では特に、時間の余裕のある早い時期に研究課題の設定に取りかかり、意欲的に粘り強く向き合う必要がある。

3) 新規性のある研究課題の仮説を立てる

研究課題を設定する際には、新しい着想などによって見出された新規性を有することが望まれる。新規性とは例えば、新たなアプローチ、未開拓の事象、新たなトピック、新たな理論、新たな方法、新たなデータ、新たな結果であることだといわれている[2]。保健科教育においても、こうした新規性のある独創的な研究がもっと多く見られるようになることが期待されている。

また、研究課題は具体的な仮説として明確に示される必要がある。そして、仮説を立てる際には、①その仮説は理論的に矛盾していないか、②研究として明らかにする意味があるものか、③実際に研究・検討できるものであるか、について注意深く吟味し、慎重に決定することが大切である。その過程においては、先導的な研究者からの指導・助言や研究仲間との議論・意見なども貴重であり、大いに参考になろう。

なお、研究課題に関わる主要な用語については、ここで合わせて明確に定義付けし、概念規定しておくことが求められる。先行研究における定義を用いることを基本とするが、統一的なあるいは確定的な概念になっていない用語もあり得る。その場合には整理して、適切な定義を明示した上で用いることが不可欠となる。

4) 先行研究のレビュー

先行研究のレビューでは、自分の問題意識に関わる先行研究の文献を収集し、

これまでに、何が、どのような方法で、どこまで明らかにされているのか、課題として何が残されているのか、などについて把握する。そして、先行研究で蓄積された知見を踏まえて、自分の研究課題について創造的に、独創的に練り上げることが望まれる。この作業は、適切な研究課題を設定するためには不可欠で、重要なプロセスである。すなわち、先行研究のレビューは、取り組む研究が独り善がりに陥ることを避け、客観的に意味のある研究課題・目的を設定するために極めて有益な作業といえる。これによって、関連する問題についての先行知見が整理されるのみならず、先行研究の成果を学ぶことができ、取り組むべき研究課題・目的が明瞭になるからである。また同時に、妥当な研究方法の選定に有益な情報も読み取れるので、具体的な研究計画の立案にも役立つ。なお、学術雑誌に掲載されたレビュー論文を一読することも大いに参考になる。

　文献の収集と検索については、最近はインターネットなどの利用などによって容易になっている。その反面、収集される文献が多くなり、労力ばかり費やすことになりかねないことが懸念される。学術論文の収集にあたっては、研究機関等が扱うデータベースを利用することが望まれる。例えば、保健科教育に関する文献については、CiNii（全分野：和文誌）やERIC（教育学分野：英文誌）等のデータベースがある。検索キーワードなどを十分吟味し、一貫した方針で計画的に文献収集することが大切である。

（野津有司）

3●研究倫理

1) 研究者として持つべき倫理

　「研究者として持つべき倫理」というと非常に重々しく受け止められるかもしれないが、まさにその通りである。研究倫理は、研究に取り組むにあたって誰もが持たなければならない極めて重要なものである。

　日本学術会議での行動規範では、「科学者の基本的責任」について、次のように述べられている。

　「科学者は、自らが生み出す専門知識や技術の質を担保する責任を有し、さらに自らの専門知識、技術、経験を活かして、人類の健康と福祉、社会の安全と安寧、そして地球環境の持続性に貢献するという責任を有する。」[5]

　したがって、研究者は、社会からの信頼のもとで、真理を探究して新たな知見を創造し、その研究成果を広く公表するという使命を担っている。この責務をしっかりと自覚して、研究不正を行わないことはもちろんのこと、質の高い

研究を遂行するよう努力しなければならない。

　さて、防止しなければならない研究不正行為としては、データ等の捏造、改ざん及び盗用がある。捏造とは、存在しないデータや研究結果等を作成することであり、改ざんとは、研究資料・機器・過程を変更する操作を行い、データ、研究活動によって得られた結果等を真正でないものに加工することである。また盗用とは、他の研究者のアイデア、分析・解析方法、データや研究成果、論文または用語を、当該研究者の了解もしくは適切な表示なく流用することである[6]。これらはいずれも研究者としてはあってはならず、社会的に許されることではない。

　こうした研究不正行為について、意図的に行うというのはもちろん論外であり、「知らなかった」では済まされない大きな問題である。したがって、研究に取り組むにあたっては、まずは研究倫理について勉強したり、教育を受けたりするなどしてしっかりと身に付ける必要がある。また、研究不正について、意図せず結果的にそうなってしまったということも許されるものではない。例えば、先行文献からの引用であるにもかかわらず、研究を進めていくうちにいつのまにかそれが自分の考えであるかのように勘違いして記載してしまうということもあり得る話である。たとえ悪気がなくとも、これは盗用にあたるものである。こうした重大なミスを防ぐために、研究の当事者は常に意識的に注意しておく必要がある。

2) 研究対象者への倫理的配慮

　研究者には「研究の自由」が与えられている。しかしながら、研究という名のもとに、自分の思うままにどのような研究を、どのような方法で行ってもよいというわけではない。文部科学省及び厚生労働省は、各種の研究に関する倫理指針を策定し、研究に携わる全ての関係者が遵守すべき事項について定めている。例えば、「人を対象とする医学系研究に関する倫理指針」では、遵守すべき基本方針として次の8つを掲げている。

(1)社会的及び学術的な意義を有する研究の実施
(2)研究分野の特性に応じた科学的合理性の確保
(3)研究対象者への負担並びに予測されるリスク及び利益の総合的評価
(4)独立かつ公正な立場に立った倫理審査委員会による審査
(5)事前の十分な説明及び研究対象者の自由意思による同意
(6)社会的に弱い立場にある者への特別な配慮
(7)個人情報等の保護

⑻研究の質及び透明性の確保

　人の健康の保持増進や疾病からの回復に関わる医学系研究では、侵襲や介入を伴ったり、試料・検体を採取する観察研究であったりすることから、とりわけ厳格な倫理指針が定められている。しかし、医学系研究でなくとも全ての研究は社会の理解や信頼を得て行われるものであり、社会的に有益なものとなるよう、研究倫理を損なうことなく進められる必要がある。

　保健科教育研究については、保健の授業を対象とした実践研究や質問紙法を用いた調査研究などで、児童生徒や教師等を研究対象とすることが多い。こうした研究を遂行する上では、研究対象者に対して無用な危険や不利益を与えないことはもちろん、倫理的に十分配慮された方法のもとで行わなければならない。

　具体的にはまず、研究の協力を依頼するにあたって、研究の目的や内容、方法等を十分に説明し、理解を得た上で、研究対象者となることについて適切な方法で同意を得ること（インフォームド・コンセント）が必要となる。こうした研究協力の同意を得る際には、研究対象者の自由な選択が保証されていることが前提となり、例えば、何ら不利益を受けることなく自由意思で研究への参加・不参加を選択できること、研究参加の意思表示について理由を問うことなく、途中でも撤回できることがある。なお、研究対象者が児童生徒の場合には、代諾者（親権者等）からのインフォームド・コンセントを受けることが推奨されるが、現実的には難しい面があり悩ましいところである。少なくとも、親権者に対してオプトアウト（研究に関する情報を文書やWeb等で通知・公開し、研究対象となることについて拒否できる機会を保障する方法）を行うことが望まれよう。また、学校において調査や実践研究等を行う場合には、学校長等の同意も必要[7]となる。

　研究の方法においては、個人情報の管理やプライバシーの保護など、研究対象者の人権擁護に配慮していることも重要な事項となる。個人情報保護法によれば、個人情報とは「氏名、生年月日その他の記述等により特定の個人を識別することができるもの」とされている。こうした個人情報の管理に関しては、例えば、質問紙法による調査を無記名で行い個人情報を取得しないこと、分析に際してはデータを匿名化して個人が特定されないようにすることなどがその配慮として挙げられる。また、個人情報の保管及び破棄に関しては、収集したデータはネットワークに接続されていないウイルス防御対策を施したパソコン等に保存し、パスワードを設定して研究責任者等以外はアクセスできないようにすること、調査票等の紙媒体は鍵のかかるロッカーに施錠して保管すること、

電子データや調査票、録画した映像等は保存期間満了時に完全に消去すること などは、近年においては、研究者として当然の責務である。

　ところで、大学などの研究機関では、研究の実施にあたってその倫理面を審 査する研究倫理委員会が設置されている。研究倫理委員会では、研究責任者が 作成した研究計画書の適否を審査し、研究責任者等はその承認を受けた研究計 画書に基づいて、研究を適正に実施することが求められる。また、ほとんどの 学会で、学術大会で発表したり論文を投稿したりするにあたって、研究倫理委 員会の承認を受けていることが条件となっている。なお、研究倫理委員会の申 請から承認までには2〜3ヶ月を要することもあることから、研究の実施前に 余裕を持って研究計画書を作成し、申請する必要がある。

4●外部資金の獲得

　保健科教育研究の遂行において、多かれ少なかれ研究経費がかかることはい うまでもない。例えば、郵送法による質問紙調査を行う場合には、調査票の印 刷費や郵送費が少なくとも必要となる。また、データ入力や調査等に関わる物 品の購入費や人件費が必要な場合もあろう。さらに、論文を学術雑誌に投稿す る際には、投稿料や掲載費などもかかることになる。そのための研究費として、 官公庁や企業等から支援される外部資金を積極的に獲得することも不可欠とな る。なお、こうした外部資金の獲得状況は、研究者としての資質・能力をはか る指標の一つとしても見られることがある。

　研究費等の代表的な助成事業としては、日本学術振興会の科学研究費（以下、 科研費）がある。科研費には、「基盤研究」「挑戦的萌芽研究」「若手研究」な どいくつかの研究種目があり、それぞれの目的や内容、条件等を踏まえて選択 し、応募することになる。また、その研究種目の一つに「奨励研究」がある。 これは、「教育・研究機関や企業等に所属する者」が行う研究であり、小中高 等学校に勤務する教員も応募できるものである。なお、これらの申請書の書き 方等に関しては、関係の専門書[8) 9)]に具体的に紹介されているので、参考にさ れたい。

（片岡千恵）

引用・参考文献

---

1)　高橋順一「研究とは何か」、高橋順一・渡辺文夫・大渕憲一編著『人間科学研究法ハンドブック』pp. 1-9、ナカニシヤ出版、1998.

2) Guetzkow, J. et al.: What is Originality in the Humanities and the Social Sciences?. American Sociological Review 69: pp. 190-212, 2004.

3) 野津有司「研究課題の設定」、教員養成系大学保健協議会編『学校保健ハンドブック 第6次改訂』pp. 280-281、ぎょうせい、2014.

4) 野津有司「調査・研究・プレゼンテーションの進め方」、采女智津恵・戸田芳雄・出井美智子他編『新養護概説 第7版』pp. 208-211、少年写真新聞社、2013.

5) 日本学術振興会「科学の健全な発展のために」、編集委員会編『科学の健全な発展のために―誠実な科学者の心得―』丸善出版、2015.

6) 筑波大学研究公正委員会研究不正防止専門委員会：知の品格〈研究者倫理〉2009.

7) 大澤功「研究を実施するにあたっての倫理的問題」（連載　学校保健の研究力を高めるⅡ　第6回）、『学校保健研究』57：pp. 334-338、2016.

8) 児島将康『科研費獲得の方法とコツ 改訂第5版』羊土社、2017.

9) 塩満典子・北川慶子『科研費採択に向けた効果的なアプローチ』学文社、2016.

第1章 ──2

文献研究の方法

　ここで取り上げる「文献研究」とは、教科における保健の教育に関する論文を二次的な資料として用い、それらを特定の条件で選択・収集し、一貫した観点で読み取ることから、新たな知見を明らかにすることを目的としてまとめられた研究論文のことである。本節では、文献研究の方法を中心に述べるが、その前に、研究対象となる文献の条件について、簡単に触れておく。文献研究で対象となる「論文」は、科学的な方法やデータの信頼性などが精査された確かな論文であることが必要である。論文を評価することは難しいものの、査読審査を経て掲載された論文であるかどうかを目安とするとよいであろう。

　文献研究では、およそ次のことが求められる。つまり、①可能な限り網羅的に文献にあたっていること、②収集された文献が公平で一貫した視点によって評価されていること、③収集された文献を総括して独自の新たな視点が示されていること、の3点である。

1●文献の収集方法

　論文の探し方には、大きく分けて二つの方法がある。一つは、文献検索データベースを用いる方法であり、最近ではそのためのシステムも充実し、一般的に用いられる。もう一つは、ハンドサーチと呼ばれる、手作業的に文献を探す方法である。これらは、必要に応じて組み合わせて用いられる。

　さて、前者の方法における文献検索データベースには、CiNii（全分野：和文誌）、医学中央雑誌（医学分野：和文誌）、ERIC（教育学分野：英文誌）、PubMed（医学分野：英文誌）、PsycINFO（心理学分野：英文誌）などがある。操作画面などはデータベースの種類によって異なるが、探したい文献のキーワードで検索できることは共通している。検索する際は、キーワードを十分に吟味し、検索結果によっては、複数のキーワードを組み合わせたり、論文の種類や発表年等を限定したりして、文献を絞り込んでいくこともできる。なお、

これらの具体的な手順については、文献検索に関して具体的に示した専門書を参照されたい。例えば、『人間科学研究法ハンドブック』[1]の「文献調査の方法」などがある。

　もう一つの方法として、ハンドサーチがある。ハンドサーチは、その名の通り、手作業によって、必要な文献を探し出す方法である。この方法は、時間と労力を要するが、重要な文献を漏れなく収集するために用いられる。ハンドサーチが必要となるのは、文献検索データベースのキーワード検索ではうまく文献がヒットしないような場合である。キーワード検索の対象範囲は、文献のタイトルや概要（アブストラクト）、キーワードなどである。文献の著者がその研究において注目する点と、文献研究を行おうとする者の関心や注目する点が異なれば、キーワード検索をしてもヒットしないことになる。実際に、収集した複数の文献で繰り返し引用されているような、当該研究では重要な先行研究であっても、文献検索データベースによる検索では必ずしもうまくヒットしない、といったことがある。こうした場合には、ハンドサーチによって文献の全文に目を通して、必要なものを探して集めることになる。その他にも、文献検索データベースに登録されていない雑誌から必要な論文を探すような場合は、ハンドサーチを用いることになる。

　ここまで述べてきたように、近年では文献の検索システムやアーカイブ化の進展により、網羅的に文献にあたることが効率よくできるようになってきた。しかしながら、膨大な文献を整理するだけで労力が費やされてしまうというようなことは避けなければならない。検討対象とする文献の数の目安を示すことは難しいが、大木秀一[2]は、1つのテーマに対して多くても10〜20編程度を目安にすることを推奨している。その理由としては、無理のない分量を対象にすることで、それぞれの論文を深く読み込むことができるとともに、内容を統合していく負担が軽減すること[2]を挙げている。実際には、その研究テーマにおける先行研究の量によっても、検討対象とする文献の数は大きく異なるであろう。いずれにしても、論じようとする研究テーマについての現状を捉える上で妥当な数を判断し、キーワードや条件を工夫して絞り込む必要がある。

　文献を絞り込む条件としては、先行研究の有無、文献研究の目的などによって様々なものが考えられようが、掲載年、研究対象、研究内容、研究方法などを手がかりとすることが挙げられる。例えば、先行研究としてすでに2000年までの論文を対象とした文献研究がある場合は、それ以降の掲載年の文献に対象を絞り込むことになる。同様に、研究対象によって絞り込む場合では、諸外国を対象とした先行研究がすでにあれば国内の論文を対象に絞り込むことにな

るし、すでに小学生を対象とした先行研究があれば中学生や高校生を対象とした文献に絞り込むことになる。また、文献研究の目的によって絞り込む場合では、特定の「研究内容」を取り上げた文献だけに絞り込んだり、あるいは特定の「研究方法」を用いた文献だけを選択して集めたり、といったこともあるだろう。これらの絞り込みの作業は、文献検索データベースを用いたキーワード検索の際に、検索条件として追加して、文献を絞り込むことも可能である。また、論文のタイトルやアブストラクトを手がかりとして、選択すべき文献を吟味することもできる。

2●文献を読む視点

　文献を読む視点としては、個々の文献を評価するための視点とともに、収集した文献全体を一貫する視点を持つことが重要である。文献研究では、その目的に応じて、収集した文献を一貫した視点で分析し、評価することが求められる。個々の文献の特徴や知見などを羅列し、「多様な研究が見られた」などと報告するだけではもちろん文献研究とはならない。とはいえ、他の研究者によって生み出された研究成果を収集し、それらを俯瞰して新しい視点を見出すことは難しい。そうした視点を見つけるための一つの手立てとして、すでに手元にあるいくつかの文献を手がかりに、それらの基本的な情報を整理しながら生じた「気付き」や「疑問」をもとに考えていくことも有効であろう。例えば、「当該テーマによる研究はいつ頃から見られるのか、どのような背景から取り組まれるようになったのか」と考えてみる。または、「どんな内容の研究が、どんな方法によって、どの年齢を対象に行われているのか。その成績はどうか、そしてそれはどのように評価されているのか」。あるいは、「同じ内容であっても、方法を変えれば、若い学年を対象として研究を進めることができそうだ。しかし、対象年齢が若くなると、評価方法を変えなければならなくなる」などである。こうした思考から、文献を整理する視点が明確になることもある。ただし、こうした作業によって、文献収集の方針の一貫性が破綻するようなことは避けなければならないので、あくまで本格的な文献収集の前にすませておくべきといえる。

　文献を読む視点が、学校教育や医学・保健などの関連分野の動向から得られることもあるだろう。学校教育関係でいえば、学習指導要領の改訂に関わって様々なキーワードが注目される。最近の例では、「主体的・対話的で深い学び」といったキーワードへの関心が高まる中で、「保健科教育では、『主体的・対話

的で深い学び』に関わってこれまでにどのような研究が行われ、今後どのような研究が必要なのだろうか」という関心が芽生え、それが文献研究に取り組む端緒となることもあるだろう。こうした視点は、他教科での研究動向から見つかることもあれば、医学・保健などの関連分野における動向から見つかることも多いと思われる。

　参考までに、文献を読む視点に注目しつつ、近年、学会誌に掲載された文献研究をいくつかを取り上げてみたい。長谷部幸子ら[3]は、栄養・食教育分野でのエンパワメントという用語や概念がどのように用いられているのか、という目的から文献研究を行っている。また、宮内彩ら[4]は、近年の性教育において用いられているピアエデュケーションに焦点を当てている。そして、會退友美ら[5]は、食育基本法に関わって「共食」に対する関心が高まりつつある現状を踏まえて、「共食行動」と健康・栄養状態等との関連に注目して文献研究を行っている。これらの文献研究では、関係分野で注目されてきたような概念（エンパワメント、共食）や、方法（ピアエデュケーション）などを「文献を読む視点」の一つとしていることがわかる。

　こうして見ると、すでに学会誌等に掲載された文献研究を普段から読んでおくことも、文献を読む視点を見つけることに役立つといえよう。仮にその文献研究の対象が、自らの興味・関心や専門と異なる研究分野の論文であっても有益といえる。その文献研究が、収集した文献をどのような視点で整理し、考察しているのか、について注意深く読むことは、自分が文献研究を執筆しようとする時に大変参考になる。

3 ● 文献のまとめ方

　収集した文献は、執筆者、タイトル、掲載年、雑誌名などの基本情報、研究目的に応じて設定した項目によって、一覧表にまとめて、整理していくことが望ましい。一覧にすることで、一貫した視点で全ての文献を漏れなく見わたせているのか、確認することに役立つ。

　また、最近では、文献を収集する範囲や収集に用いる方法、文献が選別されるプロセスなどについて、図1のようなフローチャートにまとめて示したものが見られるようになった[5]。あらかじめ、このようなフローチャートを作成しながら、文献を収集したプロセスを記録しておくとよい。

　ここからは、文献研究の方法についての理解を深めるために、著者らが行っ

図1　論文選択のフローチャート[5]

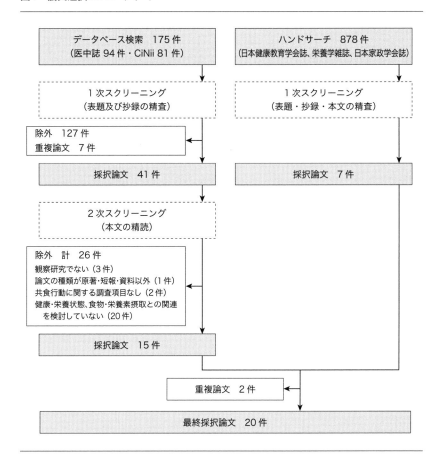

た事例[6]を挙げ、参考に供したい。この事例は、ロールプレイングが学習指導要領等において例示され、関心が高まっていた当時、諸外国におけるロールプレイングを用いた実践・研究と、日本の実践の動向について比較分析を行ったものである。

1) 文献の収集方法

　諸外国の文献収集では、文献検索データベース「Medline」を用いた。キーワードとしては「role-playing」「role-play」で検索したところ1,540文献がヒットした。これをさらに「school」「education」のキーワードで絞込検索を行い、

論文タイトルやアブストラクトから看護教育、医学生教育及び患者教育に関する文献を除き、最終的に37文献を対象とした。

　国内の文献収集では、諸外国の文献収集と同様な手順により、文献検索データベース（医学中央雑誌）を用いた検索を行ったが、文献が見あたらなかった。そのため、専門雑誌のハンドサーチを行った。専門雑誌7種の過去10年間（1994年1月〜2003年12月）に発刊された計847冊（734文献）を対象として、ハンドサーチを行って最終的に74文献を対象とした。

2) 文献を読む視点

　収集した文献を分析する視点として、この事例では「他教科の研究動向」から触発されたところが大きい。そもそも、このような文献研究に取り組む端緒となったのは、社会科教育の博士論文（井門正美著『社会科における役割体験学習論の構想』筑波大学、1999）を知る機会があり、社会科での役割体験学習論と、保健でのロールプレイングの違いなどに関心を持つようになったからである。ロールプレイングは、保健では喫煙防止教育などにおいて、子どもの喫煙を助長するような社会的影響に気付かせたり、それらへの対処について学習するための指導方法の一つとして注目されていた。しかし、社会科では役割体験学習、すなわち「主体がある役割を演じることにより課題達成を図る方法」（井戸、1999）として幅広いテーマやねらいでの学習において用いられていたのである。こうした点に関わって、保健の研究者の立場からもすでに次のような指摘がなされていた。すなわち「最近の喫煙防止教育などでしばしばみられる『ロールプレイング＝断るスキルの習得』のようなパターン化した図式を連想するばかりでは発展がない。ロールプレイングの保健学習における適用範囲はもっと広く、奥深いと考えるべき[7]」である。これらの発想（文献を読む視点）から学びながら、文献研究によってロールプレイングに関する諸外国の文献を整理し、国内の現状を批判的に検討することで、保健の授業改善への示唆が得られるのではないかと考えたのである。

3) 文献のまとめ方

　文献を整理した結果については、表で簡潔にまとめて示した。諸外国の文献について、（筆頭）著者、出版年、国、健康テーマ、対象（年齢）、研修といった項目で整理し、そして、どのようなねらいでロールプレイングが用いられているのか、一覧で示した。さらに、ロールプレイングを用いた実践の評価デザインや評価方法については、別の表を作成して整理して示した。国内の文献に

ついても、おおむね同様に整理して表にまとめた。

　考察は、次の4つの点から述べた。つまり、①ロールプレイングの適用可能な健康テーマ、②ロールプレイングのねらいに応じた指導の工夫、③ロールプレイングの効果的な活用のための研修の充実、改善、④ロールプレイングを用いた授業の評価について、である。このうち、①と②については、「社会科教育における役割体験学習論」から学んだ視点を、考察の柱とした。つまり、保健にとって目新しい指導方法といえるロールプレイングの適応範囲やねらいについて、収集した文献から整理した。それを踏まえてロールプレイングが、「断るスキルの習得」をねらいとした学習の他にも、保健授業の様々なテーマやねらいで活用することが可能である、という趣旨で論述した。そして、③と④を考察の柱として（文献を読む視点として）加えようと考えるようになったのは、諸外国の対象文献を読み進める中で、ロールプレイングに関する研修と評価の重要性について認識を深めたからであった。つまり、ロールプレイングを指導方法として活かしていくためには、指導者がその特徴を理解するための研修が重要となること、また、ロールプレイングを用いた学習の成果を適切に評価し、研究を蓄積していくことが重要であり、今後の課題として考察すべきだと考えたからである。

　文献研究は、類似の問題に関心を持つ多くの研究者にとって有益な情報を提供する重要な学問的貢献となる[8]。他教科などの研究動向にも目を向け、保健科教育の研究にも活かせる新しい視点を含んだ文献研究が行われることが望まれる。

（岩田英樹）

引用・参考文献

1)　松井好次「文献調査の方法」、『人間科学研究法ハンドブック』pp. 51-74、ナカニシヤ出版、1998.

2)　大木秀一『看護研究・看護実践の質を高める文献レビューのきほん』pp. 1-110、医歯薬出版、2013.

3)　長谷部幸子・足立己幸「栄養・食教育分野でのエンパワメント研究の動向」、『日本健康教育学会誌』16(4)：pp. 147-162、2008.

4)　宮内彩・佐光恵子・鈴木千春・鹿間久美子・篠崎博光「思春期における性教育としてのピアエデュケーションに関する研究動向」、『思春期学』31(2)：pp. 243-251、2013.

5)　會退友美・衛藤久美「共食行動と健康・栄養状態ならびに食物・栄養素摂取との関連―国内文献データベースとハンドサーチを用いた文献レビュー―」、『日本健康教育学会誌』23(4)：pp. 279-289、2015.

6)　岩田英樹・野津有司・渡部基「学校健康教育におけるロールプレイングを用いた実践の動向」、『学校保健研究』47(6)：pp. 510-524、2006.

7)　野津有司・山田義弥「個に応じた保健の学習指導の工夫」、『初等教育資料』733：pp. 45-49、

2001.

8) 高橋順一「研究の設計と管理」、『人間科学研究法ハンドブック』pp. 23-30、ナカニシヤ出版、1998.

＊以下の論文でも、文献検索の具体的な手順について紹介されている。
中垣晴男「連載　学校保健の研究力を高める　第3回　文献を集める、読む」、『学校保健研究』54(3)：pp. 260-266、2012.

第1章 ──3

質問紙法による調査研究の方法

1●質問紙法とは

　様々な分野で「エビデンスベース」という言葉が広まり、科学的根拠に基づく判断が求められている。実践的な学問である教育学の分野においてこれまで、教育の成果やよい授業実践は教師の経験や勘に基づいて語られてきたといえる。しかし、今日それらに対して客観的な評価指標を用いて証明された、憶測や推測によるものではない、エビデンスに基づいた教育実践が求められている。このような教育実践における成果等の客観的な評価を得る方法として、質問紙法が挙げられる。保健科教育におけるこれまでの研究を俯瞰しても、生徒や教師を対象に、評定尺度法による質問紙やテスト形式の調査などがいくつか見られる。

　一般的に質問紙法は、社会学、心理学といった分野をはじめ、新聞等の世論調査などで広く行われている調査方法であり、教科教育学、健康教育学の領域でも多く用いられる。調査対象者の意見、価値観、感情、理解、行動傾向等を、紙媒体を用いて言語活動によって導き出す方法である。質問票に質問形式で調査項目を記載し、回答を収集する。

　街中でも学校でも自宅でも場所を選ばず回答でき、回答者の時間的拘束も少なく、また匿名性も担保することができる。簡便性、汎用性に優れており、多くのデータ収集が可能であることが質問紙法の利点である。集団の傾向、またそれらの比較など大規模な分析ができ、結果の一般化が可能である。

　しかし一方、質問紙法の欠点として、田名場[1] は回答者の言語的理解力や表現力に依存すること、回答が実施者の真意を適切に表すものかどうかには注意が必要なこと、一般的にプライバシーに関わるような個人的情報が得られないこと、また回答が偽りであったとしてもそれらを見分けることが困難であることを挙げている。また、対象者の意見を幅広く捉えることはできる反面、深く捉えることが難しい点も欠点として挙げられている[2]。これらの利点や欠点を

踏まえた上で調査計画を立てる必要がある。

2●調査内容の吟味(構成概念の設定)

　研究を行う場合は、当然まず「何を明らかにしたいか」を明確にする必要がある。研究は通常、まず自身の問題意識から始まり、先行研究をレビューし、独自の研究課題を設定するというプロセスを経る。そしてその研究課題に対して、妥当な研究方法や調査内容を計画していく。

　例えば、「頭のよさを測りたい」「あの人の社交性を測りたい」といっても、それらが物理的に存在している訳ではなく、それらを構成する様々な能力を測り、評価することになる。このような「頭のよさ」や「社交性」はいくつかの能力からなる「構成概念」であると捉えることができる。小塩[3]は「構成概念とは直接的に観察することが困難で、理論的に定義される概念である」と説明している。「保健体育教師の授業力」を例に考えたい。授業力とは様々な能力からなるものであるが、與儀ら[4]は、保健体育教師の授業力は「実演」「学習指導」「学習評価」「共感的人間関係」「学習規律」「教材研究」「場面設定」「マ

図1　保健体育教師の授業力

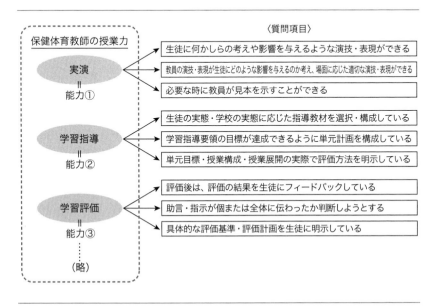

（小塩、2018の概念図を用いて與儀らの能力を図示した）

クロ的視点」の8つの能力と定義している。そしてそれぞれを測る質問項目を設定して、教師個人の授業力を評価している（図1）。

　また、知識の定着を評価するための質問紙調査を実施したい場合、例えば「あなたは胎盤について理解していますか」という質問で「はい・いいえ」で問う場合、当然理解していれば「はい」と答える。しかし、胎盤という言葉を知っているだけで実はあまり理解していないかもしれない。その場合「よく理解している・まあまあ理解している・あまり理解していない・まったくわからない」というように理解度に段階を設定すればさらに詳しい理解度を測ることができる。しかし、本当は理解していないのにもかかわらず理解していると答えることもできる。その場合は胎盤について文章で説明できるか否か、胎盤と母体の関係性を図示できるか否かで評価することができる。

　このように調査内容を吟味する際、「明らかにしたい」内容を測定するにはどのような質問項目が適しているか考えなければならない。この質問項目は既存の項目を使用する場合もあれば、それらを参考に新たな項目を作成してもよい。新たな項目を設定する際には、理論的な根拠が必要不可欠であり、十分な先行研究の調査を行った上で設定されなければならない。

3●調査項目と回答形式

　質問紙調査で何を明らかにしたいか、それにはどのような質問がよいか概観できたら、質問票の質問項目を作成する。質問項目は一から新たなものを作成することはほとんどなく、これまでの研究で信頼性や妥当性が証明された項目を参考に作成することが多いであろう。この質問項目は、後々のデータ分析にも関わってくるため、ある程度分析方法を考慮しながら作成するとよいだろう。

1）調査データの種類（尺度の種類）

　質問紙調査で収集できるデータには「質的データ」と「量的データ」の2種類がある。「質的データ」とは、分類や種類を区別するためのデータである。そのままでは演算はできないし、しても意味のない変数である。「名義尺度」と呼ばれる、性別や、血液型、電話番号などのデータと、「順序尺度」と呼ばれる、何らかの順位や学年、好き／嫌い、賛成／反対などのデータがある。

　「量的データ」とは、数量として演算できるデータである。「比例尺度」と呼ばれる、年齢や体重、身長など、0を原点とし値の間隔と比率に意味があるデータがそれにあたる。また「間隔尺度」と呼ばれる、例えば回答者の意見を、「1.

とても賛成　2．賛成　3．どちらともいえない　4．反対　5．とても反対」というような5段階で得られるデータも「量的データ」にあたる。気温やテストの点数など、回答の目盛が等間隔で間隔に意味があるものである（第2部第1章6「1-3）変数の尺度を確認する」参照）。

2）調査項目の回答形式

　質問紙法では、質問に対していくつかの回答方法があり、最も多く使用される方法に、自由記述法、多肢選択法、順位法、評定尺度法がある。

❶自由記述法

　質問に対して自由に記述してもらう方法である。選択式の質問項目を設定できない多様な回答が予想される場合などに用いられる。自由に記述できるため、調査実施者の認識枠の範疇にとらわれない幅広い回答が期待できる。しかし、回答者の言語能力や意欲に大きく影響を受けるため、それらが低い場合、回答が得られない危険性もある。回答者が回答しやすい質問を作成することや、回答する際の環境を考慮した上で実施する必要がある。得られたデータの分析には時間を要する場合があり、その時間を考慮し研究計画を行う。自由記述で得られたデータを分析し、選択式の質問項目を作成するための基礎的資料として用いることが多い。

❷多肢選択法

　質問事項に対して、調査実施者によりあらかじめ設定された選択肢の中から選択して回答する方法である。「はい・いいえ」「好き・嫌い」のような2項から1つを選ぶ形式や、「はい・いいえ・どちらでもない」のように3項もしくはそれ以上の項目から1つを選ぶ形式は「単一回答形式」と呼ばれる。この方法について石井[5]は長所として、自分の意思や行動を、どちらか1つに決めるため比較的簡単に回答できる点、短所として、どちらかを無理やり回答することになるので、社会的に望ましいとされる回答の方が選ばれる場合があること、無回答の割合が多くなる点を挙げている。また「複数回答形式」と呼ばれる、複数の選択肢の中から複数を選ぶ方法もある。

❸順位法

　回答者の判断で選択肢に順位をつける回答法である。全ての選択肢に順位をつける「完全順位法」、また上位の指定された数だけ順位をつける「部分順位法」がある。順位法は回答者の負担が大きいため、選択肢の数や設問文章等、回答者が回答しやすいよう工夫する必要がある。

❹評定尺度法

　調査対象者の意識や態度について、一定の間隔尺度で設定された選択肢の中からあてはまる1つを選択する方法である。質問紙調査では最も多く使用される方法であり、「とてもそう思う・そう思う・どちらともいえない・そう思わない・まったくそう思わない」のように肯定的反応から否定的反応までを順序立てて選択肢を設定する。選択肢は少ない方が回答者にとっては答えやすいが、選択肢が多い方が回答が分かれやすいため、統計処理には向いている[6]。しかし、Chang[7]は選択肢数に関して、4段階(4件法)と6段階(6件法)で比較して、選択肢数を増やすことが、回答の信頼性の向上につながらないことを示している。実際には5段階(5件法)や7段階(7件法)の尺度が使用されることが多い。

3) 質問項目作成上の注意事項

❶ダブルバーレルを含んでいないか

　ダブルバーレルとは、質問項目に、2つ以上の価値判断を問う内容が含まれている質問項目のことである。例えば「あなたにとって家族や友人は大切ですか」という質問には、家族に対する意識と、友人に対する意識を聞いていることになる。家族と友人に対する意識が異なっている場合は一律に回答できなくなってしまう。質問項目はできるだけシンプルに1つのことだけを質問するものでなければならない。

❷わかりやすい文章で

　専門用語や流行語など一部の集団が使用している言葉は避け、一般的に使用されている言葉を使用する。また、例えば質問したい内容が同じでも、対象が小学生と大学生では文章を変える必要がある。調査対象者の年齢や属性を考慮して、理解しやすい文章を用いて質問項目を作成する。また「○○について賛成ではないですか？」のように否定か肯定かの理解が難しい文章は避ける。否定形の文章はなるべく使用しない方がよい。

❸回答を誘導しない

　例えば、「よい保健の授業を行うために、話し合いを用いた授業を実施したことがありますか」という質問だと、調査実施者の価値観として「話し合いを用いた授業がよい授業である」ということを暗に示しており、回答者は調査実施者がどのような回答を期待しているかを詮索でき、回答に影響を与えてしまう。回答者の判断を暗に誘導してしまう文章は避けなければならない。

❹キャリーオーバー効果を避ける

　例えば、以下のような質問があったとしたら、質問2は質問1の影響を受け

ると考えられる。質問1と質問2の順番を入れ替えると結果が異なってしまう可能性がある。こういった効果をキャリーオーバー効果といい、避けなければならない。

質問1「有酸素運動は健康維持のために必要であると思いますか」
質問2「普段運動をしますか」

4●調査対象者の設定

例えばあなたが、日本の大学生の何らかの意識調査をしたい場合、母集団とは「日本人の大学生全員」になる。これらの母集団を構成している全員に対して行うのを全数調査という。しかし、実際に日本の大学生全員に調査をすることは不可能なため、様々な方法で、標本と呼ばれる何名かを選び（＝サンプリング）、調査を行う。サンプリングの方法は大きく分けて2つある。

1) 有意抽出法

一つは有意抽出と呼ばれる方法で、母集団を代表すると思われる標本を実施者の判断で抽出したり、調査実施者がある集団に呼びかけてその呼びかけに応じてくれた対象者を調査したりする。しかし、調査をする際に、実施者は当然調査しやすい人を調査対象に選定するものである。例えば調査実施者自身が大学生であった場合は、自分が所属する学部や学科や、部活動・サークルの学生を対象に選ぶかもしれない。また呼びかけに応じてくれた対象者も、もともと意欲的な対象者であると考えられる。それらの結果からは、一般的な大学生の調査結果ではなく、ある特定の学生に限定され偏った（バイアスのかかった）結果が表出されることになる。

2) 無作為抽出法

もう一つは、無作為抽出と呼ばれる方法で、調査対象者を無作為に選定する。無作為といってもデタラメに標本を抽出するものではなく、それぞれ一定のルールに則って抽出される。標本調査を行う場合は、実施者の恣意的な意図をいっさい含まない無作為抽出を用いることが、研究の信頼性を担保する最も有効的な方法であろう。無作為の標本の選び方としては次のような方法がある。

❶単純無作為抽出法

ナンバリングされた母集団から、乱数表などを用いてランダムに標本を抽出する方法。ランダム性が保証された、最も基本的な抽出法方法である。

❷系統抽出法

　ナンバリングされた母集団の中から、最初の標本のみ無作為に抽出し、そこから等間隔で標本を抽出する。例えば1000人の中から100人選ぶ場合に、最初に6番目の人を抽出したら、それ以降は16、26、36、……206、216と抽出していく。

❸層化抽出法

　母集団を何らかの特性に応じて分類し、その分類された層別に標本を抽出する。例えば、大学生という母集団を1年、2年、3年、4年と学年別に分類し、それぞれから一定数の標本を抽出する。その際には、母集団のそれぞれの学年別の層の比率に比例させた数の標本を抽出する必要がある。

5●質問紙の配布、回収

　質問紙を作成したら、配布・回収を行う方法はいくつかあるが、その方法によって、配布から回収までの期間の設定や回収率、また回答内容の信頼性などにも違いが現れる。

❶郵送調査法

　調査対象者に郵送にて、調査票を配布し回収する方法である。広範囲の対象者に質問紙を配布できるが回収率は低くなる。調査目的や内容を紙面にて説明するため、誤回答を招く可能性もある。時間や費用は少なくてすむため、質問紙法では広く行われている方法である。

❷集合調査法

　調査対象者を一定の場所に集め、その場で配布、回答、回収を行う方法である。同時に大勢の回答を得られるため、回収率は高く効率的に調査を行うことができる。しかし、回答する場の雰囲気が回答に影響する場合がある。

❸面接調査法

　調査実施者が調査対象者に口頭で、質問項目を読み上げて、その場で調査実施者が記述する方法。調査目的や内容を口頭にて説明することができ、誤回答を防ぐことができる。回収率は高いが、一人ひとりに調査するため時間や手間、費用がかかる。調査実施者に向かって直接回答しづらい質問項目には不向きである。

❹留め置き調査法

　調査対象者に直接、質問紙を渡し、後日再度訪問し、回収する方法。回答者は内容を十分に吟味し、時間をかけて回答することができるため、正確なデータを得ることができる。また回収率も高い。

❺電話調査法

　調査対象者に直接訪問することなく、電話で質問し回答を得る方法である。直接出向いたりする手間が省け、費用がかからず、回収率もよく、広範囲のデータを得ることができる。

❻インターネット調査法

　現在インターネットの年齢階層別普及率は13歳から59歳までの各階層で90％を超えている[8]。これらの現状を踏まえ国勢調査でもインターネットを取り入れた調査が導入されている。この調査方法はWeb上に設定された質問項目に対して、Web上で入力し回答するため、質問紙を配布したり、データ入力を行う工程を大幅に削減することができる。また、「問2で『いいえ』と回答した人は、問5に進んでください」といった煩わしい回答手順も解消でき、回答者の負担を軽減することができる。実施者と回答者の利便性に長けていることが最大の利点であるが、当然、調査対象がインターネット利用者に限られてしまうことは考慮して実施しなければならない。

6●調査票の作成

❶フェイスシート

　質問票は通常、フェイスシートと呼ばれる表紙をつける。フェイスシートには表1のような事項を記載する。⑦は調査項目の全ての回答が終了した後に回答してもらう場合もある。

❷調査項目

　質問項目の最初に回答方法などの説明をする。回答方法の例を示すのもよいだろう。質問事項が質問票の数頁にわたる場合はそれぞれのページで次頁に続く旨の説明を入れると記入漏れを防ぐことができる。また、質問票の全体のレイアウトは回答意欲にも関わるため非常に重要である。字が見えづらかったり、質問項目数が多すぎたりしないよう心がけ、回答者が気持ちよく回答できる質問票を作成する。

　質問項目の順序も重要であり、基本的には全体的な内容から、細かい部分的な内容の質問の順番で並べる。関連した質問項目はまとめておいた方が、内容を思い出しやすく、回答もしやすい。また調査に重要な質問項目は回答に慣れてきた中程に置くのがよいだろう。

表1　フェイスシートの必要事項と記載例

①タイトル　　②調査実施日　　③調査実施者の氏名、連絡先など　　④調査目的・内容の説明
⑤調査データの活用方法　　⑥プライバシー保護の説明　　⑦回答者の年齢や性別、所属など人口統計的変数

〇〇年〇月〇日

〇〇についての大学生の意識調査のお願い

　　本調査は大学生の〇〇についての意見を調べるためのものです。これらの回答が成績などに影響することはありませんし、回答は統計的に処理し個人が特定されることは決してありませんので、ありのままにお答えください。調査について倫理規程に則って実施し、個人情報保護に配慮しデータを扱います。
　　調査結果についてお知りになりたい方、ご質問がございましたら下記の連絡先にお問い合わせください。

ご記入にあたってのお願い
・質問項目は全部で〇〇です。
・最後までお読みになり、記入漏れがないかご確認ください。
・回答の途中で気分が悪くなったり、回答ができなくなくなった場合は直ちに中止してください。

連絡先
研究代表者：〇〇大学〇〇研究科〇年
　　　　　　〇〇 〇〇
　　　　　　〒〇〇〇-〇〇〇〇
　　　　　　神奈川県〇〇市〇〇〇〇
　　　　　　e-mail 〇〇〇〇〇@〇〇〇〇〇

以下についてお答えください
　　所属大学　（　私立大学　　国公立大学　）
　　学部学科　（　理系　　文系　）
　　学　　年　（　1年　2年　3年　4年　それ以上　）
　　年　　齢　（　　　　）歳
　　性　　別　（　男性　　女性　　それ以外　）

7●調査実施時の留意点

❶予備調査の必要性

　質問票が完成したら、本調査を実施する前に予備調査を実施する。特に新たな質問票を作成した場合には、誤字脱字等を含め、選択肢の不明な箇所や答えにくい項目がないか、調査項目が多すぎないかなどを検証する。本調査での調査対象者と同じ属性の人達、少人数に回答してもらうとよいだろ。しかし、予

備調査の対象者は、本調査の対象者とは別に抽出しなければならない。

❷調査実施計画の作成

調査を実施する上で、必要な調査員の数、調査時期から論文作成の日程・時期、費用の概算等の実施計画を立てる。また調査に必要な備品等の確認も必要である。調査を依頼するのであれば依頼状が必要であるし、郵送調査法であれば、封筒や切手の準備や発送作業が必要である。データを分析するためのパソコンの設備や、データ入力を依頼するのであればその業者や人員も確保しなければならない。このように十分な実施計画を練った上で調査を実施することがよい研究につながるのである。

❸調査方法の一貫性

例えば、当初は面接調査法で実施していたにもかかわらず、途中で郵送調査法に変更してしまうようなことはあってはならない。また複数の調査実施者がいた場合、調査対象者への説明の内容が変わってしまったり、各調査実施者独自の解釈や説明を加えたりしてはならない。調査方法や説明が異なってしまうと、質問項目の解釈が異なってしまったり、調査対象者の回答意欲に影響を及ぼしてしまう可能性がある。回答する環境を統一することにも注意を払わなければならない。同一調査では、できるだけ同じ時期や場所、環境で回答してもらうことが望ましい。

❹個人情報の保護

調査で得られた情報は当然、その研究以外で使用することは許されない。データを分析する際にも、研究協力者や共同研究者以外の者にその情報を漏洩してはならない。郵送調査法の場合、郵送の際の差出人の記載などによって個人が特定される可能性があるので、郵送する封筒の中にさらに無記名の封筒を同封するなどの工夫が必要である。データを入力したパソコンのインターネット接続状況やパスワードの設定、保存データの管理場所の施錠管理等にも十分な注意が必要である。

❺謝辞

調査対象者が質問項目の回答に割いてくれた時間や労力に対して謝意を示さなければならない。質問票の最後に謝意を表す一文を記載することが多いが、調査終了後にお礼状を渡したり、謝礼品を渡す場合もある。謝礼品が高価であるほど質問票の回収率は高くなる。また、調査結果や分析結果をフィードバックすることも謝意を表す一つの方法である[9]。

（藤原昌太）

引用・参考文献

1) 田名場忍「研究タイプによる質問紙調査の質問項目作成について」、『弘前大学教育学部附属教育実践総合センター研究員紀要』5、弘前大学教育学部附属教育実践総合センター、2007.

2) 宮下一博「質問紙による人間理解」、鎌原雅彦・宮下一博・大野木裕明・中澤潤編『心理学マニュアル質問紙法』p. 3、北大路書房、2019.

3) 小塩真司「質問紙の基礎知識」、小塩真司・西口良編『心理学基礎演習 Vol. 2　質問紙調査の手順』p. 6、ナカニシヤ出版、2018.

4) 與儀幸朝他「中学校保健体育科における授業力尺度作成の試み──沖縄県の保健体育教員を対象とした調査から──」、『琉球大学教育学部紀要』79：pp. 279-289、2011.

5) 石井京子「質問紙調査とはどのようにするのか」、石井京子・多尾清子『ナースのための質問紙調査とデータ分析』p. 37、医学書院、2002.

6) 今在慶一朗「質問紙調査法」、高橋順一・渡辺文夫・大渕慶一編著『人間科学研究方ハンドブック（第2版）』p. 172、ナカニシヤ出版、2018.

7) Lei Chang「A Psychometric Evaluation of 4-Point and 6-Point Likert-Type Scales in Relation to Reliability and Validity」『Applied Psychological Measurement』18(3): pp. 205-215, September, 1994.

8) 総務省「通信利用動向調査」（平成30年度調査分）http://www.soumu.go.jp/johotsusintokei/whitepaper/ja/h30/html/nd252120.html

9) 国立教育政策研究所社会教育実践研究センター「第13章　調査実施の基本原則」、『社会教育調査ハンドブック』p. 113、2011.

介入評価研究の方法

1● 保健科教育における介入評価研究とその意義

　保健科教育学の研究方法としては、文献研究、質問紙等を用いた調査研究、比較研究など様々ある中で、教育実践を通じた課題の検討という視点では、特定の教育手法を取り入れた教育プログラムの効果を検証する介入評価研究を行うことが有効な手段の一つである。保健科教育における介入評価の場面としては、児童生徒を対象とした保健授業、教師を対象とした研修、教員養成段階の学生を対象とした講義や演習などが考えられるが、本節では児童生徒を対象とした保健授業での介入評価に着目し、その方法について解説する。

　近年の学校教育では、より効果的で効率的な教育政策・教育実践の推進と、国民への説明責任の観点から、科学的な根拠（エビデンス）を重視した「エビデンスに基づく教育」(Evidence-based Education: EBE) の取組の必要性が指摘されている[1]。保健科教育では、これまでにも指導方法や教材等の工夫に基づく様々な保健授業が提案されてはいるものの、その効果に関するエビデンスを介入評価研究によって報告したものは限られており、一層の推進が求められている。

2● 研究目的の設定と研究仮説の吟味

　介入評価研究を進めるにあたって、まずは研究目的の設定が必要である。保健授業における介入評価の目的は多くの場合、新たな指導方法や教材等を取り入れた授業の有効性の検証となろう。その際に不可欠となるのが、これまでに保健授業を対象に実施された介入評価研究の目的や内容、方法、効果、残された課題等をレビューすることである（文献のレビューの意義や方法については、本章第1節及び第2節を参照されたい）。そうして把握した知見に加え、今日の学校教育で求められる指導事項（学習指導要領に示されている教科としての

保健の目標、内容等）や、これまでの保健授業に見られる学習指導上の課題（知識の詰め込み中心で、主体的に課題に取り組んだり考えを深めたりするような活動が不十分である等）、児童生徒を取り巻く健康・安全上の課題などを勘案しながら、どういった介入評価の実施が保健科教育の発展・充実にとって意義があり、新規性のある取組となるのかを検討することで、研究目的を明確化することが求められる。

　加えて、研究仮説の吟味も必要である。保健授業における介入評価の研究仮説としては、①どのような対象集団（小学生、中学生、高校生等）に対して、②どのような指導方法や教材等に着目した授業を実践すると、③どのような対照集団と比べて、④どのような効果が期待できるのか、の観点での検討が中心となる。この点について、指導教員や研究者仲間、学校現場の教職員等と慎重な吟味を重ね、仮説を洗練化することが重要である。

　研究の目的や仮説の吟味にあたっては、教育方法学や教育工学、保健行動科学などの関連の学問分野で発展した理論やモデルを活用したり参考にしたりすることも有効である。そうした理論やモデルは、相当な思考過程と実践を通じて開発されているため、介入の成功の可能性が高まる。例えば、これまでの保健授業における介入評価研究では、心理社会的スキルの育成などのスキル教育の理論[2)3)]、ヘルスリテラシーの育成に関する理論[4)]、ヘルス・ビリーフ・モデルの主要概念[5)]、マルチメディア教育の理論[6)7)]などを取り入れた授業の有効性が報告されている。また、教科教育学としての位置付けを踏まえるならば、保健以外の教科等で開発された優れた指導方法や教材等を保健授業に適用し、その効果を検証する[8)]という取組も有意義である。

3●研究デザインの設計と実施

1) 介入のデザインの決定

❶介入前後比較試験

　介入の効果を評価する指標について介入の前後で同じ測定を行い、介入前後での変化を検討するデザインである（図1）。介入前後の測定値に統計的な有意差があれば、それが偶然に生じた可能性は低いと考えられるため、介入は有効であったと解釈するものである。例えば、感染症の予防をテーマとして、情報通信技術（ICT）の積極的な活用によって生徒の理解を促すことを目的とした保健授業（介入）を実施した場合、感染症の原因や予防法についての同一の知識テストを介入の前後で実施し、その正答率や得点に統計学的に有意な上昇

図1　介入前後比較試験

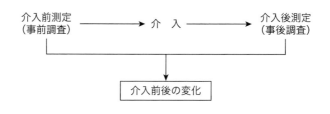

（文献9）の図を一部改変）

が認められれば、介入の効果があったことが示唆される。

　介入前後の測定値の比較のための統計手法としては、割合（比率）の比較で
あればマクネマー検定、平均得点の比較であれば対応のある t 検定（正規分布
を仮定できない場合はウィルコクソンの符号順位検定で中央値の比較）などが
主に用いられる。なお、これらの検定を用いる上では、介入前後の測定値が個
人レベルで対応していることが条件であるため、対象者にID番号を付すなど
して2回の測定を対応させることが必要である。

　介入前後比較試験は、介入の効果を検証する上での基本的なデザインであり、
比較的容易に実施できるという利点がある反面、弱点も見られる。一つは、介
入の前後の測定のみでは介入効果の持続性の把握が限定的となることが挙げら
れる。特に介入の直後に測定をする場合は、記憶の影響などから介入の効果が
示されやすく、効果を過大評価してしまう可能性がある。保健授業で育成が求
められる児童生徒の学力については、当然ながらその習熟や定着が求められる
ため、授業の前後に加えて3ヶ月後、6ヶ月後などの追跡の測定を行うことで、
中長期的な効果を検証することも望まれる。もう一つは、介入を実施した対象
集団において示された効果のみでは、その介入の独自の効果とはいい切れない
ことが挙げられる。前述の感染症予防に関する保健授業の例では、情報通信技
術を用いない講義中心の授業を実施したとしても、同様の介入の効果が示され
る可能性がある。この限界に対処するデザインとして、次に説明する対照群付
き介入前後比較試験がある。

❷対照群付き介入前後比較試験（無作為化比較試験、非無作為化比較試験）

　介入前後比較試験（実験群）に、その比較対象（対照群）を加え、両群の介
入前後による効果を比較するデザインのことである（図2）。実験群による介
入前後の測定値の変化が、対照群の変化よりも統計学的に有意に大きい（小さ

い）場合、実験群への介入は有効であったと解釈するものである。前述の感染症予防に関する保健授業の例では、情報通信技術の積極的な活用による保健授業を実験群、情報通信機器を用いない講義中心の保健授業を対照群とし、実験群の介入前後での評価指標の測定値（感染症に関する知識得点など）の上昇量が、対照群のそれに比して有意に大きかった場合、介入の効果があったことが示唆される。このように対照群を設定することによって、介入効果についての信頼度を大きく高めることができる。

　本デザインを採用する場合の統計手法は、実験群と対照群それぞれの介入前後の評価指標の変化量の平均値を比較する方法として、対応のない t 検定（正規分布を仮定できない場合はマン・ホイットニー検定で中央値の比較）が主に用いられる。また、両群における介入前後での評価指標の平均値の比較について、繰り返しのある二元配置分散分析を行い、群の要因（実験群、対照群）と測定時期の要因（介入前、介入後）での交互作用の有無を検討する方法が用いられることもある。

　対照群付き介入前後比較試験については、対象者の実験群と対照群への割付が無作為（ランダム）に行われている場合を無作為化比較試験（Randomized Controlled Trial: RCT）、無作為でない場合を非無作為化比較試験（Non-Randomized Controlled Trial: NRCT）と呼ぶ。RCTでは、実験群、対照群への割付において、介入の効果に影響を与え得る交絡要因（性別、パーソナリティ特性、生活習慣など）を偶然の場合を除いて統制できるため、介入効果について交絡要因の影響がほとんどないものとして解釈することが可能になる。よって、

図2　対照群付き介入前後比較試験

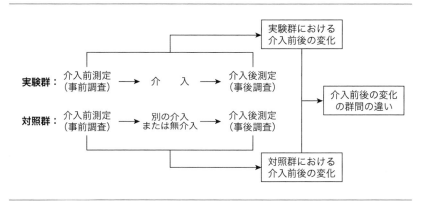

（文献9）の図を一部改変）

RCTで得られたエビデンスは、介入前後比較試験やNRCTで得られるエビデンスよりも質が高いものとして位置付けられている。

　一方で、学校現場において児童生徒を個人単位で無作為に実験群と対照群に割り付けて授業を実施することは現実的でない。そのため、学校単位やクラス単位で無作為割付を行うクラスター無作為割付という方法が用いられることもある。ただし、この場合でも、地域性、学校規模、学科、男女比などの交絡要因の影響を完全に制御することは難しい。こうした点を考慮するならば、まずは「よく吟味された」介入前後比較試験やNRCTによる介入研究を確実に実施し、各研究デザインの限界を踏まえた上で、得られた介入の効果と課題を公表し蓄積していくことが求められよう。その上で、研究費や協力校等の条件が整った際には、学校単位やクラス単位でのクラスター無作為割付による介入研究に積極的に挑んでいくことが望まれる。

2) 評価指標と評価方法の決定

　介入の効果を評価するためには、研究の目的や仮説に対応しながら複数の評価指標を用いることが有効である。前述の情報通信技術を活用した感染症予防の保健授業の例であれば、感染症の原因や予防についての知識を測定して学習内容の理解度への効果を評価するのとあわせて、学習内容に対する意識や態度（例：様々な感染症の感染経路について調べてみたい、地域の人々の健康を守る上で個人が行う感染症の予防は重要だ）や自己効力感（例：感染症を適切に予防する自信がある）なども測定し、意識及び態度の変容や実践につながる能力の向上への効果を評価することも考えられよう。このように介入前後での評価指標の測定値の変化によって、授業（介入）がどの程度効果があったのかを把握する評価のことを「インパクト（影響）評価」と呼ぶ。

　他方で、研究の目的や仮説に基づいて構想した授業（介入）がその開始から終了までの間、計画通りに実施されているのかを確認する評価として「プロセス（過程）評価」がある。例えば、教室内の前方と後方にそれぞれビデオカメラを設置して授業時の教師及び児童生徒の様子を撮影し、適切に実施されたのかを確認したり、授業後の質問紙調査によって児童生徒に授業への取り組み状況や充実度について自己評価させたりするなどの方法が用いられる。また、授業に取り入れたグループワークなどの学習活動の取組状況について、児童生徒のワークシートの記述や発話の内容等を記録して分析することもある。

　こうしたプロセス評価とインパクト評価を組み合わせて適切に実施することによって、得られた授業（介入）効果の信頼度が高まり、より客観的な解釈が

可能となる。さらに、教育課程に位置付く保健授業のインパクト評価やプロセス評価では、2017・2018年改訂の学習指導要領において示された育成すべき3つの資質・能力「知識及び技能」「思考力、判断力、表現力等」「学びに向かう力、人間性等」を意識した評価を行うことも念頭に置きたい。なお、「思考力、判断力、表現力等」については、正誤問題（真偽法）や評定法等を用いた評価では限界がある。思考力や表現力の評価方法として近年注目されているパフォーマンス評価[10] などを参考にしながら評価方法を工夫することも今後期待される。

4●介入評価研究の留意点と今後の課題

　最後に、保健授業における介入評価研究を有意義なものとする上で、特に留意が必要な事項と今後の課題について述べる。

　留意事項の1点目として、介入内容の学校現場への適用性を意識することである。保健授業における介入評価研究の最終的な目標は、効果的な教育手法等を学校現場に適用し普及させることにある。新規性のある教育手法を開発したとしても、高額な費用がかかったり、授業担当者に過度の負担が求められたりする場合、学校現場での普及の可能性は低いものとなる。保健授業を取り巻く児童生徒及び担当教員の現状、教材や教具などの条件等を十分に踏まえた介入の実践が必要である。

　2点目は、介入効果の適切な評価を阻害する要因をできる限り取り除くことである。例えば、学校内で対照群付き介入前後比較試験を実施する場合、休み時間や課外活動などでのクラスを超えた児童生徒の交流によって、実験群クラスの介入内容が対照群クラスの児童生徒に伝わる「介入の拡散」が生じ得る。これを防ぐためには、従来型の授業を行う対照群クラスへの介入を実施した後に、新たな指導方法等を取り入れる実験群クラスへの介入を実施するなどの工夫が必要であろう。また、授業の担当教師の好ましくない意識や態度（実験群は積極的に、対照群は消極的に実施するなど）も、介入効果の客観性を損なわせる。担当教師との事前の打ち合わせにおいて、授業実施時の心構えについて理解を促すなどの措置も必要である。

　今後の課題としては、児童生徒の特性に応じた介入効果の探求の必要性を挙げておきたい。保健授業における介入はクラス単位で実施されるが、同じクラス内でも児童生徒における学習内容に対する興味・関心、レディネス等は多様である。そうした状況を踏まえた評価を工夫することも今後求められよう。例

えば、Nozuらが実施した高校生対象の薬物乱用防止教育プログラムの介入評価研究では、介入前の調査時に薬物乱用に対して肯定的な意見を持っていた生徒を高リスク群、否定的な意見を持っていた生徒を低リスク群として各々の介入効果を評価し、高リスク群の生徒の方が薬物乱用に関する知識や態度への効果がより長期的に示されたこと[11]を報告している。こうした児童生徒のカテゴリー化による評価や、介入において鍵となる特定の児童生徒に着目した評価なども必要に応じて実施することで、クラス全体での評価では見えづらかった介入の効果が可視化され、貴重な知見が得られることも考えられる。

（久保元芳）

文献

1) 大槻達也・惣脇宏・豊浩子他『教育研究とエビデンス：国際的動向と日本の現状と課題』pp. 1-376、明石書店、2012.

2) 佐久間浩美・高橋浩之・山口知子「認知的スキルを育成する性教育指導法の実践と評価：性教育における自己管理スキルの活用」、『学校保健研究』48(6)：pp. 508-520、日本学校保健学会、2007.

3) 西岡伸紀・川畑徹朗・皆川興栄他「小学校高学年を対象とした喫煙防止教育の短期的効果：準実験デザインによる2年間の介入研究」、『日本公衆衛生雑誌』43(6)：pp. 434-445、日本公衆衛生学会、1996.

4) 山本浩二・渡邉正樹「健康情報リテラシーを育てる中学校保健授業の効果に関する縦断的研究：健康情報の批判的思考尺度得点の推移分析」、『日本教科教育学会誌』40(1)：pp. 27-34、日本教科教育学会、2017.

5) 佐見由紀子・植田誠治「市販薬の使用における副作用の『罹患性』の自覚を高める保健の授業」、『日本健康教育学会誌』25(4)：pp. 269-279、日本健康教育学会、2017.

6) 國土将平・松本健治・大塚美由紀・大澤清二「中学校におけるマルチメディア教材を利用したAIDS教育の実践的研究 (1)知識に関する学習効果について」、『学校保健研究』41(5)：pp. 438-457、日本学校保健学会、1999.

7) 小磯透・小山浩・中村なおみ他「中学校保健におけるエイズの授業の実践研究：マルチメディア(CD-ROM)を用いた授業とVTRを用いた授業における意識・態度に関する教育効果の比較」、『学校保健研究』44(5)：pp. 456-467、2002.

8) 久保元芳・中川博厚「ピア・インストラクションを取り入れた中学校の保健授業の試み―応急手当の意義と手順をテーマとして―」、『北関東体育学研究』1：pp. 11-19、北関東体育学会、2016.

9) Mitchell H. Katz(木原雅子・木原正博訳)『医学的介入の研究デザインと統計：ランダム化／非ランダム化研究から傾向スコア、操作変数法まで』pp. 1-13、メディカル・サイエンス・インターナショナル、2013.

10) 田中耕治『パフォーマンス評価―思考力・判断力・表現力を育む授業づくり―』pp. 1-211、ぎょうせい、2011.

11) Nozu, Y., Watanabe, M., Kubo, M. et al. "Effectiveness of drug abuse prevention program focusing on social influences among high school students: 15-month follow-up study", Environmental Health and Preventive Medicine 11(2): pp. 75-81, The Japanese Society for Hygine, 2006.

第1章 5

保健科教育における比較研究の方法

1●比較研究の可能性

　保健科教育の比較研究が、学問的研究として有効に行われるためには、一般に、次の3つの条件が必要となる。一つ目は、2つ以上の事象が存在することであり、二つ目に、それらが共通の基盤の上に立っていることであり、三つ目に、それぞれが相異なった特質を持っているということである。では、保健科教育は、これら3条件を具備しているだろうか。

　第一の条件は、健康に関する教育が、教科以外にも多様な形態で実施されて存在しているということである。例えば、国別で見た健康に関連する教科等の教育課程の位置付けには、4つの類型を見出すことができる。一つ目は、「保健科」という独立した教科形態をとっている国である。フィンランドの中等教育（必修）や、シンガポールの初等教育（Health Educationは必修であったが、2014年以降の教育課程改革で他教科に統合されて廃止[1]）、アイルランドの初等教育（必修：SPHE：Social, Personal and Health Education[2]）では、独立した教科となっている。二つ目は、日本と同じように「体育科」との合科形態をとっている国である。台湾や韓国がこれに該当する。三つ目は、関連教科や特別活動の中で実施する形態をとっている国である。ドイツ、フランス、イギリス（PSHE：Personal, Social and Health Education、特別活動）、アイルランドの中等教育（選択：前期中等教育のSPHE、特別活動：後期中等教育のSPHE）がこれに該当する。四つ目に、国内で多様な形態を採用している国である。アメリカや中国、オーストラリアがこれに該当する。

　第二の条件は、教科の基盤には、それぞれの学問が存在しているということである。保健科教育には、教育学（Pedagogy）や、医学（Medical Science）、保健科学（Health Science）などが存在し、これらの学問は、各国においてそれぞれ異なるものではなく、万国に共通した普遍的妥当性を持っている。このことが、保健科教育の比較研究において確固たる共通の基盤を提供している。

　第三の条件は、保健科の教育課程の位置付けや性格に大きな差異を生じさせる因子のことである。因子には、文化、社会、経済、価値観の問題などが挙げられ、それぞれの国が持つ特色がはっきりと反映されるものであり、各国の保健科教育の特色に影響を及ぼしてくる。

　このように見てくると、保健科教育は、比較教育研究の対象足り得る十分条件を備えているということができる。例えば、日本のエイズ・ウイルスとフィンランドのエイズ・ウイルスの学問の比較はほとんど意味を持たないが、日本の保健科教育におけるエイズ教育とフィンランドの保健科教育におけるエイズ教育の比較研究は、十分に立派な研究テーマとなり得るものであるし、また、大きな研究成果が期待され得るものであろう。

2●比較研究の分析の特色

　比較研究法が科学的研究の一つの研究法である限り、それが原理や法則の把握を目指していることは自明のことである。比較法が、何らかの意味において特殊な事例から出発して、原理や法則の方向を目指すものである限り、これは帰納法の研究の一種ということができる。ところが、保健科教育の研究分野は、研究しようとする事象が極めて複雑であるために、自然科学の分野とは異なり、確固たる原理や原則が必ず把握できるような簡単なものではない。したがって、保健科教育の比較研究の目指すところは、抽象的な一般的な原理や原則の把握ではなく、具体的一般としての類型の把握に終わるのが普通である。それでも、このような類型は、少なくともこれによって複雑な事象を整理して、その理解を容易ならしめることが可能となる。

　比較研究法に基づく保健科教育の研究は、純粋に学究的な立場からの関心に基づくものであるが、一般的には、自国の保健科教育の性格を説明や解釈すると同時に、自国の保健科教育の改善に資することを意図したものとなるべきである。他国の保健科教育と比較することによって、自国の保健科教育の特質を明らかにすると同時に、その長短を知ることができれば、自国の保健科教育改善の方策に役立てることができる。そのために、進歩した他国の保健科教育そのものを研究するだけではなく、発展途上の他国の保健科教育を研究することも、極めて大切な意義があるものとなる。なぜなら、各国が今到達している保健科教育の形態や内容の実態よりも、むしろ、そうした保健科教育を生んでいる背景の検討こそが重要であり、そうした背景との関連を検討することを通してこそ、保健科教育の本質が把握されなければならないのである。そして、保

健科とはどういう教科であるかという本質的な構造が明らかにされてこそ、はじめて保健科教育の改善の指針が得られるであろう。

さらに、各国の保健科教育の教育課程上の位置付けは、それぞれの国の健康についての考え方の一種の表現であって、それぞれ独自の歴史や伝統の所産として生まれてきたものであるから、保健科教育に関する比較研究は、教育制度を背景とした単なる現状の比較だけでは不十分であり、その国の現在の保健科教育を生み育ててきた背景としての歴史的研究は、その必須の前提となるであろう。

3●比較研究の留意点

以上を考慮すると、次の諸点が指摘できる。

❶研究方法の性格の明確化

学問の進歩とともに、方法論も進歩しているが、ある未知の領域の開拓にあたっては、これが必ず成功に導く有効な定石が存在するわけではない。親学問には比較教育学の方法論に関する研究は数多くあるが、まだ十分に確立されたものとはいい難い[3)-7)]。

❷比較の枠組みとしての教育制度の研究

2つ、あるいはそれ以上の国に関する材料を比較する必要がある。その際の枠組みとしては、教育制度の研究が前提となる。特に「国内で多様な形態を採用している国」を比較対象とする場合の枠組みを欠いた比較分析の結果は、非現実的なものとなり、一般性を持った結論とはならないであろう。

❸歴史的観点からの検討の必要性

保健科教育の比較研究は、ただ現状だけを切り離して行うべきではなく、歴史的観点を見失ってはならない。比較教育におけるどんな問題も、歴史的な視点を必要としており、保健科教育に関する比較研究においても、この歴史的側面を無視することは、愚かなことである。

❹社会との関連での検討

保健科教育の比較研究から得られた資料が持つさらに広い意味を、社会全体の視点から探し求めなければならない。社会の持つ健康の哲学までに視野を拡大しない限り、どのような比較研究もその価値が色あせてしまう。

❺カンファレンスの必要性

得られた結果が独善的な内容とならないよう、対象とする国の保健科教育の専門家とのカンファレンスも忘れてはならない。その国の研究論文や資料だけ

からでは得られない、または、それらを補強する経緯や事実が得られることにもなる。

4●比較のための分析単位

　基本的な分析単位としては、かつては国家が想定されることが主流であったが、近年はトランスナショナルな（国境を越えた）空間が意識される一方で、地方行政区、個別の学校や学級、さらにはある個々人（教師、研究者、行政官）までを含み込む多元的な分析単位が提唱されるようになっている。

　保健科教育の比較研究は、緒に就いたばかりであり、何を比較するかによって、自ずとその内容は決まってくる。もし、ある特定の国を研究の対象とするのなら、以下に箇条書きしたような内容から、何を明らかにし、何は明らかにできないか、分析単位の関係性を示しながら研究することが望ましいだろう。

(1)教育制度
　①教育政策（集権型、分権型、混合型など）
　②教員養成制度（師範学校の閉鎖型、専門大学の開放型など）
　③担当者（専科、保健体育科、学級担任、他教科教師など）
　④教育課程（位置付け、目標及び内容構造、指導の留意点、評価の考え方、発展的内容の指導、背景にある指導理論や学力像など）

(2)担当者養成機関
　①基礎情報（定員、教科教育担当者、卒業生の進路先など）
　②養成カリキュラム（内容構成、専門科目、必修・選択必修・選択・自由科目、単位数など）
　③教育実習（実習期間、実習内容、単位数、教科担当教師や大学の教科教育担当教員の関わりなど）
　④研究授業（授業回数、指導案の内容・構成など）

(3)教育現場（学校や学級）
　①基礎情報（生徒数、教員数、時数・単位数、担当者数など）
　②授業（年間指導計画、単元構成・ねらい、教師の授業観・生徒観・指導観など）
　③教材・教具（領域と教材、素材の入手方法や作成法など）
　④教科書、指導書

(4)教師の成長（採用・研修制度など）や専門家集団（学会など）の存在や研究内容

(5)保健科教育の歴史
(6)その国の特徴や健康の哲学、原理・原則など
(7)日本への示唆・影響度など

5●比較研究のための研究計画

　充実した比較研究を行うために対象国を決めたら、その国のどの範囲の分析単位を明らかにするのかの研究計画を立てる。分析単位は、はじめは狭かったとしても、徐々に広げていければよい。

　健康に関する教育の「ある国」が見つかり、対象国が決まったら、そこからインターネットを使った情報の収集（文部科学省・外務省ウェブサイト、在日大使館・協会、その国の教育省）を始めよう。関連するその国の教育制度や、その国の保健科教育に関わる先行文献の収集も忘れてはならない。現地に行く場合は資金計画も立てよう。対象国の基本情報（外務省、教育制度、政治体制）を得る。英語は必須だが、より詳しく知るには対象国の言語の習得（語学学校での学習、教科書・参考書・辞書）が必要になってくる。当初は、翻訳ソフトなどを駆使し、おおよその見当をつけてから、あわせて辞書を活用する。翻訳ソフトはまだまだ誤訳が多い。もし、その国の出身の留学生が近くにいたら、積極的に話しかけて、保健科教育に関する情報を得よう。ただし、ほとんどの場合は、その留学生の体験的な情報しか得ることはできない。鵜呑みにすることは危険である。確認の作業も必要となってくる。そして、何よりも安全に（現地に行く場合の安全情報は、外務省安全情報を得て）、楽しく比較研究を行いたいものである。

（小浜　明）

引用・参考文献

1)　小浜明「諸外国の保健教育」（日本保健科教育学会編『保健科教育学入門』pp. 29-36、大修館書店、2017）では、"Health Education Syllabus for Primary Level 2007"を参考にしたが、その後、シンガポールではカリキュラムに大きな改革があった。
2)　小浜明「アイルランドにおけるSPHEのカリキュラム」日本体育学会第69回大会（徳島大学）、2018.
3)　市川昭午「比較教育再考」、『日本比較教育学会紀要』16：pp. 5-17、1990.
4)　二宮皓「学校に関する比較教育学的研究」、『教育学研究』58(3)：pp. 235-244、1991.
5)　佐々木毅「比較教育学の理論と方法」、『比較教育学研究』20：pp. 7-14、1994.
6)　木村力雄・宮腰英一「教育の並置比較」、『比較教育学研究』20：pp. 26-33、1994.
7)　鈴木俊之「比較教育学における比較の意味について─比較政治学を参考に─」、『総合文化研究所年報』25：pp. 33-46、2017.

統計分析の基礎

　研究は、その目的及び仮説の設定から始まり、仮説を証明するために必要な
データの測定、統計分析、結果の解釈を経て、結論を導き出す。統計分析は研
究過程の一部に過ぎないが、正しい結論を導くために極めて重要な役割を担う。
特に初学者にとって難しいことは、統計的仮説検定を理解することと、正しい
分析手法を選択することである。本節ではこの2点を中心に具体例を挙げなが
ら統計分析の基礎知識を解説する。

1●データを分析する前に

1) データセットへの入力

　データとは、研究の仮説を証明するための分析に必要な資料や情報のことで
あり、数値や文字として取得されることが多い。どのようなデータであっても、
分析を行う前にデータセットと呼ばれる行列によって整理される。例えば、図

図1　保健授業に関するアンケート

【保健授業に関するアンケート】

＿＿＿年＿＿＿組＿＿＿番　氏名＿＿＿＿＿＿＿＿＿

各質問に対する答えを、次の1～4の中から選んでください。

1　とてもあてはまる　　　2　ややあてはまる　　　3　あまりあてはまらない　　　4　まったくあてはまらない

Q1　保健の授業が好きである　　＿＿＿＿＿　　　　　　　Q2　保健の授業は楽しい　　＿＿＿＿＿
Q3　今学期の保健授業の感想を書いてください。

図2　Excelに入力されたデータセット（6人目から61人目までは非表示）

	A	B	C	D	E	F	G	H
1	学年	組	番号	氏名	Q1	Q2	Q3	試験点数
2	1	A	1	阿部	1	2	僕はまだ成長期のピーク	87
3	1	A	2	井田	2	2	性への関心について恥ず	68
4	1	A	3	内田	2	1	先生の話し方が面白くて	71
5	1	A	4	遠藤	3	3	生殖機能など、授業内容	64
62	2	B	29	山田	3	3	身体の発達について深く	54
63	2	B	30	山本	2	1	先生の配布資料が分かり	77
64	2	B	31	米田	1	1	とくにありません。	69
65	2	B	32	渡辺	2	1	試験が難しかったです。	55

行（個人）

列（変数）

　1のアンケートと保健の試験の点数のデータがあった場合、データセットは図2のようになる。なお、データセットは行が個人を示し、列が変数を示す構造になっている。変数とは、質問項目のことと考えてよい。

2）データクリーニング

　データクリーニングは、データセットの中に外れ値がないかを確認する作業である。外れ値とは、極端に大きいまたは小さい値や、集団の分布からかけ離

図3　外れ値が平均値に影響を与える例

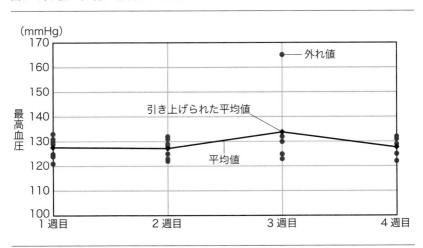

れた値のことをいう。例えば毎日血圧を測定し、1週間ごとに平均値を求めたとする（図3）。機械の異常や入力ミスによる外れ値があると、平均値を引き上げたり（引き下げたり）してしまい、誤った分析結果や解釈を導いてしまう原因となる。

外れ値かどうかを判断する方法は、主観に依存してはいけない。関連する先行研究の知見を頼りにしたり、統計的に判断したりする必要がある。後者の場合は、ヒストグラムやQ-Qプロット、箱ひげ図を描いて視覚的な判断材料を得る、標準偏差の3倍を基準にする、スミルノフ・グラブス検定を行うなどして外れ値を除外する。

3）変数の尺度を確認する

統計学で扱われる変数は、その値が持つ意味合いによって尺度が異なっている。例えば、温度、順位、所属の変数が、それぞれ1、2、3の値を持つとする。

1度と2度の差は1度であり、2度と3度の差も1度であるため、温度は値と値の間が等間隔の尺度である。順位は引き算をすれば、1位と2位の差も、2位と3位の差も1であるが、実質的な差はそうではない。例えば試験の点数における順位であれば、1位と2位が4点差で、2位と3位が7点差かもしれない。つまり順序性は保っているものの、値と値の間の実質的価値は等間隔ではない。所属は温度や順位とまったく性質が異なる。1班×2班でかけ算をしたとしても何の意味もないように、そもそも四則演算をすることができず、質的な情報しか持たないのである。このように、変数にはその値が持つ意味によって異なる尺度に分類されており、今回の例では、温度は間隔尺度、順位は順序尺度、所属は名義尺度と呼ばれる。

間隔尺度と近い性質を持ち、間隔尺度より情報量が多い比率尺度というものがある。比率尺度は原点ゼロが無であり、数値の差（大小関係）だけでなく比にも意味を持つ尺度である。例えば長さを考えてみると、0cmは長さが「ない」ことを意味し、20cmは10cmの2倍であるといえる。一方、前述の例で挙げた温度は間隔尺度であって比率尺度ではない。なぜなら、0度であっても温度

表1　変数の尺度

温度	順位	所属
1度	1位	1班
2度	2位	2班
3度	3位	3班

がないわけではないからである。すなわち、20度は10度の2倍とはいえないのである。

　4つの尺度は、量的変数と質的変数に分類される。前者は比率尺度と間隔尺度であって数量としての意味を持つ。後者は順序尺度と名義尺度であって数量としての意味を持たない。統計的な分析手法には様々なものがあるが、尺度に応じて適切な分析手法を選択しなければならない。基本的に、量的変数は階級化[*1]などによって数量としての情報を破棄すれば、質的な分析手法を適用することができる。しかし、逆に質的変数に量的な分析手法を適用することはできない。

2●記述統計と推測統計

　統計学は、記述統計と推測統計に大別される。前者は代表値や単純集計のように、得られたデータそのものの性質について記述することであり、後者は得られたデータ（標本）から全体（母集団）の性質を確率統計的に推測する。例えば、中学校の保健授業の学習効果を検証する研究が行われるとすると、母集団は全国の中学生となる。しかし、全国の中学校を対象にして授業を行うことは現実的に不可能であるため、いくつかの学校または生徒を無作為に抽出して標本とし、データを測定するのである。そして、統計的仮説検定（単に「検定」と表現することも多い）を行って、標本で得られた結果が母集団にもあてはまるかどうか[*2]を確かめるのである（図4）。

図4　推測統計（統計的仮説検定）のイメージ

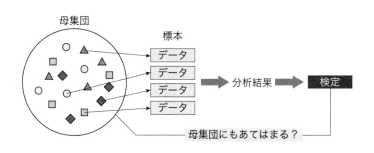

3●統計的仮説検定

1) 検定の目的

　ここでは、保健のモデル授業の学習効果を検証するために、40人の中学生を対象にして授業の前後で試験を行ったという題材で解説する。この研究の仮説は、「モデル授業には学習効果がある（試験の点数が上がる）」であり、平均点が5.3点向上したものとする。ここで問題になるのが、「40人（標本）から導き出された結果が、他の中学生（母集団）にもあてはまるのかどうか」である。このことが保証されないと、研究成果として一般化することができない。

　現実的には不可能であるが、仮に母集団全員に同じ測定ができたとしても、平均点の向上が標本の結果と同じ5.3点ぴったりになるかどうかはわからない。残念ながら標本のデータから母集団における平均点の向上が具体的に何点であるかを明らかにすることはできない。しかし統計学では、「前後における試験の平均点の差が0ということはない」かどうかを明らかにすることができる（つまり保健授業の効果がないということを否定できる）。この問題を解決する方法が統計的仮説検定である。研究者にとって、試験の平均点がいっさい向上しないということを否定できれば、それは言い換えると、「わずかかもしれないが向上するのだ」と胸を張って発表できるのである。

　今回は、同一被験者集団の縦断データにおいてその前後の差の平均値を検定する方法である「対応のある t 検定」を用いて説明する。

2) 検定統計量

　母集団においても試験の平均点が向上するかどうかを考えるためには、どのような情報が必要だろうか。考え方としては、標本から得られた結果の影響力が大きいかどうか、また信頼性のある結果かどうかである。

　必要となる情報は、「前後における試験の点数の差」「授業を受けた生徒数」「点数のばらつき」である。一つ目の点数の差については、少ない生徒数であっても点数が大幅に向上すれば、「人数が少ないものの、すごくわかりやすくてよい授業だったので点数が大幅に上がったのだろう。恐らく他の生徒が受けても効果が上がるだろう」と考えられる。二つ目の生徒数については、わずかな点数の向上であっても、何百人もの生徒が授業を受けていれば、「点数の向上はわずかであるが、そんなに大勢が受けているなら他の生徒が受けても点数の向上が期待できるだろう」と考えられる。三つ目の点数のばらつきについては次のように考える。点数が上がった人もいれば下がった人もいる（すなわちばら

つきが大きい）中で平均点が向上した場合と、全員がほぼ同じ点数の向上を示した（すなわちばらつきが小さい）場合では、結果の信頼性が異なる。「皆が同様の向上を示した方（ばらつきが小さい方）が結果を信頼でき、母集団でも同様の結果が出やすいだろう」と期待できる。

このように、対応のある t 検定では、点数の差、生徒数（度数）、点数のばらつき（分散）の3つから影響の強さと信頼性を表す指標である t 値を算出し、t 値が大きいほど母集団でもあてはまる確率が高いと判断する。なお、t 値のことを検定統計量[*3]という。

この考え方を数式で理解してみよう。対応のある t 検定における検定統計量 t 値は次式で計算される。

$$t = \frac{\overline{d} - \mu}{\frac{s}{\sqrt{n}}}$$

ここで、$\overline{d}$ は点数の差の平均（全員の前後の点数の差を平均した値）、μ は点数の差の母平均（今回は「前後における試験の点数の差が0ではないかどうか」を確かめたいので $\mu = 0$ となる）、sはデータのばらつきを表す分散（値が大きいほどばらついている）、nは生徒数である。

t 値が大きいほど母集団でもあてはまる確率が高いと考えられるのだが、t 値を大きくするためには、この式の分子 $(\overline{d} - \mu)$ が大きくなるか、分母 $(s/\sqrt{n})$ が小さくなる必要がある。実際に、前後における点数の差 $(\overline{d})$ が大きいほど分子は大きくなり、分散 (s) が小さくなるか生徒数 (n) が多くなると分母が小さくなるようになっている。

3）帰無仮説と対立仮説

前述したように、検定では、差や相関関係が0ではないかどうか、あるいは比率が等しいかどうか等を調べることができる。今回の例では、保健授業の効果を確かめるために「前後における試験の平均点の差が0ではない」かどうかを調べたい。そのために、対応のある t 検定ではいったん「前後における試験平均点の差は0である（つまり保健授業の効果はない）」という立場に立つ。これを帰無仮説という。それに対して、「試験平均点の差は0ではない（つまり保健授業の効果がある）」という仮説を立てる。これが対立仮説である。検定では両仮説を立てて、帰無仮説を棄却することによって対立仮説が正しいという結論を導くという方法をとっている。このような方法を背理法という。

4) 確率分布と有意確率

　帰無仮説を棄却するためには、一定の判断基準が必要である。その判断基準となるものが確率分布と有意確率である。

　確率分布とは、ある現象が発生する確率を曲線で表した理論分布である。例えば、日本の成人男性全員の身長を測って確率分布を作成すると、平均値を中心にして左右対称に広がった山型の分布になる（図5）。これは、平均身長の人が最も多く、平均よりも高くまたは低くなるほど人数が少なくなるという特性が反映されており、このような左右対称の分布を正規分布という。この分布が母集団から作られているとしたら、曲線で囲まれた面積は1（=100%）と考えることができる。そして、誰かを無作為に抽出して身長を測った場合、その人が平均以上である確率は0.5（=50%）となる（図5のグレー部分）。このように、確率分布は面積を発生確率として捉えることができる理論分布である。

　確率分布のイメージがつかめたら、次は対応のある t 検定で使用する確率分布である t 分布を考えてみたい。帰無仮説が真実だとしたら（ t 値が本来0であるとしたら）、同じ研究を何度も繰り返して毎回 t 値を算出すると、0を中心にして左右対称に広がった分布となる[*4]（図6）。これが t 分布である。測定を無限回繰り返すことは現実的には不可能であるが、t 分布は t 値のとり得る値の全てをカバーした理論分布であり、先ほどの身長の分布と同様に t 値がその値をとる確率を面積として求めることができる。この確率を有意確率(P値)

図5　身長のデータから作成された正規分布

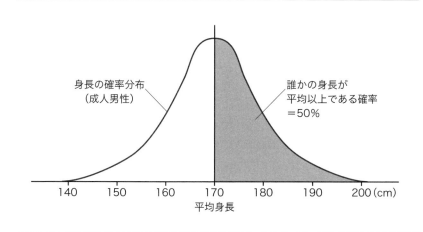

図6　自由度39のt分布と有意確率

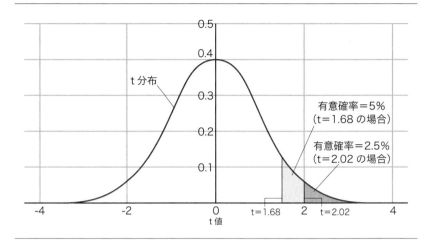

といい（図6のグレー部分）、 t 値が大きくなるほど有意確率は小さくなる[*5]。例えば生徒数が40人（自由度39）の場合の t 分布では、 t 値が1.68であれば有意確率は5％、2.02では2.5％となる（自由度については本書の範囲を超えるので専門書を参考にしてもらいたい）。

　t 分布と有意確率が理解できたら、いよいよ統計学における解釈の説明となる。 t 分布は「平均点の差が0である」という帰無仮説に基づいているが、有意確率が極めて小さい値をとったとすると、統計学では「それは偶然ではなく、帰無仮説が誤っていて対立仮説が正しいのだ」と考える（背理法の考え方）。一般的には、有意確率が5％以下[*6]であれば「対立仮説が正しい」と判断する（これを「有意差あり」という）。この考え方に違和感を抱く者もいるかもしれないが、例えば次のようなケースを想像してもらいたい。あなたはランチを食べるために初めての店に入った。オフィス街のランチの相場はだいたい800円くらいだろうと思っていたが、メニューの1ページ目を見るとどれも3,000〜3,500円であった。その瞬間、あなたはどう思うだろうか。「この店で800円のランチは無理かもしれない」と思うだろう。このケースでは、帰無仮説が「ランチの価格は800円」であり、対立仮説が「ランチの価格は800円ではない」となる。もしメニューの1ページ目が1,000〜1,500円だったら「800円のランチもあるかも」と思ってメニューのページをめくったかもしれない。このように帰無仮説とかけ離れた結果が得られた時に「帰無仮説が間違っているのだ」

と判断する、それが統計的仮説検定の考えであり、それを可能にするために、統計学の先駆者たちが確率分布を発案したのである。

5) 統計的仮説検定の流れと解釈の注意点

　これまで検定の目的、検定統計量、帰無仮説と対立仮説、確率分布、有意確率について解説したが、もう一度検定の流れを整理しておく。

(1)帰無仮説と対立仮説を設定する。

(2)有意水準を決定する。

(3)検定統計量を求める。

(4)確率分布と検定統計量から有意確率を求める。

(5)有意確率が有意水準以下であるかどうかを確認する。

　統計学の初学者は「有意確率が5%以下であれば論文に載せてよい」ということを理解しているが、「有意確率が有意水準以下であることの意味」を知らないことが多い。また、「標本での平均値が5.3向上したから、母集団でも5.3向上するといえる」といったような誤解も時折見受けられる。検定では帰無仮説を棄却することはできるが、母集団が標本と完全に同じ特性を持つということまでは言及できない。さらに、対立仮説が100%正しいという結論を導くこともできない。たとえ有意確率が1%であって帰無仮説を棄却するという結論を導いたとしても、帰無仮説が正しい可能性が1%残っているからである。

　論文で正しい考察を行うためには、検定の理論をよく理解する必要がある。本節では具体例を挙げながらわかりやすさを重視して解説したので、より深く学ぶ場合には専門書を熟読することをお勧めする。

4●分析手法の選択

　データを分析する際には、その目的と使用する変数の数及び尺度、または正規分布しているかどうかなどによって、適切な方法を選択しなければならない。表1に分析の目的、変数の数、変数の尺度に応じた分析手法をまとめた。初学者が陥りやすい注意点を、以下に説明する。

　2変数間（または2群間）の平均値の差を検討する際にはt検定が用いられる。しかし、t検定はt分布を前提にしているため、両変数が間隔尺度であっても、データの正規性が認められない場合はt検定を適用することができない。正規性を確認するためには、コルモゴロフ・スミルノフ検定やシャピロ・ウィルク検定を行う。正規分布していない場合は、尺度水準を落として順序尺度や名義

表1　分析の目的、変数の数、変数の尺度に応じた分析手法一覧

分析の目的	変数の数 （水準の数）	対応の有無	変数の尺度※1	分析の手法
変数の特徴	1変数	考慮不要	間隔	平均値、分散、標準偏差、変動係数、最大値、最小値、中央値、四分位、最頻値、尖度、歪度、ヒストグラム
			順序	最大値、最小値、中央値、四分位、単純集計
			名義	単純集計
外れ値の確認	1変数	考慮不要	関係なし	ヒストグラム、Q-Qプロット、箱ひげ図、標準偏差に基づく、スミルノフ・グラブス検定
正規性の確認	1変数	考慮不要	間隔	ヒストグラム、Q-Qプロット、コルモゴロフ・スミルノフ検定、シャピロ・ウィルク検定
相関関係	2変数	考慮不要	間隔×間隔	ピアソンの積率相関係数、級内相関係数
			間隔×順序	ポリシリアル相関係数
			順序×順序	ケンドールの順位相関係数、スピアマンの順位相関係数、ポリコリック相関係数、クロス集計
			名義×名義	クラメールの連関係数、テトラコリック相関係数、クロンバックのα係数、ファイ係数、クロス集計、カイ二乗検定、フィッシャーの正確確率検定、オッズ比
	3変数以上	考慮不要	間隔	重相関係数、偏相関係数
一致度	2変数	考慮不要	名義	カッパ係数
因果関係、予測	2変数	考慮不要	間隔	単回帰、曲線回帰
			順序	ノンパラメトリック回帰
	3変数以上	考慮不要	間隔	重回帰
			名義	数量化Ⅰ類、数量化Ⅱ類
			（目的）名義 （説明）間隔	判別分析
群間の差	2変数	対応あり	間隔	対応のあるt検定
			順序	ウィルコクソンの順位和検定、符号検定
			名義	マクネマー検定
	1変数 （2水準）	対応なし	間隔	対応のないt検定
			順序	マン・ホイットニーのU検定、中央値検定
			名義	カイ二乗検定
	3変数以上	対応あり	間隔	対応のある一元配置分散分析
			順序	中央値検定
			名義	コクランのQ検定
	1変数 （3水準以上）	対応なし	間隔	対応のない一元配置分散分析
			順序	クラスカル・ウォリスのH検定、中央値検定
			名義	カイ二乗検定
	2変数以上 （2水準以上）※2	対応あり・なし	間隔	二元配置分散分析
			順序	フリードマン検定
			名義	コクラン・アーミーテージ検定、マンテルの拡張検定
分類	3変数以上	考慮不要	間隔、順序、名義※3	クラスター分析、主成分分析、決定木分析
因子を探る	3変数以上	考慮不要	間隔、順序、名義※4	探索的因子分析
			名義	数量化Ⅲ類
潜在変数間の構造	3変数以上	考慮不要	間隔、順序、名義	構造方程式モデリング
尺度構成	3変数以上	考慮不要	間隔、順序、名義	因子分析、項目反応理論

※1　間隔尺度は比率尺度を含む。
※2　対応のあり・なしによって2変数か2変数以上かが異なる。
※3　いずれの尺度にも対応するが、尺度に応じて用いる計算法やアルゴリズムが異なる。
※4　探索的因子分析は相関行列をもとに計算するので、尺度別に相関係数を求めることで、異なる尺度が混合したデータでも計算が可能。

尺度として扱い、ウィルコクソンの順位和検定やマクネマー検定（対応ありの場合）、マン・ホイットニーのU検定やカイ二乗検定（対応なしの場合）を行うことになる。t検定のように、ある確率分布に従うことがわかっているデータに対して行う検定をパラメトリック検定といい、確率分布を前提にしない検定をノンパラメトリック検定という。検定の検出力が異なってくるが、パラメトリック検定が実施できなくても、尺度水準を落としてノンパラメトリック検定を行えることを覚えておいてもらいたい。分散分析も同様で、パラメトリック検定ができない場合に、尺度水準を落とした検定方法が存在する。

5●ソフトウェアの選択と実際の分析作業

　現代では、統計分析はソフトウェアを用いて行うことが主流で、SPSSやSAS、Rといったソフトウェアが一般的である。Excelは分析ソフトではなく表計算ソフトであり、データの入力や管理といった側面では操作しやすい。簡単な分析はできるものの、高度な分析をしようとすると、必然的にSPSS、SAS、Rといった分析ソフトが必要となる。分析ソフトの操作は、GUI（Graphical User Interface：ボタンを押して操作する）とCUI（Character User Interface：プログラムを入力して操作する）に分かれる。GUIはあらかじめ用意されている機能をマウスで選んで操作するため初心者でも扱いやすいが、分析の自由度は低い。一方、CUIはプログラミング言語の知識がないと操作が困難であるが、分析の自由度が高い。SPSSはGUIの代表であり、RはCUIの代表である。SASはSPSSとRの中間的な機能である。SPSSとSASは有償、Rは無償で提供されている。しかし、最近ではサイトライセンスを契約する大学も増えており、コンピュータ室のパソコンにSPSSやSASが入っていれば、教員や学生は負担なしで使用することができる。無償で利用できる環境があれば、初学者は扱いやすいSPSSやSASから勉強を始め、ある程度の経験を積んだ後はRに挑戦することをお勧めする。Rの発展は近年著しく、ユーザーの数も右肩上がりで増加している。Rを使いこなせることが分析者のステータスになる時代も遠くないと思われる。

　本節では統計的仮説検定の基本的な考え方と、正しい分析手法の選択の仕方を解説した。実際の分析方法は、その手法ごとに専門書を開いてもらいたい。

（徐　広孝）

注

＊1　階級化とは、量的変数を一定の間隔で統合し、質的変数として扱うこと。例えばテストの点数で100～81点をA、80～61点をB、60～41点をC、40～21点をE、20点以下をDとすると、5段階の順序尺度に階級化したことになる。

＊2　統計的仮説検定において「標本で得られた結果が母集団にもあてはまる」という表現は、厳密には正しくない。有意確率は帰無仮説が正しい確率であるため、「対立仮説が正しい可能性が高い」ことを意味する。検定の種類によって帰無仮説、対立仮説の内容が異なるので、ここではわかりやすく説明するために「対立仮説が正しい」ことを「母集団にもあてはまる」と表現した。

＊3　検定統計量には t 値の他に、z 値やF値などがあり、検定の手法によって使い分ける。

＊4　なぜなら、真実通りに t 値が0となる確率が最も高いからである。しかし、偶然によって t 値が大きくなったり小さくなったりすることもあり、t 値が0から離れるほどその発生確率は小さくなる。

＊5　t 分布は0を中心にして左右対称であるため、有意確率は t 値が0から離れるほど小さくなる。つまり、t 値が正の場合は点数の向上を、負の場合は点数の低下を検定することになる。平均値が向上するか低下するかわからない場合は分布の両側を使って検定するので、両側検定と呼ばれる。一方、あらかじめ向上するしかない（低下するしかない）とわかっている場合は、片側検定を用いることができる。

＊6　この確率の判断基準を有意水準といい、記号はα（アルファ）で表す。一般的にはα=0.05であるが、研究によってはα=0.01とする場合もある。

第1章 —— 7

研究成果の公表

1●研究発表する意義

　これまで膨大な時間と労力を費やして取り組んできた研究から得られた知見を発表するということは、研究者として特に嬉しさを感じるところである。そして、研究を発表するということは、その研究のゴールといったものではなく、取り組んでいる研究を次のステップへと高めるための不可欠な一つのプロセスであり、大きな意義がある。なぜなら、研究を発表するためには、改めて自分の研究を整理することになり、発表内容に対してその研究の先人や仲間から様々な意見を聞くことができて、研究結果の解釈や意義を再考したり深めたりすることが可能になるからである。

　また、研究を発表することにより、学会において研究成果が蓄積され、その学問の発展に寄与するという大義もある。保健科教育学をより確かな「学」としてさらに構築していくには、研究によってもっと多くの新しい知識が生産され体系化される必要があることは明らかである。

　したがって、取り組んでいる研究活動の中に計画的に研究発表の機会を位置付け、積極的に発表をしていくことが強く望まれる。

表1　研究発表する意義（野津、2013[1]）

研究当事者において	学会・社会において
・研究の内容、結果、主張点等の整理の機会	・学問の発展のため
・他者による客観的な評価を得る機会	・知見の共有化
・学会員としての権利と貢献	・社会への公表
・研究活動の喜び	

2●学会での発表

　学会発表とは、学術学会が運営する学術集会（学術総会、年次総会、年次学会などとも呼ばれる）における研究発表のことを指す。一般発表の形式として

は、主として「口演」と「ポスター」の2通りがあり、それぞれの特徴を踏まえて選択することになる。

1）発表内容の吟味と抄録の作成

　よりよい発表に向けての第一段階は、発表の内容を十分に吟味することである。研究当事者においては、取り組んでいる研究について様々な視点からの分析や考察を行ってきたと思われるが、得られた多くの結果の中でどこに焦点をあてて発表するか、いい換えれば何をテーマとしてどの内容（結果）を発表するのかについて的を絞る必要がある。抄録については、限られた紙幅の中で、記載すべき研究の目的、方法（対象、調査方法等）、結果（あるいは結果及び考察）、結論の各項目について要領よく伝える工夫が求められる。

2）口演での発表の工夫とスライドの作成

　近年では、スライドによる視覚的な情報と口述の説明を相互補完的に活用して発表することが一般的になっている。その際、スライドには最小限の記載にとどめて、口述によって補足的に詳しく説明するパターンと、スライドに多めの情報を記載するようにして、その中の要点を口述で強調して示すパターンが考えられる。伝えたい内容によっても異なると思われるが、前者のパターンが本来的といえるかもしれない。

　よりよいプレゼンテーションを目指して、スライドと発表原稿が一通りできたら、発表のリハーサルを行って、第三者のチェックを受けることも効果があると思われる。内容に不足はないか、わかりやすいか、言葉は聞きやすいか、スライドは見やすいか、説明するスライド画面の該当箇所の指示やタイミングはよいか、聴衆とスライド画面との目線の配分は適当か、全体的に迫力があるか等々、率直なコメントを聞くことが必要である。もちろん、予想される質問やその応答について検討しておくことは重要である。

3）ポスターでの発表の工夫とポスター作り

　ポスターは、作成が苦手な人には不向きであるといわざるを得ないが、創造的な表現力が豊かな人にとってはかなりの工夫ができて、魅力あるものである。実際のポスターを見ると、パワーポイント等のソフトで作成したスライドの1枚1枚をカラー印刷して添付したものやA0サイズの1枚もののポスターに仕上げたものまで様々である。ポスターは視覚に訴えるものであることから、図示や色彩の工夫等に関心が向きがちであるが、研究の内容を正確に伝えるとい

う最も重要なことを見失わないようにしなければならない。

4) 発表当日の心構え

　発表は経験者においても緊張するものであるが、できれば発表の前日までに、遅くとも当日の早いうちに発表会場をチェックするとよい。そこで、会場の大きさ等から聴衆の様子や発表する自分の姿を思い浮かべるなどしておくと、実際の発表時における過度の緊張を和らげられよう。また、スライドを使用する場合には、会場の受付などに設けられた試写用パソコンで、作成した通りに表示されることを必ず確認するようにする。

　発表においては、与えられた時間を厳守すべきである。したがって、発表の終了時間になったら、予定した内容が万が一全て終わらない場合でも、そのまま終了するのが原則である。質疑応答では、口演でもポスターでも、謙虚な姿勢で誠実に臨むことが大切である。また、質問されるとつい弱気になりがちであるが、自分の研究により見出された知見や考察については研究の限界を踏まえた上でしっかりと主張するべきである。

3●論文の投稿

1) 投稿先を決めて投稿規定を読むこと

　論文を執筆する前に、まずはその投稿先を決めておく必要があろう。国内誌か国際誌か、和文誌か英文誌か等についても考える必要あるが、何よりも研究の領域を十分踏まえて、公表した研究成果が読者にインパクトがあり、より大きく活かされる可能性の高い学術誌へ投稿することが望まれる。

　そして、投稿先として決めた学術雑誌の最新の「投稿規定」を熟読することが必須となる。投稿規定とは、論文の執筆や投稿の際の決まりであり、それを遵守していない論文は投稿しても受け付けてもらえない。具体的には、投稿者の資格や責任、原稿の様式、表紙への記載事項、抄録の文字数、査読のための費用の支払い方法、投稿原稿の送付の方法等が記載されており、各学会によって異なる部分も多いので、詳細に読み取る必要がある。

2) 原稿の種類を選ぶこと

　投稿規定には、その学術誌に掲載される原稿の種類とそれぞれの内容の特徴についても示されている。例えば、総説、原著、実践報告、資料等がある。執筆者は、自分の論文の研究内容に照らし合わせて、希望する原稿の種類を選ぶ

必要がある。しかし、その判断が難しい場合も少なくなく、悩ましいところでもある。例えば、執筆者自身が「独創性に富む研究論文」であると思って原著として投稿しても、査読により、原著としては不適だが報告としてなら掲載可という審査結果が示されることも、しばしば起こっている。なお、最近では、投稿論文をこうした原稿の種類に分けないで、単に論文やarticleなどとして一括扱いする例も見られるようである。

3）文献を見直し再吟味すること

　研究を進めていく段階で、関連する文献等を収集しているはずであるが、論文の執筆にあたり改めて、重要な文献を漏らしていないか、最近の新しい文献を見落としていないか、無駄に文献が多すぎないか等の視点からもう一度チェックすることが望まれる。近年では、インターネットによる文献の検索機能の充実や電子ジャーナルの普及等により、文献の収集は以前に比べてかなり容易になった。しかし、この利便性の反面、入手した大量の文献の山に埋もれてしまい、収拾がつかなくなってしまっている例も見かけられる。集めた文献の中から、自分の論文に必要でない文献を除き、コアとなる重要な文献を見つけ出して、どのように位置付けていくのか等、文献を選別する能力や引き取る能力が一層必要になってきているように思う。

4）論文全体の構成を練ること

　論文は、基本的に「緒言」「方法」「結果」「考察」「結論」の内容で構成される。しかし他にも、「緒言」を「研究背景」と「研究目的」に分けたり、「結果」と「考察」を合わせて「結果及び考察」としたり、「結論」を「考察」の末尾に記述したり、「結語」「要約」「まとめ」等として示したり、いくつかの形式が見られる。これらの各項目について、前から順番に書き進めるのが一般的であろうが、書きやすいところから取りかかることでもよいかもしれない。例えば、方法については、実際に行ったことなどの事実を示すことなので比較的書きやすい。しかし、どのように書き進めようが、論文全体を通して論理構成や論理展開が明確であり筋が通っていることが重要であり、そこに最大の注意を払って執筆する必要がある。

　そのためにはまず、どのような内容をどこに位置付けるかの組み立てを練ることである。それぞれの内容を付箋またはカードに1枚ずつ書いて、それらを並び替えながら、内容の組み立てを試行錯誤することも考えられる。そして、論文における論理展開が伝わるように、接続関係を明らかにする接続語（まず

は、次に、さらに、しかし、それにもかかわらず、したがって、例えば、すなわち、以上のことから、等々）を特に意識して上手に用いることである。また、数行〜十数行の適度な長さの段落を構成し、数個の段落ごとに小項目を設けて見出しをつけるなど、内容のまとまりを明確にすることも必要である。

5) 各項目の執筆において留意すること

❶緒言

　研究の背景を論じ、目的を示す項目である。研究の背景としては、本研究に取り組む意義や必要性について、例えば、歴史的な経緯、社会状況の変化や健康課題の現状等を示しながら展開する。また、関連する先行研究での知見や課題について述べることも求められる。緒言では、研究目的の設定に至る背景について論理的に記述することが必要であり、前述した論理の組み立てが極めて重要となる。

❷方法

　必要な記載事項は、調査方法（質問紙法、面接法、観察法、実験法、介入評価法等）、調査対象（抽出方法、人数、基本属性、有効回答率等）、調査時期及び分析方法等である。方法では、研究の再現性を保証するために示すということに十分応えなければならない。すなわち、研究が研究たる所以は、客観性を有する科学的な手法を用いて明らかにすることであるので、同じ方法を用いて繰り返し検証できるように記すこととなる。そのための必要にして最小限の情報を提供することが重要である。なお、研究における倫理面への配慮についても、ここに記載する。

❸結果

　図表は、同様のデータや資料を掲載している関連の先行文献等の中から、見やすくてわかりやすいものを参考にして、さらに工夫することが考えられる。図表中で用いた略語や記号の凡例を示すこと、具体的で内容がわかるタイトルを適切につけること等も大切である。なおタイトルの位置は、表では上に、図では下に示すことが一般的である。結果の文章については、図表で示した数値等を逐一挙げて書き連ねることは避け、目的に応じた結果の中から注目される特徴や傾向等について選択的に取り上げて、考察でその点を特筆して理解しやすいように記述する。

❹考察

　考察は、研究の「目的」に沿って、「結果」に基づく考えや解釈を展開するもので、研究論文の中で最も重要な内容ともいえる。また、執筆の際には、関

連文献の引用または参考とした部分と自分の考えの部分とが曖昧となり、読み手に誤解されかねない文章は絶対に避けるように、十分注意する必要がある。

❺結論

結論として、研究の目的に対する成果を端的に示す。その際、成果を総括的に述べるスタイルと、結果の内容を箇条書き的にまたは要約的に示すとともに総括した内容を述べるスタイルがある。後者は、結果において示した内容と重複するということで避けるべきという意見もあるが、結果としてのデータ自体が極めて貴重な調査あるいは新しい実験等で明らかにされて高い価値があるものの場合には、それなりに有意義といえよう。その他に、本研究の限界や今後の課題についてもここで示す必要がある。

❻謝辞等

外部資金による研究である場合には、当該機関から指定された形式に従ってその旨を記載する義務がある。また、研究への協力者や助言者等に対する謝辞を記載する。

❼抄録

論文の概要を示す項目であり、本文の重要な点を漏らさずに、わかりやすくまとめる。英文抄録を作成する場合には、まずは翻訳ソフトウェア等を利用することも役立つであろうが、英語に関して十分な知識を持つ専門家あるいは英語のネイティブ・スピーカー等による校正を受けることが望まれる。

6) 原稿執筆の最後にすべきこと

論文を執筆し終えたと思う前に、次のことを行うよう推奨したい。

(1)論文における文字の漢字やひらがな、送り仮名等はもちろん、共通する用語の統一した表記などについて、全体を通して細かくチェックする。

(2)執筆原稿は、1〜2日の時間を置いて繰り返し推敲するとともに、研究の仲間や先輩等に読んでもらう。新しい目で見ると、執筆に没頭している中では気付かなかった説明不足や論理の飛躍、細かなミス等が見つかることがある。

(3)論文の投稿先あるいは提出先の規定を再度確認して、それに従って原稿一式を最終的にチェックする。

7) 学術論文における査読審査

学会における査読は、基本的に、編集委員会により選ばれた、審査する論文の研究領域に長けた研究者1名または2名が、執筆者らの氏名や所属等を伏せたまま、それぞれ厳正に行われる。掲載論文に記されている「受付」と「受理」

の年月日を見てもわかるように、送付された原稿の「受付」から、査読を経て論文としての掲載が決まる「受理」までに、一定の長い期間を要している。学術誌に掲載された論文は、こうした審査を経ていることから、一定の質が保証された価値あるものとして評価される。

査読の審査結果は、採択あるいは不採択の判定とともに、多くの場合、論文内容の訂正や改善を要する点等を指摘するコメントが添えられて、執筆者に戻されてくる。再審査を受ける場合には、各コメントへの対応内容を記した回答文と、修正した原稿を再提出することになる。

査読結果により指摘された内容は重く、全てについて丁寧な対応が求められる。このプロセスは、執筆者にとっては、最初に論文を執筆する段階と同程度に大変な作業となる場合もある。ここで必要なことは、論文の誤りを正すことは当然として、より質の高い論文に仕上げる視点を持って、研究の当事者として査読者のコメントの一つひとつを吟味し、引き取っていくことである。あってはならないことであるが、査読者の理解が不十分あるいは誤解であるが故のコメント等と判断した場合、その旨を回答文に記して主張すべきであろう。ただし、そうした誤解等は、原稿の不出来な文章表現等に原因があって招いていることが多いので、謙虚に受け止め複眼的によく見極めて、対応することが望まれる。

(片岡千恵)

引用・参考文献

1) 野津有司「研究を発表する」(連載 学校保健の研究力を高める 第9回)、『学校保健研究』55:pp. 254-258、2013.

2) 野津有司「調査・研究・プレゼンテーションの進め方」、采女智津恵・戸田芳雄・出井美智子他編『新養護概説 第7版』pp. 208-211、少年写真新聞社、2013.

第**2**章

保健授業の実践研究

実践研究の位置付けと課題

1●科学研究と実践研究

　筆者は学生時代に次のようなことを見聞きした覚えがある。実践家からは「大学の研究は現場では役に立たない」。そして研究者からは「現場の実践には理論がない」。当時は気付かなかったが、今になって考えると非常に「モッタイナイ」話である。「役に立つ研究をして理論を構築し、理論に基づいて実践する」ことが実現できれば多くの教育課題は解決するはずである。

　山本[1] は、科学研究と実践研究のあるべき関係として「車の両輪のように、互いの長所を提供し合うとともに、限界を補完し合って前進する」ことを示している（図1）。そして、「どちらの価値が高い／低いということはなく、両者には対等の価値があることをまず認識する必要がある」としている。この認識を踏まえ、本節では、前半に医学研究のエビデンスレベルを示し、後半には、

図1　従来型の科学研究と実践研究とのあるべき関係[1]

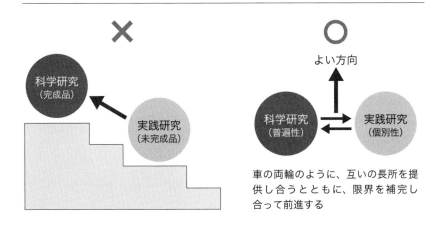

保健の実践研究に焦点をあて、その現状と課題を述べる。最後に保健の実践研究の活性化に向けた提言をしたい。

2●エビデンスレベルとは

　医学研究ではエビデンスレベルが提示されている（図2）[2]。RCT（Randomized Controlled Trial）とは無作為割付をした介入群と非介入群（対照群）の結果を比較することにより介入の効果を検証する研究である。無作為化によって、介入群と非介入群の背景因子の違いや交絡因子（結果を歪めてしまう要因）の影響を取り除くことができる。そのRCTを含む研究を統合して効果を示すものがメタアナリシスであり、最も上位に位置付いている。また、システマティック・レビューとは文字通り系統的レビューと訳され、あるテーマについての文献を徹底的にレビューし、論じるものである。

　実践研究の現状では図中の「症例報告やケース・シリーズ」または「非ランダム化比較試験」の研究論文が主となっている。詳しくは専門書に譲るが、信頼度の高い研究ほど難易度が高いことが多いのが図2からおわかりいただけるであろう。

図2　エビデンスレベル[2]

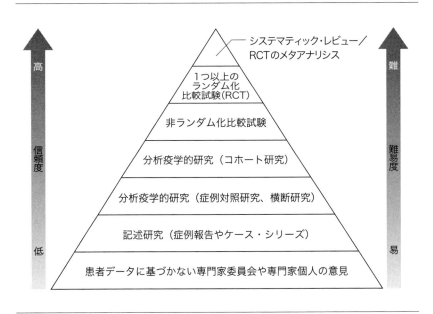

3●保健の授業研究によるエビデンス

　保健の教育実践をする時に、授業者はまず教科書や教師用指導書、そして文部科学省の出版物や一般の書籍にあたるだろう。さらにインターネットによる検索もするはずだ。近年は修士論文や学習指導案なども公開されており、対象を変えて追試をしたり、その理論を応用したりすることができるようになっている。雑誌『体育科教育』の8月号にも保健の実践に役立つ論文が毎年掲載されており、「保健授業づくり入門」や「『授業書』方式による保健の授業シリーズ」など、これまで優れた保健教材が開発されてきた。また、健康行動科学の理論であるライフスキル教育、行動ステージ理論、期待価値モデルなどを応用した保健授業も提案されている。このような成果がある一方で、研究として保健授業を検証し、成果を論文発表している事例が十分であるとはいい難いだろう。

　筆者らの集計では、2002年から2016年までの15年間の『学校保健研究』において、授業実践や教育介入などを含む保健の実践研究と分類できるものは23本であった。ある一つのテーマに対して23本ならば少ないとはいえないが、テーマも成果指標もバラエティに富んでおり、成果を統合することが難しいため、決して多いとはいえない。ただし、それぞれの論文の研究デザインや方法論、成果指標を何に置きどのように評価するかなどは参考になる。保健に限ったものではないが、Fuch & Fuhs(1986)は30本の論文のメタアナリシスによって、カリキュラムや指導方法・内容改善のために用いる形成的評価を計画的に実施することが効果的であったことを示している[3]。しかも、学年段階、指導の期間、テストの頻度、特別支援の状況を問わないのである。この指導改善のための形成的評価は、John Hatti による膨大なメタアナリシスの中でも効果量が高いものに分類されている[3]。このような例から、保健においても、先行論文の追試実践を積み重ね、メタアナリシスによって強力なエビデンスが生み出される可能性があるといえよう。

　保健に関連する教育実践は、全国の研究校での研究紀要や教員サークルによる実践収録が相当数あり、さらに保健指導も含めれば膨大になることは読者の皆さんも実感されているはずである。ただし、これらの実践が、同一校や同一サークルの中での積み重ね以外で、広く次の実践の先行研究や先行事例になることは少ないのではないだろうか。先行研究や理論をもとに実践し、それを論文として発表することでエビデンスが積み重ねられるのである。実践研究において、データの収集や分析・解釈等が難しい場合には、大学研究者等と共同研

究を行うのもよいだろう。話は逸れるが、スポーツの世界では、データアナリストが分析したデータをコーチや選手にフィードバックすることが一般的になっている。実践研究でも、役割分担をして多くの成果を残すことが検討されてもよいのではないだろうか。

4●保健の実践研究を進めるにあたって

　保健において実践研究を進めるにあたり、まず、保健に関する実践研究をどうデザインするか、特に倫理的な課題をどう乗り越えるかが課題となる。例えば、学校などにおいては、実験的に「効果のある（と考えられる）」授業と「効果のない（または通常の）」授業を行い、それらの結果を比較することは倫理的に許されない。同一のクラスでの授業前と授業後の比較、単元の入れ替えによって授業実施クラスと授業未実施クラスの比較（後日に授業未実施クラスにも同じ授業を行う）などの教育的配慮が必要であろう。

　このような実情から、教育実践においては図2（p.259）にあるRCTの実施は非常に難しい。エビデンスレベルの高いRCTは、対象者を介入群と非介入群に無作為に割り付け、両群の結果を比較することで介入の効果を明らかにしなければならないからである。また、無作為割付は個人ごとが基本であるが、学校などでの介入では個人割付は困難であり、RCT以外の研究でもクラス単位の割付となろう。

　海外の例であるが、1980年代にアメリカ・テネシー州で学級の人数を減らす介入を無作為割付で行ったSTAR（Student/Teacher Achievement Ratio）プロジェクトという研究がある。通常のクラスサイズは22人から25人だったが、ランダムに選ばれた学校ではクラスサイズを13人から17人にし、選ばれなかった通常の学校との比較をしている。事前と事後のテストの結果、クラスサイズの小さい方がよい成績であった[4]。これを受けて、1990年代にカリフォルニア州でも少人数クラスを導入したが、テネシー州に比べて非常に小さな効果しか得られなかったという。カリフォルニア州の場合は大規模な政策変更であったことによる他への影響、テネシー州のようにRCTとして評価されていない点での信頼性の乏しさなどが指摘されている[4]。日本でも同様に実施しようとすると、22人から25人でも少人数といえるが、まず、教員の人数確保や質の担保が必要となる。現実には少人数クラスにしたこと以上に負の影響を及ぼす可能性がある。実践研究においても、一般化した際に他のことで負の影響が起こらないかを吟味しなければならない。保健の実践が児童生徒にとってよい成

果をもたらすとしても、教師の負担が大きくなりすぎないか、継続的に実現可能かといったことを的確に考察したい。

　国内に目を向けると、文部科学省の研究開発指定校や構造改革特別区域法の規定に基づく「教育特区」などでは、指定された学校や特区において独自の教育プログラムやカリキュラムによる実践が行われている。RCTとはいえないが、研究開発指定校と近隣の他の学校、教育特区と近隣の自治体を比較するといった、自然実験（あるいは疑似実験）による検討が考えられる。RCTのように研究者が実験デザインを設定するのではなく、実験のような状況を活用する方法である。このような研究デザインは、現職の学校教員には難しいであろうから、大学等に所属する保健の研究者が積極的に推進したいものである。

　児童生徒がクラスで過ごしていると、同じ授業を受けたり、経験を共有したりすることなどから、クラスという集団による影響が大きくなってくる。このようなことの解決法としてマルチレベル分析が研究に適用されている[5]。学校での実践研究はクラスごとに行われることが多いが、この場合、クラスというレベルでサンプリングが行われた後に個人のレベルでサンプリングが行われたことになる。クラスではなく学校ごとのサンプリングとなる場合もあろう。これらを階層性のあるデータといい、階層性のあるデータに対して適切な分析をすることをマルチレベル分析という[6]。保健の実践研究において、階層性のマルチレベル分析を取り入れ、クラスや学校といった集団単位と個人単位の両方の情報を持つデータを適切に解釈し、効果の混在を取り除きながら保健を学ぶことの効果を示していきたい。

　長いスパンの研究となるが、個人を追跡することで、観測不可能な個体特有の効果を取り除いた推定ができるパネルデータを用いた分析がある。同一の対象者から継続的にデータを得て、その変化を見るというのは、時間と手間がかかり、個人情報保護のことを考えれば実施が難しいことは想像にかたくない[7]。中西[8]は、学齢期から成人期までを対象とした日本で初めての本格的なパネルデータ（青少年期から成人期への移行についての追跡的研究　Japan Education Longitudinal Study）を用いて義務教育段階を通じた学力の社会階層間格差の変化の実態を示している。保健においても、学校で保健を学んだことによる効果を追跡調査などによって検証する研究の登場が期待される。例えば、近年の喫煙率の低下に保健の学習が寄与していたのか、同様に1990年代から行われてきたエイズ教育は成果を上げたのか、さらには、がん教育は将来の児童生徒に何をもたらすのかということなどが興味深い。

5●実践研究でのデータ解釈

　実践の効果を客観的にどう測定するかという課題、特に統計に関わる手法について述べる。近年では、統計的に有意な差かどうかの検定だけでなく、母集団が含まれる範囲の推計が推奨されている。また、検定は対象数が増えれば有意になりやすいため、効果量の報告も求められている。有意差だけでなく、少数の対象でも効果があるかどうかを検討することも必要であろう。このことは、多くの対象者を集めることが難しい実践研究において、研究の価値を高めることに他ならない。

　続いて、架空の例を示して実践研究のデータ解釈の留意点を述べる。「新しい教育方法を適用した保健授業を受けた生徒の保健の学力が向上するかどうか」を検証するため、複数の学校に在籍する中学生を新しい教育方法による介入群と介入を行わない非介入群とに割り振り、授業前後に保健の学力テストの得点を比較したとする。両群とも平均点は事後が高まっており、介入群の上昇分から非介入群の上昇分を差し引いた値が介入の効果と解釈できる。この結果から、「新しい教育方法を適用した保健授業では生徒の保健学力が向上した」という結論が得られる。平均点が上昇したことについて、いくつかのパターンを考えてみたい。

　(A)ほぼ全員の生徒に同じくらいの上昇があった場合

　(B)半数の生徒が平均の2倍ほど上昇し、残りの半数に変化がなかった場合

　(C)大きく上昇した生徒、変化のなかった生徒、低下してしまった生徒など様々
　　な結果を平均しての上昇だった場合

　(A)のような結果が望ましく、(B)は交互作用を検討する必要があり、(C)の例は外れ値が平均値を引き上げている例である。平均点が上昇したという結果だけでなく、得られたデータの慎重な解釈が重要であり、実践研究であるから、少数であってもマイナスの効果のあった生徒へのフォローも考えなければならない。また、集団間と集団内のデータの分散やクラス内相関係数を確認し、マルチレベルモデルの適用を検討したい。また、効果のあった介入授業の動画を確認し、さらなる要因を抽出するといったこともできよう。

6●活性化に向けて

　最後に、保健の実践研究の活性化のための提言をしたい。現状認識として、「よい実践は多くなされているが、論文としてまとめられていないために、エビデ

ンスとしての蓄積と次なる実践へとつながっていない」とした。これを踏まえ、実践研究のポイントを提案したい。

(1)実践研究の際には先行研究や先行実践に基づくようにする。これらが見あたらず、自らの経験やアイデアによるものならば、その経験やアイデアを開示し、その積み重ね自体を論文発表する。

(2)研究デザインを決める。前後比較なのか、教育介入のないクラスとの比較なのかなどをはっきりさせる。

(3)成果指標と評価方法を定め、それぞれが実践のねらいに対応するものとする。

(4)実践発表や研究論文として発表する。

表1には、保健の実践研究を投稿できる学会誌の候補を示した。一方で、実践研究を論文として掲載する学会側も実践研究の価値を認め、実践研究の掲載手続きをクリアにすべきである[9]。

例示した学会誌の特徴について述べたい。まず、『体育学研究』は会員数約6,000名の国内の体育学研究領域における最大級の学術雑誌である。日本学校保健学会は養護教諭の会員割合が高いことが特徴であり、『学校保健研究』には本稿でも紹介したように保健に関わる実践研究も掲載されている。『日本健康教育学会誌』には健康教育活動に関する報告として活動報告があり、統計データ・記載方法等に関するガイドラインは非常に参考になる。『保健科教育研究』は2016年に刊行されたばかりであるが、その名の通り保健教育に関する論文の投稿・掲載が期待される。これらの学会の学会大会（学術集会、研究大会）において実践発表をし、そこでの質問やコメント、情報交換会等でのディスカッションを反映させた論文を投稿することを強く勧める。

多くの実践研究の論文が発表され、それを先行研究として次なる実践研究が生まれ、さらなる論文が世に出ることが望まれる。論文を書くために実践をするのではないと考える人も多いだろう。しかし、論文化して多くの人達に読まれ、追試や応用として広がれば、その実践の成果は授業を受けた児童生徒のみにとどまらず、未来の児童生徒にも向けられることになる。実践研究の活性化と相まって、保健そして保健体育の教科としての価値が高まり、保健を学んだ

表1　保健の実践研究を投稿できる学会誌

日本体育学会	『体育学研究』
日本学校保健学会	『学校保健研究』
日本健康教育学会	『日本健康教育学会誌』
日本保健科教育学会	『保健科教育研究』

児童生徒の健康や安全に関する資質や能力が身に付くことに期待したい。

（杉崎弘周）

引用・参考文献

1) 山本正嘉「体育・スポーツ分野における実践研究のあり方と方法論─スポーツ選手を対象としたトレーニング研究を例に─」、『スポーツパフォーマンス研究』Editorial 2017：pp. 12-34、2017.
2) Minds診療ガイドライン選定部監修『Minds診療ガイドライン作成の手引き 2007』医学書院、2007.
3) ジョン・ハッティ（山森光陽監訳）『教育の効果─メタ分析による学力に影響を与える要因の効果の可視化─』図書文化、2018.
4) 伊藤公一朗『データ分析の力　因果関係に迫る思考法』光文社新書、2017.
5) 中澤渉「教育政策とエビデンス─教育を対象とした社会科学的研究の動向と役割─」、志水宏吉編『岩波講座 教育変革への展望2 社会のなかの教育』pp. 73-101、岩波書店、2016.
6) 清水裕士『個人と集団のマルチレベル分析』ナカニシヤ出版、2014.
7) 筒井淳也・水落正明・保田時男編著『パネルデータの調査と分析・入門』ナカニシヤ出版、2016.
8) 中西啓喜「パネルデータを用いた学力格差の変化についての研究」、『教育学研究』82：pp. 583-593、2015.
9) 市川伸一「『実践研究』とはどのような研究をさすのか─論文例に対する教心研編集委員の評価の分析─」、『教育心理学年報』38：pp. 180-187、1999.

※本節は次の論文を改編したものである。杉崎弘周・上地勝「EBMからみた保健の『実践研究』の意義と課題」、『体育科教育』66（7）：pp. 34-37、大修館書店、2018.

2

実践研究の展開①
質的分析

1●質的データとは

　質的分析に用いられる質的データとは、「行動観察記録、会話記録、内省的な言語報告などのような記述的なデータ」のことをいう[1]。授業の実践研究にあてはめると、

(1)授業の全体を観察して教師の発問や子どもの発言、授業の雰囲気などをメモしたり、ビデオに録画したりしたものを記録起こしした データ

(2)グループ活動の際にグループごとの会話を録音して記録起こしした データ

(3)授業後に子どもにどのようなことを考えたかについてインタビューした データ

(4)授業時に子どもが記入したプリントや感想文の文字データ

などを指す。これらの文字、文章である質的データは、「カテゴリーに分類するなどして、量的データにして分析することもあるが、むしろ量には還元しにくい内容的な側面に着目して考察がなされることに特色がある」とされている[1]。実践研究では、学習を通して、授業目標に到達できていたのかという視点を持った上で、それぞれの質的データを分析することが必要となろう。

　多くの授業で、子ども達が授業でわかったこと、感じたこと、疑問に思ったことなど、感想文をまとめさせることが多いと思われる。そこで、ここからは、拙論を例に授業の感想文を授業の目標や研究の目的と照らしてどう質的に分析していくかについて考えていく。

2●授業の目標に照らした知識の質的分析方法

　まず、この授業で何を理解できたか、という知識を質的に分析した例として、表1がある[2]。この授業は、中学校3年生を対象にした市販のかぜ薬の副作用予防を題材にしたものである。授業における知識・理解の観点における目標は、

表1　授業目標に照らした知識に関する記述の分析

授業目標	目標①かぜ薬の効能、自然治癒力の意味		目標②専門家へ相談、説明書を読む		その他
カテゴリー	自分に合った使用	薬の効能	専門家に相談	説明書を読む	薬の限界を知った使用
記述例	・自分の体との相性を吟味して薬を服用したい。 ・自分の体と対話して健康状態を理解して安全に使いたい。 など11件	・薬はかぜを治すと思っていたが症状を緩和させるだけだと知った。 ・薬はかぜを治すヒーローだと思っていたが副作用もあると知った。 など9件	・使用する際は、薬剤師に相談してから使うのがよいとわかった。 ・自分で勝手に判断せずに専門家に相談してから使いたい。 など7件	・説明書や成分表を見て未然に副作用を防ぎたい。 ・説明書を読み、自分の体を守れるよう心がけたい。 など15件	・薬は万能ではないということを知って使用すべきだ。 など4件

①かぜを治すのは自然治癒力であり、かぜ薬はそれを補助する効能があることを理解する、②かぜ薬を購入・使用する際に、薬剤師に相談したり、説明書をよく読んだりすることで副作用を予防できることを理解する、の2つであった。そこで、学習内容をどの程度正しく理解できたかについて把握するために、授業の目標に照らした内容を抜粋したものが表1である。

　感想文の中で、知識・理解を示す記述を抜き出し、内容のまとまりごとにカテゴリー化する。その上で、検討するために、それぞれのカテゴリーが授業の目標のどこに合致するかを分析し、表にまとめるという作業を行った。また、誤った知識・理解と判断される記述がないかどうかも分析した。次項で述べる知識の量的分析方法を参照し、研究の目的に応じて、いずれの分析方法を用いるのがよいか、あるいは、両方を併用するのがよいかについて検討していただきたい。

3●研究の目的に照らした意識の質的分析方法

　次に、授業によって意識がどう変化したかを質的に分析する方法について見ていく。表2は、中学校2年生を対象に筆者が行った交通事故防止の授業において、生徒の意識がどう変化したかについての質的分析の結果である。この研究では、自分も交通事故にあう可能性があるという実感、つまり「当事者性」の自覚を高める教材の効果を検証することを目的としている[3]。

　ここでは、感想文の記述を内容のまとまりごとに区切り、同じ内容の記述を

表2　授業による意識の分析──感想文のカテゴリーと記述例

研究の目的	カテゴリー	記述例
事故の当事者性	自分の行動との接点	遅刻しそうなときに急いでいて不注意になるのはとてもよくありそうで不安になった。 （事例：11件、DVD：1件、グラフ・資料：1件、教材の記載なし：18件、計31件）
	自分が事故にあう可能性の意識	自分は事故にあうはずがないと思っても事故にあってしまうことがあるので、自分にもいえることだと思った。 （事例：11件、データ・資料：2件、教材記載なし：25件、計38件）
事故の重大性	事故の恐ろしさの実感	A君の事例から事故の恐ろしさを知った。 （事例：4件、DVD：1件、教材記載なし：4件、計9件）
	事故の影響の大きさ	事故にあった後は、自分だけでなく、他人にも大きな影響があるので気をつけたい。 （事例：15件、教材記載なし：3件、計18件）
事故防止の意欲	事故原因についての考察	事故が起きるとき、ほとんど自分の責任なのではないかと思った。環境要因も車両要因も自分で気をつけられることが多いので、ふだんから周りを見たい。 （事例：2件、DVD：2件、グラフ・資料：4件、教材記載なし：21件、計29件）
	交差点事故への注意	登下校に交差点がいくつかあるので気をつけて歩きたい。 （ヒヤリハット体験：1件、教材記載なし：3件、計4件）
	事故防止の視点	原因の中には行動によってなくすことができるものもあり考えさせられた。 （事例：3件、DVD：1件、ヒヤリハット体験：1件、グラフ・資料：1件、教材記載なし：33件、計39件）
	自動車運転手の視点からの注意	DVDから、運転手には見えていないが、客観的に見ると自転車が来ていることがわかる。どれだけ運転手が注意しなければならないかわかった。 （事例：1件、DVD：2件、計3件）
	事故防止の意識	事故防止すべきことを意識して気をつけていきたい。 （教材記載なし：6件、計6件）
	気をつけても起きる事故への不安	自分がどんなに気をつけていても事故は起こりうるので不安だ。 （DVD：1件、教材記載なし：3件、計4件）

まとめ、カテゴリー化している。研究者2名それぞれが分類した後に、分類において異なるものについて協議し、カテゴリー化を行った。この研究の目的として、授業によって事故の「当事者性」の自覚や、これに関係する事故の重大性の自覚、事故防止の意欲がそれぞれ高まったかどうかを把握したいため、表の左端には「研究の目的」として記載している。これらは、カテゴリー化された結果を考察する際、どの研究目的に合致しているのかを示すために記載した。授業の効果を検討する際には、研究目的や授業の目標が達成できたかどうかを、これらのカテゴリーや記述例をもとに考察することになる。

4●感想を求める際の注意点

　感想文の質的分析を行う際、感想の記述を求める場面で教師がどのような指示をするか、ということはよく考えておく必要がある。例えば、「今日の授業でわかったことや疑問に思ったことを書いてください」と指示してから感想文を書かせると、子どもは「わかったこと」をあえて書いたり、疑問を書いたりすることがある。「今日の授業で考えたことを書いてください」と指示すると、考えたことを書くことになる。

　つまり、授業者が授業の中でどのような言葉を使ったか、ということが質的データには大きな影響を与える可能性がある。授業のまとめで教師が「今日の一番大事なことは〜でしたね」といった言葉かけをすることも同様である。このようなまとめの後に感想を書くと、多くの子どもは「今日は□□が一番大事なことがわかりました」とまとめるかもしれない。授業のねらいに即した言葉、例えば先述の「交通事故はみなさんにもいつ起きるかわかりません」「交通事故はみなさんにとって身近です」などといった言葉を繰り返すようなことがあると、教師の言葉に影響を受け、本当に子どもが理解し、主体的に考えたのかどうかが把握できなくなってしまう。

　よって、授業を客観的に評価しようとするならば、授業のねらいやまとめを教師が直接的にいったり繰り返したりしないこと、また、感想文を書く際には何の指示もしないで自由に書かせるようにすることが望ましいと筆者は考える。自由に記載を求めれば、ある子どもはわかったことをまとめるかもしれないし、また別の子どもは自分の生活に照らした学習内容の振り返りを記述するかもしれない。あるいは、過去に学習した内容と結び付けたり、疑問に思ったことを記述したり、自分の生活の中にどう活かすかという観点から記述したりすることもあるだろう。このように、子どもが主体的に持った感想であり、かつ、感想の内容量が多く、同時に内容のバリエーションが豊富であることが、質的分析データとして重要であろう。

　また一方で、このような量・質ともにバリエーションのある感想文の記述を期待する際、日頃の授業の中で、多くの分量を書く練習や豊富な内容を自由に書いてよいとする指導が必要である。より深い思考のもとで感想を記述できるようになるためには、ただノートに記入したこと、黒板に書かれたことをまとめるだけでなく、自分で気付いたこと、振り返り、自分の生活との結び付き、その他の問題との結び付きなどを記述することができるように指導したい。そのために、感想文を授業内で発表して共有したり、互いの感想文を読み合った

り、プリントで多くのクラスメートや学年の感想文を紹介したりといった日々の繰り返しの指導が求められる。このような指導や働きかけがない場合、量・質ともに豊富な質的データとしての感想文が得られず、分析の範囲を狭めてしまいかねない。

（佐見由紀子）

引用・参考文献

1) 南風原朝和・市川伸一・下山晴彦編『心理学研究法入門』pp. 9-10、東京大学出版会、2013.

2) 佐見由紀子・植田誠治「市販薬の使用における副作用の『罹患性』の自覚を高める保健の授業」、『日本健康教育学会誌』25（4）：pp. 269-279、2017.

3) 佐見由紀子・植田誠治「中学校保健の授業における交通事故の『当事者性』の自覚を高める教材開発と評価」、『保健科教育研究』3：pp. 2-11、2018.

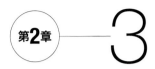

実践研究の展開②
量的分析

1●量的データとは

　質的分析のデータが言葉、文字であったのに対し、量的データとは、心理学の研究についていえば、「数値で表現されているデータのことで、心理テストの得点がその典型である。このようなデータは、平均、標準偏差、相関係数などをはじめとしてさまざまな統計的な指標をとってそれを分析することができる」とされている[1]。授業の実践研究でいえば、授業の事前と直後、その後1～3ヶ月後に、同じ質問紙調査を行い、知識や意識が授業によってどう変化したのかを得点化したものや、テストの合計点をもとに分析する方法が考えられる。体育の授業であれば、時間内に走った距離やタイム、心拍数といった数値の変化を分析するのも量的分析の例である。

　ここでは、知識と意識について、授業の事前、直後、1～3ヶ月後に同じ内容の質問紙調査を3回実施し、その分析をした例をもとに見ていく。

2●知識の量的分析方法

　前節の交通事故防止の実践研究を例にすると、知識の変化を見るために、表1のように6つの質問項目を設定している（実際には、7項目設定したが、1項目は正誤の判断が困難であったため、分析から除外してある）。この質問項目は、この交通事故防止の授業で取り上げ、理解して欲しい内容である。これらの項目について、正しい、間違い、わからないの3件法で問い、正解を1点、不正解、わからないを0点として得点化した。その上で、事前、直後、1ヶ月後で変化があったかどうかをCochranのQ検定を用いて分析した。有意水準は5%未満である。また、差が認められた場合、授業の事前と直後、事前と1ヶ月後、直後と1ヶ月後のいずれにおいて差が認められたのかは、正答率のパーセンテージから把握した。

表1　交通事故防止の授業による知識の量的分析結果

質問項目	正誤		正答率 (%)	SE	群内比較 Q値	p
1．交通事故の要因は環境要因 と車両要因の2つである。	誤	事前	25.3	0.090		
		直後	77.2	0.047	48.731	<0.001
		1ヶ月後	53.2	0.065		
2．中学生に多い事故は歩行中 である。	誤	事前	48.8	0.080		
		直後	96.2	0.022	46.773	<0.001
		1ヶ月後	74.7	0.057		
3．事故防止には危険予測をす ることが大切である。	正	事前	97.5	0.035		
		直後	100.0	0.000	2.800	0.247
		1ヶ月後	96.7	0.043		
4．事故防止にはその場で危険 回避することが大切である。	誤	事前	27.5	0.091		
		直後	60.8	0.070	25.136	<0.001
		1ヶ月後	40.5	0.082		
6．疲れていると事故にあいやす い。	正	事前	76.3	0.089		
		直後	94.9	0.045	13.455	0.001
		1ヶ月後	86.1	0.073		
7．交差点での事故が一番多い。	正	事前	80.0	0.091		
		直後	97.5	0.038	14.889	0.001
		1ヶ月後	86.1	0.079		

　この結果を見ると、質問項目3「事故防止には危険予測をすることが大切である」のみで差が認められなかったことがわかる。その理由として考えられるのは、授業の直後には正答率が100％になっているものの、事前の正答率は97.5％とすでに高かった点がある。このように、量的に把握することで、子ども達が何をどのように理解していたか、その一面を見ることができる。

　このような知識の量的分析方法として、テストの合計点を用いて授業の前後で分析する方法も考えられる。しかし、ここでは授業の効果を見るために、それぞれの学習内容が理解できたかを把握するために、表1のような1項目ごとに分析を行っている。どの方法が適切かは、研究目的に沿って考える必要がある。

3●意識の量的分析方法

　次に、授業において意識がどう変化したかを量的に分析する方法について見ていく。前節の「交通事故防止の研究」を例にすると、「当事者性」の自覚を高める授業の効果を検証することが研究目的であるため、意識の中でも、まず「当事者性」の自覚が高まったかを把握したい。自分が調べたい意識について

すでに先行研究で調査項目が作成されている場合は、その妥当性、信頼性を確認した上で使用するのがよい。

　しかし、交通事故の「当事者性」の自覚については、調査項目が見つからなかったため、類似する保健行動理論を用いたいくつかの研究を参考に5つの調査項目を作成した。質問項目に対して、「1. とてもそう思う　2. そう思う　3. どちらともいえない　4. そう思わない　5. まったくそう思わない」の5件法で回答を求め、とてもそう思う（5点）から、まったくそう思わない（1点）までを得点化している。このような順序尺度を用いた分析には、ノンパラメトリックの検定法を用いることとなっている。そのため、この研究では、事前、直後、1ヶ月後の差の検定にFriedman検定を行い、差が認められた場合には、事前と直後、事前と1ヶ月後、直後と1ヶ月後のいずれに差があるのかを把握するために多重比較としてWilcoxonの符号付順位検定を行っている。また、多重比較の際には、第1種の過誤を考慮するために、Bonferroni補正を行い、有意水準を $0.05/3 = 0.017$、$0.01/3 = 0.003$、$0.001/3 = 0.0003$ と設定した。この結果を見ると、おおむね、それぞれの意識が高まっていることがわかるが、いくつかの項目では差が認められないものもあった。

4●効果量

　次に、量的分析の一つとして、効果量を紹介する。次頁表2の右端の欄には、上段にz値、中段にp値、下段に効果量rが記載してある。有意差検定におけるp値とは、「交通事故防止の授業が知識の向上にまったく影響しないとしたら、得られたデータが出現する確率がどのくらいか」を示す値である。この有意差検定では、一般にN（対象者数）が多ければ多いほど差が出やすい。そのため、ごく小さな差でもNが十分に多ければ差が出ることもあれば、逆にNが少ないがために、本当は影響があるのに差が出ないこともある。実際に研究で知りたいのは、交通事故防止の授業が意識の向上に及ぼす効果の大きさである。このように授業の効果の大きさを表す統計的指標が効果量（Effect Size：ES）である[4]。

　水本は、この効果量をサンプルサイズによって変化することのない標準化された指標であるとした上で、有意差があってもなくても報告するのがよいとし、様々な検定に応じた効果量算出の方法を紹介している[5]。表2を再度見ると、授業の事前、直後、1ヶ月後のFriedman検定では差が見られなかった、「10. 家族が心配する」「17. 危険な行動に気をつけることができる」の2項目にお

表2　交通事故防止の授業による意識の量的分析結果

質問項目	事前	直後	1ヶ月後	群内比較 p	事前—直後	事前—1ヶ月後	直後—1ヶ月後
	中央値（25%, 75%）				（上段：z、中段：p、下段：効果量r）		
当事者の自覚　1. 自分が注意しないとあう	5.0 (4.0, 5.0)	5.0 (4.0, 5.0)	5.0 (4.0, 5.0)	0.001	3.652 / <0.001 / 0.41(中)	0.195 / 0.845 / 0.02	2.334 / 0.020 / 0.26(小)
2. 自分が今後あう	4.0 (4.0, 5.0)	5.0 (4.0, 5.0)	5.0 (4.0, 5.0)	0.001	3.868 / <0.001 / 0.44(中)	1.812 / 0.070 / 0.21(小)	1.549 / 0.121 / 0.18(小)
3. 自分が今すぐあう	3.0 (3.0, 4.0)	4.0 (3.0, 5.0)	4.0 (3.0, 5.0)	<0.001	3.026 / 0.002 / 0.34(中)	2.827 / 0.005 / 0.32(中)	0.562 / 0.574 / 0.06
4. 自分はあう可能性がない*	4.0 (4.0, 5.0)	4.0 (4.0, 5.0)	4.0 (4.0, 5.0)	0.710	0.605 / - / 0.07	0.757 / - / 0.09	1.260 / - / 0.14(小)
5. 自分がいつあってもおかしくない	4.0 (3.3, 5.0)	4.0 (4.0, 5.0)	4.0 (3.0, 5.0)	0.385	0.171 / - / 0.02	0.869 / - / 0.09	1.198 / - / 0.14(小)
重大性の自覚　6. 命にかかわる	4.0 (3.3, 5.0)	4.0 (4.0, 5.0)	4.0 (3.0, 5.0)	0.038	1.923 / 0.054 / 0.22(小)	0.646 / 0.518 / 0.07	1.538 / 0.124 / 0.17(小)
7. 苦痛を伴う	4.0 (4.0, 5.0)	5.0 (4.0, 5.0)	5.0 (4.0, 5.0)	0.004	3.604 / <0.001 / 0.41(中)	0.871 / 0.384 / 0.09	2.183 / 0.029 / 0.25(小)
8. 大きな問題ではない*	4.0 (3.0, 5.0)	4.0 (4.0, 5.0)	4.0 (4.0, 5.0)	0.047	1.770 / 0.077 / 0.2(小)	1.372 / 0.170 / 0.16(小)	0.997 / 0.319 / 0.11(小)
9. 今までの生活が送れない	3.0 (3.0, 4.0)	4.0 (3.0, 5.0)	3.0 (3.0, 4.0)	0.049	1.818 / 0.069 / 0.21(小)	1.242 / 0.214 / 0.14(小)	0.461 / 0.645 / 0.05
10. 家族が心配する	4.0 (4.0, 5.0)	5.0 (4.0, 5.0)	4.0 (4.0, 5.0)	0.200	1.131 / - / 0.13(小)	0.429 / - / 0.05	1.699 / - / 0.19(小)

・質問項目＊：逆転項目であり、「まったくそう思わない」を5点……「とてもそう思う」を1点としている。
・事前—直後、事前—1ヶ月後、直後—1ヶ月後：Wilcoxonの符号付順位検定、Bonferroniの補正を行った。
・効果量r：0.1以上で(小)、0.3以上で(中)、0.5以上で(大)、0.1未満でほとんどなし、授業の効果が認められた箇所には網掛けを付した。

いて、授業の事前—直後の間では効果量が小となっている。また、「18.　危険な場所に気をつけることができる」の項目では、授業の事前—直後だけでなく、事前—1ヶ月後の間でも効果量が小であり、効果が授業直後だけでなく1ヶ月後まで継続していることがわかる。

　授業や指導を実施する場合、N（対象者数）が限られることも多いため、今後は、Nにとらわれない授業の本来の効果を示すために効果量を示した研究発表が増えることが期待される。

　ここまで例に挙げた実践研究はいずれも、準実験デザインに基づき、1学年4クラスを2クラスずつに分け、異なる2つのタイプの教材を用いて授業を実

質問項目		事前	直後	1ヶ月後	群内比較 p	事前—直後	事前—1ヶ月後	直後—1ヶ月後
		中央値（25%, 75%）				（上段：z、中段：p、下段：効果量r）		
事故防止行動意図	11. 心の状態に気をつけたい	4.0 (3.0, 4.8)	5.0 (4.0, 5.0)	4.0 (4.0, 5.0)	<0.001	4.483 <0.001 0.51⊛	3.529 <0.001 0.41⊕	1.128 0.254 0.13⼩
	12. 危険な行動に気をつけたい	4.0 (4.0, 5.0)	5.0 (4.0, 5.0)	4.0 (4.0, 5.0)	<0.001	3.817 <0.001 0.43⊕	0.975 0.329 0.11⼩	-2.805 0.005 0.32⊕
	13. 危険な場所に気をつけたい	4.0 (4.0, 5.0)	5.0 (4.0, 5.0)	5.0 (4.0, 5.0)	0.001	3.900 <0.001 0.44⊕	0.709 0.478 0.08	2.256 0.024 0.26⼩
	14. 気をつける必要はない*	4.0 (4.0, 5.0)	5.0 (4.0, 5.0)	4.0 (4.0, 5.0)	0.001	3.771 <0.001 0.43⊕	0.167 0.867 0.02	2.973 0.003 0.34⊕
	15. 交通ルールを守りたい	4.0 (4.0, 5.0)	5.0 (4.0, 5.0)	4.0 (4.0, 5.0)	0.026	2.745 0.006 0.31⊕	0.459 0.646 0.05	-1.823 0.068 0.21⼩
事故防止自己効力感	16. 心の状態に気をつけることができる	3.0 (3.0, 4.0)	4.0 (3.0, 4.0)	4.0 (3.0, 4.0)	0.041	2.193 0.028 0.25⼩	1.305 0.192 0.15⼩	1.267 0.205 0.14⼩
	17. 危険な行動に気をつけることができる	4.0 (3.0, 4.0)	4.0 (3.0, 5.0)	4.0 (3.0, 5.0)	0.106	1.797 - 0.20⼩	0.820 - 0.09	0.845 - 0.10
	18. 危険な場所に気をつけることができる	4.0 (4.0, 5.0)	4.0 (4.0, 5.0)	4.0 (4.0, 5.0)	0.174	1.439 - 0.16⼩	1.010 - 0.11⼩	0.270 - 0.27⼩
	19. 交通ルールを守ることができる	4.0 (4.0, 5.0)	4.0 (4.0, 5.0)	4.0 (4.0, 5.0)	0.001	3.453 0.001 0.39⊕	1.232 0.218 0.14⼩	2.374 0.018 0.27⼩
	20. 気をつけることができない*	4.0 (4.0, 4.0)	4.0 (4.0, 5.0)	4.0 (4.0, 4.0)	0.038	2.073 0.038 0.24⼩	1.541 0.123 0.17⼩	1.163 0.245 0.13⼩

・群内比較：事前─直後─1ヶ月後の変化、Friedman検定による。
・Friedman検定により、有意な差が認められなかった項目については多重比較を行っていないため「-」としている。
・25%：25パーセンタイル値、75%：75パーセンタイル値。
・有意差が認められた項目には網掛けを付した。

施したものである。このような研究スタイルの場合には、2群間において事前に知識や意識の差がないかを分析した上で、授業直後の差、授業1ヶ月後の差を見て、授業後の効果を検討する必要がある。当然のことながら、倫理的配慮として、全ての調査が終了した後に、教育保障として、2つのタイプの授業の両方を全てのクラスに実施する必要があることはいうまでもない。

＊

　前項と本項で紹介した質的分析と量的分析は、単独で用いる場合と両方をあわせて行う方法がある。例えば、はじめに量的分析を行い、その結果についてより深い理解を得るために質的分析を行う方法や、はじめに質的分析を行い、

その結果から生じたリサーチクエスチョンに答えるために量的分析を行う方法、また、量的分析と質的分析など複数の方法を同時に行うトライアンギュレーションと呼ばれる方法がある[6]。このような混合法は、単独の研究方法が持つ弱点を補うための効果的な研究方法であるとされている。また、量的分析と質的分析の結果が一致する場合もあれば矛盾が生じる場合もあるが、いずれの場合であっても研究者にとっては有益な結果となるとされている[7]。保健の授業実践の発展のためにも、質的分析、量的分析、あるいは混合法を用いた実践研究が多く行われることが望まれる。

（佐見由紀子）

引用・参考文献

1) 南風原朝和・市川伸一・下山晴彦編『心理学研究法入門』pp. 9-10、東京大学出版会、2013.
2) 佐見由紀子・植田誠治「市販薬の使用における副作用の『罹患性』の自覚を高める保健の授業」、『日本健康教育学会誌』25（4）：pp. 269-279、2017.
3) 佐見由紀子・植田誠治「中学校保健の授業における交通事故の『当事者性』の自覚を高める教材開発と評価」、『保健科教育研究』3：pp. 2-11、2018.
4) 大久保街亜・岡田謙介『伝えるための心理統計　効果量・信頼区間・検定力』pp. 43-45、201-202、勁草書房、2015.
5) 水本篤・竹内理「研究論文における効果量の報告のために―基礎的概念と注意点―」、『英語教育研究』31：pp. 57-66、2008.
6) Randall, R. Cottrell, James, F. McKenzie "Health Promotion & Education Research Methods Second Edition" Jones and Bartlett Publishers, LLC. p. 4, 2011.
7) 宮本惣右介・宇井美代子編『質問紙調査と心理測定尺度　計画から実施・解析まで』pp. 282-286、サイエンス社、2014.

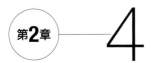

第2章 4

実践研究の展開③
教科書教材研究

1●教科書教材研究とは

　本稿での「教科書教材研究」とは、"教科の主たる教材"である検定済み保健・保健体育教科書（以下、保健の教科書）の中に掲載されている"図表"に焦点をあて、学習指導要領や教科書本文との適合性について、"授業実践を行う授業者の視点"から分析・検討を進めるものである。課題が発見された場合には、日々の授業実践の中でその図表の扱いに注意を払ったり、課題の根拠を教科書出版会社等に紹介し、国の教科書制度に則った訂正・書き換えをサポートしたりする取組を行う。つまり、保健の教科書のさらなる質的向上を願いながら、教科書内の図表の考証を担い、教材としての図表の不備を一つずつ解消することで、児童生徒の豊かな保健の学びを保障しようとする研究である。

　「厳しい教科書検定を合格した保健の教科書に、児童生徒の学びに混乱を生

図1　教科書に掲載されている再検討の余地のあるイラスト

①感染症を媒介する恐れのある蚊の存在を学ぶ場面における蚊の図表。蚊の羽は実際は2枚だが、4枚で描かれていた。
②予防接種の価値を学ぶ場面における注射の図表。実際の刺入角度は10〜30度であるが、筋肉注射なみに描かれていた。
③自転車の安全確保のための構造として、シートステー（座席から後輪車軸にかけてのポール）が本来備わっているが、それが描かれていなかった。

じさせるような図表や、訂正・書き換えが必要となるような図表があるはずがない」と考えたいところではあるが、課題の深刻さの程度の差こそあれ、"表記の仕方や内容に再検討の余地がある"と指摘せざるを得ない図表は、実は少なくない。一例としては図1の通りである（イラストは原本をもとにしたイメージ図）。

どうしてこのような図表が掲載されてしまうのか。本稿の「教科書教材研究」の意義・価値を明確にするためにも、まずは日本における教科書について、その位置付けや児童生徒の手元に届くまでのプロセスを確認したい。

2●日本の教科書の位置付けと児童生徒の手元に届くまでのプロセス

日本の学校で利用されている教科書（正式名称は、"教科用図書"）とは、「教科書の発行に関する臨時措置法」[1]にある「教育課程の構成に応じて組織排列された教科の主たる教材として、教授の用に供せられる児童又は生徒用図書であって、文部科学大臣の検定を経たもの又は文部科学省が著作の名義を有するもの」として定義されるものである。国による"教科書検定"と"無償給与"を制度の柱としながら、"教科の主たる教材"として児童生徒の豊かで確かな学びを支えている。また、学校教育法[2]の定めやその準用により、小学校、中学校、義務教育学校、高等学校、特別支援学校等においてその"使用義務"が課せられていることからも[*1]、日本の教科書は、"全国の学校の授業そのものに直接的な影響を与え得るもの""国の教育行政の方向性や有り様を具体的に映し出す鏡"ともいえるとても大きな存在である。約10年に一度の学習指導要領の改訂の際に、そのつど求められる新しい時代の新しい教育の姿の具現化に向け、大きな期待が込められている日本の教科書。その役割と責任は、政治的な意志も加味されつつ、思いの他重い。

また、次期学習指導要領の完全な実施を控えるタイミングにおいては、その趣旨・内容がより正確に反映された形での著作・編集が新しい教科書には強く求められていき、現在であれば、「主体的・対話的で深い学び」の視点に立った学びやすい教科書の体様、デジタル化を踏まえた教科書づくりの工夫や配慮が、これまで以上に求められる。加えて、教育基本法の目標との整合性や、政府の統一した見解との整合性を図る努力も求められ[3) 4)]、民間の教科書会社が教科書検定で"合格"を得るためには、かつてないほどの労力が必要になってきていることは想像に難くない。

その教科書であるが、各種の法令や施行規則[5)-9)]による制度設計の中で、次

図2　教科書が児童生徒の手に届くまで

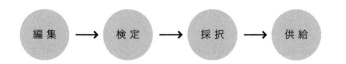

1. 民間の教科書会社が、文部科学省が定める学習指導要領また学習指導要領解説を準拠・参考としながら、各教科の教科書（この段階では正式な教科用図書ではない）を著作・編集し、それを文部科学省に対し、教科書検定の申請を行う。

2. 検定の申請された教科書は、文部科学省の教科書調査官、教科用図書検定調査審議会によって教科書として適切であるかどうかについて調査・審議される。その時、必要な修正を行った後に再度審査を行うことが適当であるとされた場合には、その内容についての検定意見書が申請者に示される。検定意見書の通知を受けた申請者は、その意見に従って修正した箇所を「修正表」によって提出し、審議会はその「修正表」をもとにしながら再度審議を行う。審議の結果は文部科学大臣に答申され、文部科学大臣はその答申に基づき、教科書としての合否を決定し、一連の検定手続は終了する。文部科学大臣による合格を得て、正式な"教科用図書"が世に誕生することとなる。

3. 検定に合格した教科書のうち、どの教科書を当該地区の学校で利用するのかについての採択の権限は、公立学校については所管の市町村教育委員会が、国立・私立学校については校長にあり、複数の教科書会社が作成した教科書が慎重に調査・比較される中で、その採択が決定される。なお、適切な採択の確保のために、都道府県教育委員会には、教科用図書選定審議会が設置されることとなっており、この審議会においても、採択の対象となる教科書についての調査・研究が行われ、その調査結果は"選定資料"として、採択権者への指導・助言・援助に利用される。

4. 教科書の採択が決定されると、それぞれの需要数が文部科学大臣に報告され、集計のもとに文部科学省は教科書会社（発行者）に教科書の発行部数を指示する。指示を受けた教科書会社は教科書供給業者との契約の中で、全国の各学校に確実に教科書が供給されていく。なお、それら教科書は国公私立の義務教育諸学校の全児童生徒に対して、国により無償で給与され、平成30年度の政府予算には義務教育教科書購入費等として約433億円が計上されている[10]。

のようなプロセスを踏み、学習者である児童生徒の手元に届いていく。

　図2は、教科書制度の概略に過ぎないが、教科書会社の丁寧な著作・編集の作業や、公的な権限を持った複数の専門官・専門機関の慎重で厳しい調査・審議の取組、また教育行政のトップである文部科学大臣の合否の判断、並びに、地方自治体の教育関係者の採択に向けた判断・指導等が、段階的・組織的に実施されていることを示している。それぞれの立場の関係者が、良質な保健の教科書を児童生徒に届けるために、それぞれの職責の中で関与している。

　税金での多額の費用が費やされてもいる日本の教科書制度の運用。"教科の主たる教材"である教科書が、児童生徒の質の高い学びに貢献できるものであっ

て欲しいという願いは、多くの納税者・国民の願いでもあろう。

1) 教科書教材（図表）の改善に向けた"授業者の視点"とその価値

　このような段階的・組織的な教科書制度（編集・検定・採択・無料配布のプロセス）をもってしても、教科書教材（図表）の中には残念ながらいくつかの不備・課題が散在していることも、また事実である。このような状況が生じてしまう原因の一つには、前述の現行の制度（プロセス）において"授業実践を行う授業者の視点からの教科書教材（図表）の検討"が不足している点が挙げられる。"授業者の視点"とは、「保健の学びの質を高めるために、この授業実践の場面において、どのような図表が最適なのか」という図表に対する問いかけの視点である。そこには、"児童生徒が授業者の目の前にいる"というごまかしのきかない実践場面の厳しさがあり、児童生徒も、その図表を見て、"直に"保健の学習内容を学ぶリアルさがある。そのような場面において「実際に利用する教科書教材（図表）に、不備・課題は絶対にあって欲しくない。そのような図表は使いたくない」という思いは、授業者にとっては当然のものであり、図表に対するその目利きは"繊細"で"厳しい"。先の"蚊の羽の数"も、蚊が「世界の中では最も多くの人間を殺している生物」としても知られている現状の中、蚊によって感染症が広がっていくことの例を授業で扱う時のその蚊の描かれ方の不備は、児童生徒に感染症防止の理解を深めさせたい立場において、看過できるものではなかろう。このような"授業者の視点"からの教科書教材（図表）の検討（＝研究）が推進されることは、図表の不備・課題が正され、教科書をより発展させ、質の高い保健の授業実践・学びを創造することにつながっていくと思われる。

2) 教科書教材（図表）の検討の手法

　"授業実践を行う授業者の視点からの教科書教材（図表）の検討"の手法は、基本的には、一般的に行われている教材研究の手法と同じといえるが、"批判的思考"を一層意識的に働かせながら、"学習指導要領並びに教科書の本文に示された教育内容"と"教科書に掲載されている図表"との適合性を検討していくこととなる。例えば、中学校の「傷害の防止　イ．交通事故などによる傷害の防止」の単元において、学習指導要領解説には「交通事故を防止するためには、自転車や自動車の特性を知り、交通法規を守り、……安全に行動することが必要であることを理解できるようにする」と示され、教科書の本文もそれに準ずる教育内容が記載されている。これに対応する形で「自転車の図表」が

教科書に掲示されているわけであるが、その「自転車の図表」を注視し、次のような観点でその適合性について検討していく。例えば、「教科書に描かれた自転車は、生徒が"交通法規を守ることの大切さ"を学ぶ際に、適切な表記となっているかどうか」という視点である。残念ながら、現在日本で使用されている一部の教科書の中には、その自転車自体が道路交通法違反（＝具体的には、ブレーキシステムのない自転車）の状態で表記されているものが散在しているのだが、そのような表記上の不備・課題が発見され、改善が目指されていく[11][12]。

また、小学校の「健康な生活」の単元では「手の清潔」を保つことの大切さを理解できるようにすることが求められているが、これに対応する教科書上の「手洗いの図表」についても、「児童が"手の清潔を保つことの大切さ"を学ぶ際に、適切な表記となっているかどうか」という視点で検討を進めていく。残念ながら、一部の教科書の中には、現在の学校では衛生面の関係から利用されなくなってきた"固形石鹸をネットに入れた状態のもの"を利用した手洗いの図表が散在していたのだが、そのような表記上の不備・課題が発見され、改善が目指されていく。最近の学校では衛生面の確保のためにポンプ式の液体石鹸の使用が推奨されその利用が一般的であり、授業者は日常の実践場面でそれを把握している。

実践場面の日常的な感覚を踏まえながらの"批判的思考"を働かせた"授業者の視点"による教科書教材（図表）の検討は意義深く、そこから紡ぎ出される指摘・成果が、教科書のデジタル化を見据えた時のその教科書教材の質的向上につながるものと考える。

＊

本稿では保健の教科書に掲載されている"図表"に焦点をあてた「教科書教材研究」について述べてきた。これまでの保健科教育学には"教科書の文章の読みやすさ"に関する研究、歯科衛生や、体の発育・発達、環境問題等の個別の"教育内容"や"カリキュラム"に関する研究等[13]-[17]の蓄積もあり、今後とも様々なアプローチからの教科書研究の取組が期待されるところである。

(赤田信一)

注

＊1　高等学校、中等教育学校の後期課程、特別支援学校並びに特別支援学級において、適切な教科書がない場合などは、検定済教科書以外の図書を教科書として使用することができることになっている。

引用・参考文献

1) 教科書の発行に関する臨時措置法(昭和23年法律第132号)

2) 学校教育法(昭和22年法律第26号)第34条

3) 文部科学省HP:教科書改革実行プラン

4) 義務教育諸学校教科用図書検定基準(平成29年8月10日文部科学省告示第105号)

5) 教科書の発行に関する臨時措置法施行規則(昭和23年文部省令第15号)

6) 義務教育諸学校の教科用図書の無償に関する法律(昭和37年法律第60号)

7) 義務教育諸学校の教科用図書の無償措置に関する法律(昭和38年法律第182号)

8) 義務教育諸学校の教科用図書の無償措置に関する法律施行令(昭和39年政令第14号)

9) 義務教育諸学校の教科用図書の無償措置に関する法律施行規則(昭和39年文部省令第2号)

10) 文部科学省HP:教科書無償給与制度

11) 赤田信一・山田浩平・山下智暉「中学校の保健体育教科書(保健分野)における掲載図表の検討―面積の割合と内容の分析―」、『東海学校保健研究』41(1):pp. 81-94、2017.

12) 赤田信一・山田浩平・山下智暉「高等学校の保健体育教科書(科目保健)における掲載図表の検討―面積の割合と内容の分析―」、『東海学校保健研究』42(1):pp. 85-97、2018.

13) 森昭三「高校保健教科書についての検討」、『学校保健研究』33(1):pp. 15-19、1991.

14) 数見隆生「小学校の新保健教科書と保健授業の改善」、『学校保健研究』34(5):pp. 200-204、1992.

15) 友定保博「小学校の保健教科書の教授学的検討」、『教育実践総合センター研究紀要』4:pp. 201-214、1992.

16) 植田誠治「小学校保健教科書の文章の読みやすさ(Readability)に関する研究」、『学校保健研究』36(4):pp. 245-249、1994.

17) 岩田英樹・岩井浩一・佐見由紀子・渡辺謙「小学校保健教科書の研究―教員への調査結果から―」、『茨城県立医療大学紀要』1:pp. 17-25、1996.

5

実践研究の展開④
公開授業研究

1●公開授業とは

　公開授業では、授業を学校内外の参観者に公開し、授業終了後に授業者と参観者で検討会・協議会を行うことが多い。特に小学校や中学校では一般的な研修の機会であり、「公開研究会」「研究発表会」などと呼ばれることもある。参観者は、公開授業の実施形態によって異なるが、自校の同僚だけの場合もあれば、近隣学校の教師や教育委員会関係者、大学研究者まで広がることもある。全国規模の公開授業であれば、一つの授業に各地から100人以上の参観者が集うことも珍しくない。近年では、教育現場の教師と大学研究者が協力して創る「実践研究的性格を内包する公開授業」も盛んに行われるようになってきた。

1) 公開授業の意義

　自らの授業を公開することの意義は、第一に授業者の力量形成につながること、第二に教師間の学び合いを促進し（同僚性の形成）、望ましい授業についての価値観を伝え合う機会を得ること[1]とされている。また、参観者にとっては、「他の教師の授業は鏡的役割を果たすため、自らの授業についてのリフレクションを相対化する意味を持つ[2]」ことも明らかにされている。

　「同僚性」とは、教師同士が授業を見合い、それぞれの知識や経験を行き来させながら、相互に授業力を高めていけるような協働的な関係やあり方を意味する。佐藤（2015）は、「教師の専門家としての学びと成長にとって何よりも重要なことは、教師は一人では学び成長しないということである。他の専門家と同様、教師が学び成長するためには専門家の学びの共同体が不可欠である。…（中略）…専門家として学び成長することを望むならば、教師は、自らの模範として、また学びと成長を支援してくれるメンターにふさわしい先輩教師との関係を築くべきであり、生涯にわたって共に学び成長し合う仲間の教師のネットワークを築くべきである[3]」と述べ、教師同士が相互に支援し学び合う

ことに同僚性を意味づけ、その必要性と価値を指摘している。山田（2012）が「教員が集い、対話や協働を基に自らの実践を省察し、力を得て日常に帰っていくための『場』をいかにつくりだしていくか[4]」と指摘するように、同僚性の構築にはそれに資する「場」が不可欠であり、公開授業はその契機となり得る機能を有していると考えられる。

また、「リフレクション（reflection）」とは、「内省、省察、振り返り」等を意味する言葉である(reflectionの訳語には様々なものが存在する)。佐藤(1993)は、「専門職としての教師は『反省的実践家』としての成長が求められており、この『反省的実践家』の中核をなすものが『省察（reflection）』である[5]」とし、教師が学習の主体者である子どもの学びの姿や自らの教授行動を客観的に捉え、その事実と解釈を自己の指導方法に反響・反映させて、授業を改善していく営みの重要性を説いている。また久保（2013）は、「授業実践者は自己の授業実践を対象としたリフレクションを行い、授業実践者以外の観察者等の他者は、他者の実践を観察するという学習を対象としたリフレクションを行うことができる[6]」と述べ、公開授業が授業者自身のリフレクションの契機となるだけではなく、参観者も「授業を観ること」を通して自身の実践に対するリフレクションの契機となり得ることについて言及している。

このように公開授業には、教師の力量形成に寄与するだけでなく、同僚性の形成、リフレクションの機会の提供などの意義があると考えられる。しかし、一口に「公開授業」といっても、その形態は以下に大別されるようなものをはじめ様々であり、筆者の経験を踏まえればその目的や特徴も様々である。

2) 公的な公開授業

文部科学省の研究指定校による発表会や、教育委員会が主催する研修会などの公的な公開授業では、その時代の学習指導要領が要請する重要テーマや課題を取り上げて、具体的な指導内容や方法をモデルとして提示することが多い。例を挙げれば、昨今、学校現場では「アクティブ・ラーニング」や「ICTの活用」をテーマに据えた公開授業の熱が高まっている。こうした公的な公開授業では、学習指導要領の趣旨に沿ったモデル授業を開発し、地域内の学校に普及・定着を図ることを目的にして行われる点に特徴がある。参加する教師にとっては、新しい学習指導要領に対応し、時代の要請に応えるための研修の機会として意義深い。

また、授業者にとって公的な公開授業は、公開に至る事前の準備や指導案の検討に膨大な時間と労力を費やすことが少なくないが、公開規模が比較的大き

く、大学研究者や教育委員会関係者をはじめとした多くの参観者が見込まれ、有益な示唆や解釈を得られる場合がある。すなわち、事前の検討では学習指導要領への理解を深め、参観者との事後の検討会で自身の授業を多面的に吟味し、相対化して理解することによって、授業の質を高めることができる。

3) 私的な公開授業

　一方、校内の同僚や近隣学校の教師仲間と互いの授業を見合い、検討することがある。これは公的な公開授業に対して私的な公開授業といえる。学校が自主的に研究主題を掲げて授業を公開したり、民間の研究団体やサークルなどで授業が公開されたりすることもある。私的な公開授業は基本的に、「よい授業がしたい」「もっと学びたい」という熱意の下、学校や教師が自発的に取り組む点に特徴がある。

　そこでは、日頃の授業実践を検討したり、新たな授業の方向性を提案したり、先人の実践研究に学んだり、子どもの多様なニーズに応じた教育実践を模索したりする。また、授業をめぐるその後の検討会は、小規模ながら活発に繰り広げられることが多い。授業中の教師の意思決定や指導行動の妥当性、子どもの反応について、教師間で積極的に意見交換したり、日頃の学習指導の悩みを打ち明けたり共有したりすることもある。こうした私的な公開授業は、教師が相互に自分達を鍛え上げていく研鑽の機会であるだけでなく、同僚との絆を深め共同体を構築する機会ともなる。

2●公開授業が直面する課題

　しかし、「形骸化した公開授業」も散見される。例えば、公開当日に至るまでに、研究主題や研究仮説の設定、組織づくり、学習指導案の事前検討に多大な労力をかけ、これらには共通理解や合意形成という名目で「関係者の了解」が必要となる場合が多い。この一連の過程で実践者が真に追求したいものとは異なる授業デザインの設定が強いられ、公開授業への動機を見失い、いわば「やらされている」状態に陥ることがある。また、公的な公開授業において、公開授業の目的が学習指導要領の趣旨と内容の伝達・徹底に傾斜している場合もある。そこでは一方的に授業が展開され、目の前の子どもの現実や学校の課題に根ざした実践を求める参観者のニーズと一致せず消化不良に終わることもある。事後の検討会では、実践者の抱える悩みや疑問等はないがしろにされ形式的な議論に終始したり、授業者をいたずらに非難したりするだけの質疑応答に陥る

ことも少なくない。さらに、招聘講師の指導講評は「今回の授業を学習指導要領に照らし合わせて振り返ると……」という定型的な内容で、公開された授業が学習指導要領に沿った内容であるか否かのみで評価されてしまうことすらある。こうした形骸化した公開授業で得られるものは少なく、むしろ教師の負担感と忌避感を増すことになる。

　また、「公開授業の授業者が自分の授業にどんな問題を感じ、困り、また望んでいるかについて、参観者はどれほど理解しているだろうか。授業者のことを知らない人たちが授業を初めて観て、どんなアドバイスが可能なのだろうか[7]」といった批判（榊原、2014）が示すように、参観者の姿勢にも課題がある。特に参観目的が「教師集団の授業力量の形成」にあるならば、授業の傍観に終始することなく、参観者間で授業についての知識や技術、信念を積極的に共有するような営みが期待される。

3●公開授業研究をアクション・リサーチに高める

　今日も公開授業は日本各地で盛んに行われている。その中に保健の公開授業はどれほど存在しているのだろうか。その量的な実態を把握するために、全国の国立大学附属中学校77校を対象として、インターネット上で公開されている情報を集計したところ、他教科と比較して保健の公開数が圧倒的に少なかった（表1）。この結果は、あくまで全国の中学校約1万校の一部を切り取っているに過ぎず、一定の限界を持つ。しかし、教育研究の機能を持つ附属学校での実態であることを考えると、全体的にはさらに量的に少数である可能性が指摘できる。

　一方、保健科教育と関係の深い体育科教育に目を向けると、研究者が積極的に教育現場へ参与し、授業者と一体となって「よい授業」を創り、教師の力量

表1　国立大学附属中学校における教科別公開授業数（回数）

大学数	附属中学校数	保健	体育	国語	社会	数学	理科	音楽	美術	技家	英語	道徳
54	77	19	56	66	66	67	66	57	58	61	67	25

※全国国立大学附属学校連盟のホームページに掲載されている中学校77校を対象に調査した。その内訳は、中学校71校、義務教育学校2校、中等教育学校4校である。
　各附属校における最も規模の大きな公開授業（教育研究会、研究授業会等、表現は各校様々）内での、各教科の公開の有無を確認した。
　同一学校内で同一教科を一度に複数回公開している場合でも「1」として算入した。
　平成31（令和元）年度の公開授業を調査対象としたが、同年に公開授業が開催されない場合は平成30年度の情報を参照した。

形成や学校全体の活性化に寄与する営みが盛んに行われており、その成果もまとめられている[8]。しかし、保健科教育の場合はこの動向も弱い。今後、保健科教育が目指すべき公開授業研究のあり方も、教育現場の課題に対して教師同士あるいは教師と研究者が協働的、持続的に取り組み、教師の職能成長や課題解決、教育現場の改善・変革に寄与するといった性格を有する営みであると考える。このような公開授業研究は、「教師の自己成長や力量形成を目的に、調査者と実践者が互いに協働し、実践と評価を繰り返しながら新たな知見を得ていく『アクション・リサーチ[*1][*2]』[9]」そのものであるといえ、保健科教育の発展にも大きく寄与すると考えられる。

　前述の通り、保健科教育研究は、他の教育研究分野よりも実践研究の質・量ともに後れをとる現状にあり、科学性・体系性が不十分であることは否めず、教育現場に散見される「保健授業を苦手とする保健体育教師」の存在がそれを物語っている。そのような現状を打破するためにも、教育現場における実践研究を質・量ともに充実させていくことが非常に重要である。公開授業研究をアクション・リサーチに高め、実践の省察や変容、再構成といった重層的・螺旋的サイクルの知見を示し[10]、保健授業を苦手とする保健体育教師や同じような課題を抱える実践者、あるいは同じような取組を試みたい実践者への有益な手がかりを創出していくことが求められる。そうした努力の積み重ねは必ずや子ども達に「教育」や「指導」という形で還元され、「健康」という極めて重要な教科内容の充実につながっていくだろう。

（山合洋人、菅沼徳夫）

注

*1　三上（2000）の「授業内におけるさまざまな問題を解決するために、教師自らが中心となって、その授業に関するデータを収集・分析し、その問題の解決策を導き出していく研究方法[11]」としての共同生成的なアクション・リサーチに限定する。
*2　実施上の留意点[12]など、研究方法等に関する詳細は先行研究を参照されたい。

引用・参考文献

1）　小原豊「高等教育機関における相互授業参観に関する小考」、『関東学院大学人間環境研究所所報』11：pp. 3-10、2013.
2）　石村雅雄「教員が互いに授業を参観する意味と問題点（講演録）」、『大阪府立看護大学医療技術短期大学紀要』8：pp. 79-84、2002.
3）　佐藤学『専門家としての教師を育てる』pp. 119-121、岩波書店、2015.
4）　山田剛史「『相互研修型FD』のインパクト―三つの大学教育センターにおけるFD実践の省察から―」、『京都大学高等教育研究』18：pp. 138-145、京都大学高等教育研究開発推進センター、

2012.

5) 佐藤学「教育者としての成長」pp. 20-35、日本教育新聞社、1993.

6) 久保研二「教師教育におけるリフレクション概念の検討―体育科教育の研究を中心に―」、『広島大学大学院教育学研究科紀要』第一部、62：pp. 89-98、2013.

7) 榊原禎宏「授業を観るとはどういうことか：ドイツにおける『エビデンスにもとづく授業診断とその開発方法』の提案」『京都教育大学紀要』125：pp. 89-102、2014.

8) 体育授業研究会編『よい体育授業を求めて―全国からの発信と交流―』大修館書店、2015.

9) 古田雄一「アクション・リサーチを通じて産出される知に関する一考察―学校経営研究の方法論に関連づけて―」、『学校経営学論集』1：pp. 1-11、2014.

10) 木村優「教育におけるアクション・リサーチのための実践コミュニティの創造と展開（教育実践研究の方法と組織をめぐる省察）」、『教師教育研究』5：pp. 265-283、2012.

11) 三上明洋「英語授業改善のためのアクション・リサーチに関する一考察」、『英語教育研究』23：pp. 85-96、2000.

12) 上地勝「児童生徒のヘルスリテラシーを高めるためのアクションリサーチ」、『日本健康教育学会誌』27（2）：pp. 201-202、2019.

第2章 6
教師の成長と実践研究

1●教師の成長のモデル

　藤原は、教師の力量形成に関して、「自らの力量を自律的に形成していくことが必要である」とし、様々な研修制度の必要性を論じている[1]。2015年12月21日中央教育審議会答申「これからの学校教育を担う教員の資質能力の向上について」では、現職研修の改革として、校内研修の重視、校外研修の精選、メンター方式の研修（チーム研修）の推進等を挙げており、現職研修を支える基盤として、教員研修センターの機能強化、教職大学院等における教員の資質能力の高度化、研修リーダーの育成等を掲げている。また、現職研修の段階を、1～数年目（教職の基礎を固める時期）、中堅段階（専門性を高め、連携、協働を深める時期）、ベテラン段階（より広い視野で役割を果たす時期）に分けて、それぞれの段階に沿った研修内容を示している。

　その答申を受け、例えば東京都が示しているOJT成長モデルでは、教師の成長段階を基礎形成期、伸長期、充実期として、段階に合わせた研究内容を提示している。OJTとは、On the Job Trainingの略で、「日常的な職務を通して、必要な知識や技能、意欲、態度などを、意識的、計画的、継続的に高めていく取組」のことである。さらに鈴木は、小学校教員（体育科）の成長モデルを、初任期、中堅期、ベテラン期の3期に分け、それぞれの段階の教員が研修で重視している項目について調査を行い、分析している[2]。その概要を説明すると、初任期では、校内研修における他教員からの助言や公的研修制度による他校の実践研究等を学ぶ機会、中堅期では、大学や現職大学院制度等を利用した専門性を探求するための取組、ベテラン期には、研修制度の企画や運営、カリキュラムマネジメント等を重視している。表1は、東京都のOJTと鈴木の調査結果を参考に、教師の成長モデルに沿って、実践研究の内容と実践研究の機会を示したものである。なお、この内容は、多忙な教育活動の中で様々な職務をこなしている教員にとって、あくまで実践研究だけに視点をあてて、研究活動の深

表1　教師の成長段階と実践研究

東京都OJT	鈴木	実践研究に求める内容	実践研究の機会
基礎形成期 初任〜3年	初任期 初任〜4年	・多くの授業に参観して観察する ・実践研究の方法を学ぶ ・実践研究の計画、立案方法を学ぶ ・実践研究の評価方法を学ぶ ・実践研究の発表方法を学ぶ ・現行学習指導要領の学習内容に基づいた研究	・校内研修への参加 ・公開研究会への参加 ・公的研修制度への参加 　（初任者研修等）
伸長期 5〜10年	中堅期 5〜14年	・学習指導法や教材開発の研究 ・授業評価方法の研究 ・現行学習指導要領への課題提起 ・共同研究への参加 ・研究成果の公開（学会等への発表）	・校内研修の授業提案者 ・公的研修制度の活用 ・自主研修への積極的参加 ・文部科学省の開発指定に参加 ・大学等の研究機関の活用 ・教職大学院の活用 ・学会への参加
充実期 10年〜	ベテラン期 15年〜	・学習指導法や教材開発の研究 ・次期学習指導要領に向けた研究 ・カリキュラムマネジメント ・共同研究の推進 ・研究成果の社会還元	・校内研修の企画、運営 ・校内研修授業者への助言 ・公開研究会の企画、運営 ・外部教育関連組織との共同研究 ・大学等の研究機関との連携 ・教職大学院の活用 ・学会の運営に参加

まりや広がりを説明するための例として示している。

2●実践研究の機会と活用

　実践研究に携わる機会として、校内で企画される校内研修や教育委員会が主催している研修制度を利用するケースが教員にとって身近な手段である。そしてさらに自主的な研究テーマを設定し、研修を深める機会として、大学の研究室に所属したり、教職大学院等で専門的なテーマを探求するという機会も増加している。

　以下は、現場の教員が実践研究することが可能な研修制度の例である。これらの研修制度を推進し、教員が参加しやすい環境を整備するためには、大学等の研究者が、研修制度を活用した実践研究の意義を理解し、教員の研究活動を支援する役割を担う必要がある。教員と研究者が協働してともに成長する機会を大切にしたい。

❶校内研修

　校内研修は、校内の研究部等が主催して全教員を対象に行われる研修制度で

ある。ある研究課題に対して、1〜数名の教員が研究授業を行い、同教科の教師だけでなく他教科の教師も加わり、授業提案に対する協議を様々な視点から行うことにより、授業者と授業観察者がともに授業力の向上を図ることを目的としている（第2部第2章5「実践研究の展開④　公開授業」参照）。

❷職務研修

職務研修は、行政研修とも呼ばれ、各都道府県及び市町村の教育委員会や教育センター等が主催する研修制度である。また、学校が文部科学省から研究開発の指定を受け、そのメンバーとして授業研究やカリキュラム研究を行う場合もある。学習指導要領改訂時や新しい教育内容や評価方法の導入を検討している時などに実施されることが多い。

❸職務専念義務免除による研修

職免研修とも呼ばれ、通常の校内の職務専念義務を免除され勤務場所以外で行う研修制度である。一定の期間、大学の研究室や民間の教育機関等に出向し、教員が主体的に設定した研究課題に取り組む。

❹教職大学院研修

2008年度から設置されている教職大学院に入学し研究する制度である。現職の教員が修学しやすいように昼夜開講制や夜間大学院などが設置されている。修了すると教職修士の学位が与えられる。

職務専念義務免除制度を利用し、職務を気にすることなく研究に専念できることが期待されている。

❺自主研修

上記のような研修制度に参加することなく、自主的に研究する時間や機会を作り、研修に取り組む方法である。研修機会として、保健科教育や健康教育に関連した研究サークル等に参加しながら研究活動を行う場合が多い。個人で自主的な研究活動を行う場合は、研究計画を立てる段階で、その研究テーマを専門としている大学等の研究者に指導や助言を依頼し、実践研究とするための研究方法や評価等のアドバイスを受けながら研究に取り組むことが推奨される。また、研究の成果を発表するために学会等に入会することで、学術大会で報告したり、学会誌に投稿したりすることが可能となる。

3● 保健科教育に関する研修制度の現状と課題

角田らは、保健科教育に関わる教員研修制度について、高等学校の保健体育教員に質問紙調査を実施し、3種類の研修制度（公的研修、校内研修、自主研修）

の参加状況と研修に対する意識に関する分析結果（表2）より、以下の課題を指摘している[3]。

(1)公的機関の研修に参加している割合は、対象者の半数以下である。

(2)参加した研修の約7割が知識伝達型であり、教師が自ら課題を設定し探求する研修への参加は少ない。

表2　高等学校保健体育科教員の研修に対する意識[3]

	そう思う	どちらかといえばそう思う	どちらかといえばそう思わない	そう思わない	無回答
公的な研修に対する意識					
・研修は興味深いと思うか	14.4%	41.5%	32.3%	11.8%	
・研修は楽しいと思うか	2.6%	25.6%	44.1%	27.7%	
・研修は高校の保健体育科を担当する教員として重要だと思うか	16.9%	48.7%	27.7%	6.7%	
・研修をより充実させることが必要だと思うか	17.9%	57.9%	17.4%	6.7%	
・研修が充実すれば、保健学習の実践に役立つと思うか	17.4%	57.4%	15.9%	8.7%	1.0%
・研修が充実すれば、保健学習の内容や指導方法の理解を深められるようになると思うか	13.8%	49.7%	26.7%	9.2%	1.0%
校内研修に対する意識					
・研修は興味深いと思うか	10.8%	45.1%	28.7%	13.3%	2.1%
・研修は楽しいと思うか	5.1%	30.3%	39.5%	23.1%	2.1%
・研修は高校の保健体育科を担当する教員として重要だと思うか	12.8%	52.8%	22.6%	9.7%	2.1%
・研修をより充実させることが必要だと思うか	9.2%	54.4%	22.1%	12.3%	2.1%
・研修が充実すれば、保健学習の実践に役立つと思うか	11.3%	60.0%	17.9%	8.7%	2.1%
・研修が充実すれば、保健学習の内容や指導方法の理解を深められるようになると思うか	11.8%	54.9%	22.6%	8.7%	2.1%
自主研修に対する意識					
・研修は興味深いと思うか	43.6%	48.2%	6.7%	1.5%	
・研修は楽しいと思うか	23.1%	46.2%	25.1%	5.6%	
・研修は高校の保健体育科を担当する教員として重要だと思うか	69.7%	28.7%	1.5%	0.0%	
・研修をより充実させることが必要だと思うか	60.0%	39.5%	0.5%	0.0%	
・研修が充実すれば、保健学習の実践に役立つと思うか	63.6%	34.9%	1.5%	0.0%	
・研修が充実すれば、保健学習の内容や指導方法の理解を深められるようになると思うか	66.7%	31.8%	1.0%	0.5%	

⑶校外研修に参加できない理由として、部活動など生徒との関わりと仕事量の多さを挙げている者が、75％を超えている。

　また、研修に対する意識では、「研修をより充実させることが必要だと思うか」「研修が充実すれば保健学習の実践に役立つと思うか」に対して、公的研修、校内研修、自主研修それぞれ7割を超える者が肯定的な回答をしている。そして3種類の研修制度の中では、特に自主研修を肯定的に捉えている者の割合が高い。

　秋田は、校内研修における教員相互の学び合いの質の深まりの段階を、受動的から能動的な段階へ、さらに相互作用的から共同構成的段階へ高めていく必要性を指摘している[4]（図1）。角田らの調査結果からも、知識伝達型といった受動的な研修制度より、能動的な自主研修制度の必要性を挙げている教員の割合が高いことがわかる。

　さらに鈴木は、体育科教諭の成長モデルとして、体育科教育の授業研究における同調性や関わり合いが、反省的実践家思考を高めるために重要であることを指摘している[2]（図2）。反省的実践家とは、ドナルド・ショーンが技術的熟

図1　校内研修における教員相互の学び合いの質の深まり[4]

図2　教師の成長から見た体育科授業研究の機能の構造[2]

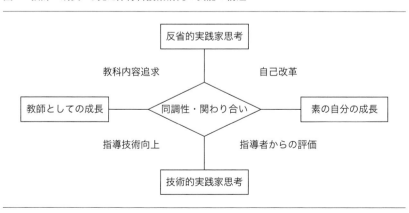

練者と比較しながら問題提起した、専門家のタイプであり、専門的知識や技術を合理的に現場に適用する実践者(技術的熟達者)ではなく、活動過程における状況変化に応じて行動しながら考え、省察できる専門家のことを指している[5]。ドナルド・ショーンの反省的実践家を教員の研修制度に当てはめて考えれば、授業研究等の他者との協働的な活動を通して、状況変化に応じて考え、そのつど繰り返し省察することにより、教員の専門性が高まることを意味している。鈴木が論じている同調性・関わり合いを重視した反省的実践家の視点は、秋田の示した教員相互の学び合いによる相互作用的、共同構成的な質の深まりと同様に、研修制度を活用する教員の力量形成に欠かせない重要な要因である。

　これらのこと踏まえ、保健科教育における研修制度を推進するための課題を2点挙げる。1点目は、約7割の教員が研修の必要性を感じているにもかかわらず、研修制度を利用する時間が確保できないという課題に対して、研修に参加可能な勤務環境の整備が不可欠なことである。例えば、職務専念義務免除制度が活用できる期間を、毎月1～2日、夏期休業期間であれば1ヶ月、10年に1度のスパンで1～2年間といった方法を検討する等である。2点目は、公的研修制度の形態として、研修テーマや研究内容が一方的に決められている知識伝達型ではなく、教員が能動的で協働的に参加可能な形態を増やすことである。例えば参加者が自由に研究課題や授業で困っていることなどを持ち寄り、ワークショップ形式で議論を深めるといった研修のイメージである。その過程を踏まえて、授業研究等を共有する時間を作ることができれば、研修制度のスタートアップとしてのハードルも低くなり、参加しやすくなることが推察される。自主研修として紹介した研究サークル等では、この形式を取り入れた活動が成果を上げているが、どこでどのような研究サークルが開かれているかといった広報活動には課題も見られる。今後は、SNSを活用するなど、教育に関連した研究サークルの存在を教育委員会や地域の大学機関等が中心となり積極的に広報し、支援するといったことが必要である。

4●教職大学院制度の活用

　教職大学院は、専門性の高い教員を養成することを目的に2008年4月より開設された専門職大学院である。修業年限は標準2年で、各校が定める45単位以上を修得すること等で教職修士（専門職）学位が授与される。教職大学院では、現場の教員としての高い専門性を身に付けるために、共通科目（基礎科目）と選択科目（専攻科目）に分けて単位を取得するシステムになっている。

また、教職大学院は、職務専念義務免除等の制度を利用して、保健科教育法に関する実践研究を2年間にわたって集中して取り組めるというメリットがある。さらに専門分野の大学教員からアドバイスを受けながら自主的な研究課題に取り組むことが可能であり、この制度が多忙な教育活動に追われる教員の成長モデルを支援する柱となることを期待したい。

図3　教職大学院のカリキュラムイメージ

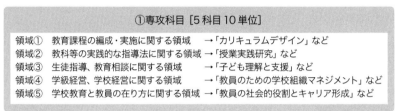

①専攻科目［5科目10単位］

領域①　教育課程の編成・実施に関する領域　→「カリキュラムデザイン」など
領域②　教科等の実践的な指導法に関する領域 →「授業実践研究」など
領域③　生徒指導、教育相談に関する領域　　→「子ども理解と支援」など
領域④　学級経営、学校経営に関する領域　　→「教員のための学校組織マネジメント」など
領域⑤　学校教育と教員の在り方に関する領域 →「教員の社会的役割とキャリア形成」など

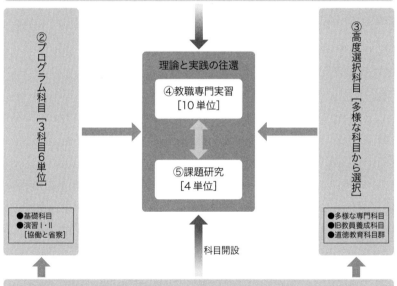

②プログラム科目［3科目6単位］

理論と実践の往還

④教職専門実習
［10単位］

⑤課題研究
［4単位］

③高度選択科目［多様な科目から選択］

●基礎科目
●演習Ⅰ・Ⅱ
［協働と省察］

●多様な専門科目
●IB教員養成科目
●道徳教育科目群

科目開設

5つのプログラム・17のサブプログラム設置

①学校組織マネジメントプログラム［※現職のみ］
②総合教育実践プログラム
③教科領域指導プログラム［国、社、数、理、音、美、書、体、技、家、英、情、幼、養］
④特別支援教育高度化プログラム
⑤教育プロジェクトプログラム［学校教育課題、国際理解・多文化共生教育、環境教育］

（出典：東京学芸大学教職大学院HP）

　図3は、東京学芸大学教職大学院HPに示されているカリキュラムイメージである。理論と実践をつなげるカリキュラム構成になっており、選択科目では、教科等の実践的な指導法に関する領域の研究を開設しており、選択した教科領域における授業実践研究等に取り組めるイメージがわかる。

5 ● 今後の保健科教育法に関する実践研究への期待と展望

　2018年に示された「Society 5.0に向けた人材育成に係る大臣懇談会」の報告書では、情報化、グローバル化の先を見通した社会（Society 5.0）において必要となる力は、特殊で高度な知識ではなく、基本的な知識や技能を活用するための、コンピテンシーベースの汎用的能力（思考力・判断力・表現力等）であるとしている。そして、汎用的能力を生涯にわたり更新し続けるためには、リカレント教育が必須条件であり思考力・判断力・表現力をベースとして、言葉や文化、時間や場所を超えながらも自己の主体性を軸にした学びに向かう一人ひとりの能力や人間性が問われることになると説明している。さらにSociety 5.0の学校教育においては、上記の力の育成に向けて、あらゆる教育資源（地域社会の大学等の専門家や企業等分野ごとのプロフェッショナル）を活用することやICT環境を駆使する必要があるとしている。

　そこで、Society 5.0の視点から、保健科教育における実践研究に期待することを3点述べる。

　1点目は、実践研究を担う教員が、自らリカレント教育を実践することである。そのためには上述してきた教師の成長モデルを参考に、校内研修や公的研修制度の利用だけでなく、教職大学院や大学研究室との連携などを含めた長期的な視点に立ち、3年後、5年後、10年後といった研究計画を立てることが重要である。

　2点目は、教師の認識・思考や成長・発達の過程を踏まえた同僚性の構築である。文部科学省は、学びの共同体としての学校の機能（同僚性）が十分発揮されていないという課題を指摘している。教師同士、教師と研究者、教師と教育委員会といった研究組織における協働的活動の重要性を、教員と研究に携わる者が共有し、よい教育、よい授業をつくり上げるといった共通の目的に向けて、同調性・関わり合いを大切にした研究活動、研究組織を作ることが重要である。

　3点目は、実践研究における学習内容や学習教材の研究では、コンピテンシーベース（知識や技能を活用する汎用的能力：批判的思考力、情報活用力、コミュ

ニケーション力等）とコンテンツベース（教科内容）との関連性を明確にした研究計画を立てることが重要である。例えば、健康情報の批判的思考力（コンピテンシー）を育成するために、「食情報の正しい選択方法」を題材にした食生活と健康の授業（コンテンツ）を計画し、その授業で使用する学習教材「健康情報評価カード」を開発するといった具合である。

（山本浩二）

引用・参考文献

1) 藤原顕「現代教師論の論点─学校教師の自律的な力量形成を中心に─」、グループ・ディダクティカ編『学びのための教師論』pp. 1-25、勁草書房、2007.

2) 鈴木聡「小学校教師の成長における体育科授業研究の機能に関する研究─体育科授業研究会に参加する小学校教師の意識調査を手がかりとして─」、『体育科教育学研究』26(2)：pp. 1-16、2010.

3) 角田仁美・野村良和・野津有司・植田誠治「保健学習に関わる教員研修への参加に関する検討─都内の高等学校保健体育科教員を対象にして─」、『学校保健研究』52(2)：pp. 151-158、2010.

4) 秋田喜代美『学びの心理学─授業をデザインする─』pp. 206-208、左右社、2012.

5) Schön, Donald. Alan, The Reflective Practitioner: How Professionals Think in Action, New York: Basic Books, 1983.（佐藤学・秋田喜代美訳『専門家の知恵─反省的実践家は行為しながら考える─』ゆみる出版、2001。柳澤昌一・三輪建二監訳『省察的実践とは何か─プロフェッショナルの行為と思考─』鳳書房、2007）

第 **3** 章

保健科教育学研究の
具体的事例

調査研究の事例

　保健科教育研究における調査研究にも様々な形があるが、その一つとして、質問紙を用いたものが挙げられる。ある介入を評価する場合等においても質問紙を用いることがあるが、この節では、実態把握を主な目的とした取組に着目する。その中では、個別の指導内容、例えば、性、がん、生活習慣病、医薬品といった内容の知識や意識等の実態を把握しようとする取組も多く見られるが、ここでは、そうした個別の指導内容ではなく、教科としての保健を一つのまとまりとした取組を扱う。その場合、近年の研究を中心に概観すると、保健を捉える立場としては、児童生徒や保護者、教員志望の学生、現職教員の3つが挙げられる。以下、それぞれに含まれる事例について、対象者並びに調査項目を紹介する。なお、詳細については、出典を参照されたい。

1●児童生徒や保護者から見た保健

　この中では、1)保健の学習意欲や日常生活での実践状況等、2)印象に残る保健の授業内容が見られる。

1) 保健の学習意欲や日常生活での実践状況等

　野津ら[1] は、全国の小学校5年生、中学校1年生、高等学校1年生及び3年生の児童生徒18,577名とその保護者15,634名を対象として、学習指導要領に示された内容を踏まえて作成したテスト問題により、児童生徒における保健内容の習得状況を把握するなどして、保健学習に関する大規模かつ総合的な全国調査を行い、保健学習の成果や課題について検討している。調査項目は、児童生徒における保健学習の実態として、保健内容の習得状況、経験した保健学習の状況、保健の学習意欲、健康の価値の認知、日常生活での実践状況、及び保護者における保健学習への期待（関心、考え、要望）等である。

　青栁[2] は、大学生611名を対象として、高等学校における保健学習の状況、

イメージ、関心度等の現状把握を行い、課題について検討している。調査項目は、高等学校での保健学習に関する内容、学習教材、学習意欲、保健学習に対するイメージ、既習内容に関する現在における活用状況、現在の健康に関する認識、性に関する学習内容等である。

　戸田ら[3]は、女子体育大学学生と一般大学女子学生のそれぞれ1年生計812名を対象として、女子体育大学学生と一般大学女子学生の調査結果を比較し、「保健」への感情などや健康生活の実践状況及び高等学校時代に受けた「保健」の授業にどのような違いがあるかなどについて検討している。調査項目は、保健について、保健学習への感情・価値・期待、日常生活における健康生活の実践状況、高等学校時の保健学習への取組等の状況、高等学校での保健体育科「保健」の授業の学習状況等である。

2) 印象に残る保健の授業内容

　坂本ら[4]は、大学生183名を対象として、小学校、中学校、高等学校で受けた保健の授業内容で印象に残っている内容を自由記述で記入させる等により、現在の大学生に保健学習が保健行動に及ぼす影響について、25年前の同様の報告と比較しながら現状と課題について検討している。調査項目は、小学校時代の保健授業の受講の有無とその内容（自由記述）、中学校時代に印象に残っている保健体育科保健分野の授業内容（自由記述）、高等学校時代に印象に残っている保健体育科保健の授業内容（自由記述）等である。

　以上のように、これらの取組を見ると、高等学校の保健に焦点をあてたものが比較的多く、これは対象となった大学生が経験した時期が近いこと等によるものと思われる。今後は、小学校及び中学校という義務教育段階の保健へ焦点をあてた取組を充実させる必要がある。学校において、小学校、中学校あるいは高等学校在学中の児童生徒を対象とした質問紙調査を実施する場合、児童生徒や学校への負担、プライバシー保護等の課題も少なくない。学校から独立した外部の公的な機関が先導して調査を進める等、持続可能な仕組みづくりを検討する必要がある。

2●教員志望の学生から見た保健

　この中では、1)保健に対する意識、2)教育実習、3)教職に関する科目が見られる。

1) 保健に対する意識

山田ら[5] は、小学校教員を志望する大学生188名と養護教諭を志望する大学生229名を対象として、今後の保健学習を担当する学生における保健学習に対する意識について検討している。調査項目は、保健学習に対する重要性、保健学習に対する自信、保健学習のイメージ等である。

山田ら[6] は、保健体育科教諭を志望する大学生143名と養護教諭を志望する大学生148名を対象として、保健授業の実施に対しての自信・イメージ・重要性等について検討している。調査項目は、保健学習に対する重要性、保健学習に対する自信の有無、保健学習への協力の意志、保健学習への実施意欲、保健学習のイメージ等である。

2) 教育実習

徐ら[7] は、教育実習生50名（4年生）を対象として、保健体育科の教育実習生の授業実施時数や学習指導案作成等について検討している。調査項目は、実際に行った「保健」の授業時間数、教育実習において楽しかったこと（自由記述）、教育実習において苦労したこと（自由記述）等である。

3) 教職に関する科目

杉崎ら[8] は、全国152大学158学部を対象として、保健体育の教員養成のための教職実践演習における保健の実施状況等について検討している。調査項目は、教職実践演習（保健体育）における保健実施の有無、保健に含まれている内容や授業形態等である。

以上のように、これらの取組を見ると、教員養成段階において、保健学習に対する重要性や自信等を明らかにしようとしており、体育、保健体育における保健の指導力の向上を目指しているものと思われる。通常、保健を担当する者は、小学校が学級担任、中学校及び高等学校が保健体育科教諭であるため、それぞれの養成の特質に応じながらも、どのような教員養成カリキュラムの工夫が保健の実践的な指導力につながっていくのかを検討する必要がある。

3● 現職教員から見た保健

この中では、1) 保健に対する意識等、2) 小単元別の指導に関する準備状況、3) 研修の参加状況や研修に対する意識等が見られる。

1）保健に対する意識等

　田中ら[9]は、小学校12校144名、中学校4校23名、高等学校3校14名を対象として、小学校・中学校・高等学校における保健学習を担当する者の保健学習に対する意識・イメージ、授業の内的条件等について検討している。調査項目は、保健学習に対する意識、学習者の意識に対するイメージ、授業者自身が実施している保健学習に対する意識、授業の目標、保健学習の目標で重視したもの、授業の方法、学習状況の評価等である。

　後藤ら[10]は、中学校に勤める養護教諭176名を対象として、保健担当の兼職発令状況や保健学習に関わる意識等について検討している。調査項目は、保健学習の指導経験、兼職発令の有無、保健学習担当の意欲、保健学習を担当する際の希望形態、保健学習を担当するための条件等である。

2）小単元別の指導に関する準備状況

　上田ら[11]は、中学校の保健体育科教員255名を対象として、保健分野の小単元別に、保健学習の指導に関する準備状況、指導に対する生徒の状況、授業の際に使用した指導方法、指導に関する周囲の支援状況等を検討している。調査項目は、内容のまとまりを構成する14小単元のそれぞれについて、保健学習の指導に関する準備状況として小単元の知識、指導内容の把握、教材の検討、指導に対する生徒の状況として生徒の関心、理解、思考、指導に関する周囲の支援状況として指導資料、研修会の参加、使用した指導方法等である。

3）研修の参加状況や研修に対する意識等

　角田ら[12]は、高等学校129校の保健体育科に所属し、2006年度中で保健学習の担当時間数が多い順（非常勤講師を除く）に各校3名の計387名の保健体育科教員を対象として、保健学習に関して、公的な研修、校内研修、自主研修のそれぞれにおいて、研修の参加状況や研修に対する意識の状況について検討している。調査項目は、保健学習の研修に関わる状況として、過去5年間の保健学習に関する研修、保健学習に関わる周囲の状況、公的な研修についての参加回数、研修の内容及び形態、研修に関わる認知、私的な研修についての参加状況、校外研修について参加する上での支障の有無、支障の内容、校内研修についての参加回数、研修の内容、研修に関わる認知、自主研修についての研究時間の状況、教具の状況、周囲の人の状況、公的な研修に対する意識、校内研修に対する意識、自主研修に対する意識、研修に関わる認知等である。

　以上のように、これらの取組を見ると、現職教員において、保健の授業を改

善する上で障害となっている要因は何か、あるいは促進する可能性がある要因
は何かを追究しているものと思われる。日本学校保健会[13]は、中学校の保健
学習を推進するためのポイントとして、保健体育科教師等が保健授業を改善す
るために組織的に取り組むこと、教育委員会等が保健体育科教師の保健学習に
対する理解を深め、指導意欲を高めるような取組を進めること等を提案してい
る。こうしたものを参考としながら、教科としての保健を支えるエビデンスの
充実に向けて、さらなる取組が期待される。

（渡部　基）

引用・参考文献

1) 野津有司・和唐正勝・渡邉正樹他「全国調査による保健学習の実態と課題―児童生徒の学習状況と保護者の期待について―」、『学校保健研究』49(4)：pp. 280-295、2007.

2) 青柳直子「高等学校における保健学習の現状と課題」、『茨城大学教育実践研究』34：pp. 123-130、2015.

3) 戸田芳雄・笹生心太「高等学校における科目保健授業の実態に関する調査報告―女子体育大学生と一般大学女子学生との比較―」、『東京女子体育大学女子体育研究所所報』12：pp. 53-60、2018.

4) 坂本啓一・矢吹なおみ・松本健治他「小学校における保健学習の現状と課題―1992年と2017年の比較―」、『地域教育学研究』10(1)：pp. 35-41、2018.

5) 山田浩平・河本祐佳「小学校教員志望者と養護教諭志望者の保健学習に対する意識の比較」、『愛知教育大学教育創造開発機構紀要』4：pp. 105-113、2014.

6) 山田浩平・藤原朋香・山崎里紗「養護教諭志望者と保健体育科教諭志望者の保健学習に対する意識の比較」、『愛知教育大学教育創造開発機構紀要』5：pp. 69-76、2015.

7) 徐広孝・中西健一郎・和田雅史ほか「保健体育科教育実習生の実態調査―公立学校と私立学校の違い及び教育実習生の苦楽に与える要因の分析―」、『静岡産業大学論集スポーツと人間』2(2)：pp. 61-67、2018.

8) 杉崎弘周・物部博文・植田誠治「保健体育の教員養成のための教職実践演習における『保健』の実施状況―4年制大学を対象とした全国調査の結果に基づいて―」、『体育学研究』61：pp. 281-288、2016.

9) 田中滉至・山田浩平・古田真司「保健学習における小学校・中学校・高等学校教諭の意識」、『東海学校保健研究』40(1)：pp. 75-88、2016.

10) 後藤知己・西村梓「養護教諭がかかわる保健学習の現状と課題」、『熊本大学教育学部紀要』65：pp. 215-222、2016.

11) 上田裕司・清水貴幸・鬼頭英明他「中学校保健学習の準備、生徒の反応、使用指導方法等に関する保健体育科教員の意識―質問紙調査の小単元別の分析結果から―」、『学校保健研究』57(5)：pp. 227-237、2015.

12) 角田仁美・野村良和・野津有司他「保健学習に関わる教員研修への参加に関する検討―都内の高等学校保健体育科教員を対象にして―」、『学校保健研究』52(2)：pp. 151-158、2010.

13) 日本学校保健会『保健学習授業推進委員会平成25年度報告書「中学校の保健学習を着実に推進するために」』日本学校保健会、2013.

比較研究の事例

　この分野で最も深く研究されている国は、フィンランドである[*1]。第2部第1章第5節「3. 比較研究の留意点」では、歴史的観点からの検討の必要性が強調されているので、本節では比較研究の事例として、「フィンランドの保健科教育の歴史」を取り上げる。ただし、理解しやすいよう、前半ではこの国の「教育課程における保健科の現状」について言及し、後半ではその状況にいかにして到達したのかの「歴史」について論及する。

1●教育課程における保健科の現状

1) 教育制度

　フィンランドにおける基本的な教育体系は、就学前教育（保育所・就学前学級）、基礎教育（義務教育第1〜6学年：小学校、第7〜9学年：中学校）、後期中等教育（高等学校／職業専門学校）、高等教育（大学／高等職業専門学校）と、大まかに4段階に分けられている。授業料は公立・私立にかかわらず、就学前教育段階から大学院に至るまで全て無償で行われている。1999年より義務教育は9年一貫の総合学校となり、98％の生徒が高等学校または職業専門学校へ進学する（任意で第10学年も用意されている）。

2) 保健科のカリキュラム

　フィンランドでは保健科と体育科はそれぞれ独立した教科である。現在、保健科は、第1〜4学年で『環境と自然』教科の中で、第5〜6学年で『生物と地理』と『物理と化学』教科の中で実施されている。また、第7〜9学年では各学年38時間、全114時間が配当されている。さらに、普通高等学校（Upper Secondary School）では必修1コース（保健1）と選択2コース（保健2、保健3）が、職業高等学校（Vocational School）では必修1コース（保健1）が、各コース週1回、36時間ずつ配当されている。高等学校の保健科で特徴的なのは、研

究成果・結果の解釈や調査・分析等のワークを行うための探究的専門コースの
Health and Research（保健3）が、教育内容として設定されていることである。
保健3は、大学入学資格試験で保健科を受験する生徒のほぼ全てが履修する。

3) 教科担当の教師

　教育課程の上では、第1〜6学年までは学級担任が、第7〜9学年及び高等
学校では保健科教師が担当する。保健科教員養成教育は2002年にユヴァスキュ
ラ大学を中心にして始まったばかりであり、保健科の免許を取得している教師
数が圧倒的に少ない状況にある。フィンランド全体で必要な保健科教師は2,000
人と見積もられているが、2013年3月現在で6〜7％しか満たされていない。
ユヴァスキュラ大学では、毎年健康学科定員20人の約半数の10人前後が保健
科教師として修了しているが、まだ不足状態にある。現実的には、保健科教師
養成は量的側面で過渡的な時期にあるため、第7〜9学年と高等学校では、体
育科教師の多くが保健科も担当している。

　保健科担当教師の増員対策としては、生物や物理、社会科、家庭科等の他教
科教師が、ユヴァスキュラ、テゥルク、オウル、クオピオのオープン大学（夏
季講習）で、保健科免許を取得可能にしている。また、ユヴァスキュラ大学ス
ポーツ健康科学部では、2014年9月の入学生から、一時取得できなかった体
育学科でも、保健科の免許を取得可能にしている。

4) 2000年以降の保健科の教育課程改革の動向

　2000年代に入ってフィンランドでは、保健科の教育課程改革や担当教師養
成カリキュラム改革が急速に進められている。それまで実施が不安定だった保
健科を、基礎教育法・後期中等教育法の改定によって教科として独立させ
（2001）、保健科教師の養成を開始し（2002）、保健科を含む教育課程の公布
（2003、2004）、保健科の大学入試への導入（2006）、その実施（2007）と、
計画的段階的に保健科の教科としての地位を高めてきている。

　その後、2014年には基礎教育の新教育課程が、2015年には後期中等教育の
新教育課程が公布され、2016年からは両教育課程とも完全実施されている。

5) 保健科も大学入学資格試験の教科

　フィンランドでは、大学入学資格試験（Matriculation Examination：日本の
センター試験のようなもの）があり、保健科は試験教科の一つになっている。
しかも驚くことに、保健科は、一般教科12教科中、受験生から最も人気のあ

る教科となっている。ヨーロッパの国々では、イギリスのGCSE（General Certificate of Secondary Education）、ドイツのアビトゥーア、フランスのバカロレアのような、大学入学資格試験が実施されている。しかし、保健科を全受験生が受験可能な入試教科として設定している国は、フィンランド以外にはない。また、2013年4月に実施された基礎学校全国学習状況調査では、第9学年を対象に、外国語科と数学科の試験とともに、保健科の試験が実施されている。

6）大学入学資格試験における保健科の試験

　フィンランドの大学入学資格試験は、1852年に開始されたヘルシンキ大学の入学試験が、時代とともに変化して現在に至っている。現在では、ナショナルコアカリキュラムに示された高等学校で履修すべき教科の到達度を測定する卒業試験も兼ねている。

　試験は春と秋の2回。各高等学校の体育館や教室などを会場に実施され、連続する3回の実施期間内に必要な教科に合格する必要がある。合格に必要な教科は4教科で、母国語の1教科が必修。他に第二公用語、外国語、数学、一般教科の4グループの中から3教科を選択する。一般教科には、保健、心理、社会、物理、

図1　一般科目（選択）の主要教科の総受験者数の推移（2006年以降）

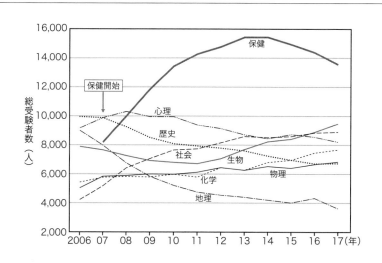

（出典：Ylioppilastutkintolautakuntaを翻訳・作成）

歴史、化学、生物、地理、宗教、哲学、倫理などの12教科がある。一般教科を選択した場合、さらに教科を選択して、その中の設問の6問か8問に解答する。試験は1日1教科。試験時間は朝9時の開始から15時の終了までの6時間である。いつ休息を取るか、いつ昼食を取るかは、各個人の判断に委ねられている。

　保健科の試験は2007年から実施されており、開始時から保健科の受験生は他教科に比べて極めて多く、しかもその数は年々増加し、近年は少しずつ減少しているが、それでも高止まりしている（図1）。

　保健科の試験は10問が出題され、全てが記述式問題である。以下は、これまでに実施された保健科の試験問題の一例である。

(1)どのようなトレーニングによって筋力を増加させることができるか？　また、そのトレーニングが効果的である根拠についても述べなさい。

(2)医療倫理の視点から優先順位（トリアージ）について説明し、考察しなさい。

(3)フィンランドでは、1982〜2010年の間に約2,800名のHIV感染が報告されています。2010年には187名がHIV感染者と診断されています。（保健福祉部調査、2011）

　　a)HIVの感染経路について説明し、HIV感染とAIDSの症状について説明しなさい。

　　b)フィンランドで行っている一次予防対策として、HIVの感染率を減らす取組を説明しなさい。

7) フィンランドの保健科の学力観と今後の展開

　フィンランドの保健科の試験問題では、単に知識を問うものはほとんどない。それよりも、子ども達が現代社会の中で直面する健康課題に対して、保健の科学的認識（根拠）をもとにして論理的な結論が構成できるのかを問うものがほとんどである。

　ところで、大学入学資格試験も、2017年9月からは電子的試験（CBT：Computer Based Tests)が保健科にも導入された。受験生は、ネットにつながっていないパソコンに、当日渡される課題や必要な情報が入ったメモリースティックを差し込んで解答を保存し、それを提出する形式となった。これまでの紙媒体では出題が制限されていた視聴覚教材（動画・音声、多数の写真）が使用できるようになり、数値データ（表・統計・測定結果）、図形資料（図形・地図・絵）、文書（審議会資料や新聞記事）など、大容量のものが試験問題に入れ込めるようになった。そこでは、単なる知識だけでなく、理解力、応用力、

分析力、評価力、創造力までも測定しようとしている。

＊

　さて、日本ではどうだろうか。2013年度より、小学校・体育及び中学校・保健体育で、「学習指導要領実施状況調査」が始まっている。今回紹介したフィンランドと日本のテスト問題は、どう違うのだろうか。比較研究は、今後、日本の保健科で育てる学力（リテラシー）や能力（コンピテンシー）を考える上でも、大いに役立つ知見と考えられる。

2●保健科教育の歴史──Lasse Kannas[*2]教授へのインタビューを交えて

　この項からは、フィンランドの歴史を紹介する。この国の歴史を研究するにあたり、日本国内で先行研究にあたってみたが、フィンランドの保健科教育の歴史に関する研究は存在していなかった。そこで、ユヴァスキュラ大学のLasse Kannas教授に、フィンランドにある先行研究の所在をうかがうと、「保健科教育の歴史だけを書いた論文や本はなく、歴史については様々な保健科教育の書籍の中に、断片的に紹介されているだけ」とのE-mailとともに、『Widening Horizons』(Leena Paakkari, 2012)[*3]を紹介してもらった。そこでこの項では、『Widening Horizons』と、保健科が独立する以前から関係が深かったフィンランドの体育科教育『Physical Education in Finland』(Pilvikki Heikin-aro-Johansson, Risto Telama, 2005)[*4]の書籍の中にある保健科教育に関わる記述から、フィンランドの保健科教育の歴史を紹介する。

　ただし、2冊の書籍には歴史の出来事の記述に不明確な部分も多い。その歴史の行間は、執筆前の2013年3月にKannas教授に対して行ったインタビュー記録（形式的半構造化面接[*5]）で埋めた。

　以降では、学校健康教育の誕生から保健科が教科として不安定だった時期、さらには教科として成立する直前の出来事の詳細を紹介したい。なお、保健科教育と健康教育との区分は、制度的に教科として教育課程に位置付けられているか否かとした。さらに分析単位は、「（その時代の）教育内容」「（教科の）位置付け」「（体育教師を含む）担当者」としたが、2冊の書籍に記されていなかったり、先行したインタビューでは語られなかったりしているので、少し「幅」があるものとして見ていただきたい。

1) 学校における健康教育のはじまり（1860〜1930年代）

　長らくスウェーデンの統治下にあったフィンランドは、1809年にはロシア

に併合される。教会にあった学校監督権は1866年の国民学校令によって解除された。近代学校制度のはじまりである。健康教育はその頃ヨーロッパに広く行き渡ろうとしていた学校制度に影響を受けている[*6]。

　この国の学校における健康教育のはじまりは、『Widening Horizons』では1913年頃の小学校での栄養や禁酒教育からとなっているが、最新の研究成果では、1860年頃の清潔（衛生）教育に始まり、その後栄養及び禁酒教育が実施されるようになったようである。この時代、健康教育の一環としての保健指導は学級担任が行っていたが、教科としては位置付けられていない。

2) 体育科教師が担当した学校健康教育（1950〜60年代）

　第二次世界大戦後のフィンランドでは、教育の機会均等と社会的平等の追求が始まり、複線型に分裂していた学校制度を統一する改革運動が長い期間にわたって展開された。1968年には、私立学校・習熟度別編成授業は残ったものの、6・3制の9年普通教育制度（基礎学校）による総合制学校の設置が法制化されている。

　この時期の「保健科教育は、独立した教科としての地位を保っておらず、むしろ、体育科の一部で教えられていた[*4]」。当時、体育科教師は、学校で保健科教育を担当することに対して、次のような見方をしていた。

　　　保健科教育もまた、体育を認知してもらうための大切な根拠となっている。伝統的に健康に関わる教育内容は体育科教師が担当している。旧来の学校制度では、体育科教師が保健科教育を担当し、体育科とは別々の評価を与えていた[*3]。

　ただし、この件に関しKannas教授は、「1950〜60年代も保健科教育は独立した教科ではなかった。ただし、高等学校では1コース20時間ほどの『健康の学び』という必修の授業があった。これは体育科教師が授業を担当し、評価も行っていたが、あまりよい評判を得られなかった」と、補足している。

3) 公民科の中の健康教育（1970年代）

　1970年代は、1968年の総合制学校設置法が移行期を経て、完全実施された時代でもある。この時代は、社会民主主義のもと、平等を崩す排除の論理を否定する運動が起こり、1984年には、習熟度別編成授業を禁止する法律が制定されている。

この時期の「健康に関わるテーマは、公民科や家庭科、生物などの他の教科が統合されたようなものだったので、教育内容としては、体育科とは別個の存在をかたちづくっていた*³」。別個の教育内容は、1970年代になると、総合学校では、公民科の中で健康の内容が教えられるようになる。

この時期のことをKannas教授に尋ねると、「これまでに（私達保健科教育に関わる研究者達は）3回の時期に、子ども達や若者達の健康や保健に関わる内容を教科として実施していくよう、国の重要な委員会等に打診してきた。1回目はちょうどこの70年代の頃で、その時は提出しても、政治家や官僚は誰も興味を持ってくれなかった」と、保健科の教科独立に向けての挑戦の歴史を話し始めた。

Kannas教授によると、保健科独立の初めての試みは、保健科の教育内容が公民科へと移行する、1970年代頃に起こったというのである。

「1970年代になって、総合学校では『公民科』が保健科教育に取って代わっていった。この公民科の授業は、その分野の一つとして健康を扱っているにすぎなかった。この授業は、通常は体育科教師だけでなく、他教科の教師によっても教えられていた*⁴」のである。

4) 公民科の衰退、そして体育科へ（1980〜90年代前半）

1970年頃からカリキュラムの地方分権化が始まる。約900ページあった国家カリキュラムは、1980年には約300ページになっている。1992年からは教科書検定も姿を消した。

学校独自のカリキュラムが作成される中、「公民科の衰退は、保健科教育の消滅をも意味した*⁴」。Kannas教授ら保健科教育関係者らは、再度、保健科の教科独立の働きかけを始める。Kannas教授は「2回目の働き掛けは80年代の頃で、この時もまた、国の政策を進める人達からは反応がなかった」と語った。しかし、地道な働きかけの結果、「国家カリキュラムでは、健康は体育科で取り扱うべきであることが強調され*⁴」、そして「1980年代になって、1週間に1コマ、第8学年の体育科の保健分野の一部として取り上げ*⁴」られるようになる。1980年代の公民科の衰退と前後して、保健の教科としての独立を目指したKannas教授らの2回目の試みも成功はしなかった。

5) 保健科誕生の前の子どもの健康実態（1990年代後半）

この時代についてKannas教授は「1990年代後半になって、子ども達の間に健康問題が噴出してきた。アルコールやうつ的症状、携帯電話やコンピューター

の普及に伴う睡眠不足、あわせて肥満などの問題が起きてきて、社会的な問題
となった」と話した。

　Leena Paakkari氏は、その時の子ども達の健康状態の様子とそれに関する報
告が、研究者や政府から相次いだとして、その著書で次のように記している。

　　子どもの健康問題が、学校の各教育法改定の必要性を促そうとしていた。
　そのためには、子ども達自身が自らの健康を管理していけるような知識と
　技能を獲得させるための教科があるべきと認められるようになることで
　あった。子どもの首や肩の痛み、頭痛、腰痛、睡眠障害や居眠りなどを伴
　う慢性的な疾患や障害の増加が、数多く報告されるようになった。同時に、
　健康を管理していける技能を獲得していないため、子ども達自身が十分な
　手段を身に付けていない、と指摘されるようになる。政府の報告書では、
　保健科教育や安全的技能（応急処置、リスク防御と対処、火災安全など）、
　生活を管理するための一般的能力とシチズンシップが十分に強調されて
　いないという見解が示された。また、健康に関わる教育内容は、他の教科
　と統合しても成功しないし、重大な欠陥のある状態に導いてしまうという
　ことも示された。さらには、教育を行う学校が、ほぼ全ての子どもに必要
　な時期に健康について学習することを届けるべきであるし、そのことが一
　般の公衆衛生にも影響を及ぼすことができれば、健康格差の克服に効果が
　ある、と強調されるようになった[*3]。

6）保健科誕生の強力な支援者の存在

　2013年3月のインタビューの中で、Kannas教授は、保健科誕生について興
味深い話をし始めた。

　小浜：どうして3回目（に教科の独立）は成功したのか？
　Kannas教授：Maija Rask[*7]氏が、教育大臣（日本でいうところの文部科
　　学大臣）になったからである。われわれ研究仲間は、今が教科の確立
　　の最後のチャンスということで、各地で講演会を実施したり、説明や
　　陳情などの活動を繰り広げた。彼女もまたそれを理解し、保健科の教
　　科化の法案の成立に向けて尽力してくれた。
　小浜：なぜ、最後のチャンスだと？
　Kannas教授：彼女は元看護師であった。看護師出身の人が教育大臣にな
　　ることは（フィンランドでも）非常に珍しい。だいたいは、健康保健

省（日本でいうところの厚労省）の大臣なんかになる。しかしこの時は違っていた。われわれは（彼女なら）子どもの健康問題について、必ず理解してくれると考えた。

　そういいながら「ちょっと待って」と席を立ち、自分の研究室から1冊の本を握って戻って来た。Kannas教授が手にしていたその本のタイトルを日本語で表記すると『高校生の健康認識力と健康評価力の現れ—2007年の保健科入試解答の質的内容分析』であった。著者はなんと教育大臣のMaija Rask氏であった。

　　Kannas教授：この本は、彼女が教育大臣を終えてから、ラップランド大学の大学院に入学して書いた学位論文です。私はラップランド大学に呼ばれて、彼女の論文の審査をしました。一般に、政治家の人が再選されないと目標を見失ってしまうが、Maija Rask氏は55歳で大学院に入学して60歳で（この著書を）書いた。

　教育大臣を終えた人物が、学位論文を書くという文化的・社会的背景に驚かされるが、教育大臣であったMaija Rask氏が、学位論文にするほどに、保健科教育に関心を寄せていたという事実がここにある。

7）教科誕生を支えた理念と組織
　しかし一方で、教育大臣が保健科教育に関心を寄せてくれていたからといって、それだけで保健科が教科になるものでもない。それには、学校では保健科教育が重要なものであると、国民に納得してもらうだけの理念が必要になってくる。Leena Paakkari氏は、その著書で、Kannas教授が理念をどのように積み上げていったのかについて、次のように記している。

　　Kannasは、より哲学的な知見から、保健科教育の重要性を考えた。彼は、何が、なぜ、重要な知識と能力として見なされるべきかという問いを掲げた。彼は、全ての人が健康や病気、あるいはそれらに関係する課題を知ること、あるいはどのようにしたら自分や他の人の健康を保持増進できるか、どのようにしたら病気を防ぎ治療できるかを知ることは『権利』であるから、健康について教えないことは倫理的に疑問の余地があると主張した。また彼は、われわれが希求すべき社会や生活環境、社会的財を創造で

きる人的資源は、いかにあるべきかという問いも掲げた。Kannasは、保健科教育の目的が、人々が必要な時に支援と医療を得られる、民主的で能動的に持続発展する福祉社会を形成するためにあるという立場をとった。Well-beingとは、健康的な能力のある人であり、それには健康的に環境を促進することを必要としている[3]。

一方で、「法律が改正される数年前には、前フィンランド体育科教師協会（the former Finish Association of Physical Education Teachers）が、保健科誕生のための大々的なキャンペーンを開始し、その名称を体育保健科教育協会（The Association of Physical Education and Health Education）と変更して[4]」、体育科教育関係者も保健科の教科としての誕生に、ともに協力して後押ししたのである。

8) 法律の改正

2001年、国会は基礎教育法と後期中等学校法の改定を決議し、保健科を教科として誕生させることが決定された[4]。

ただし、注意したいのは、保健科は体育科から独立したわけではない。表1は改正前後の基礎教育法である。見ていただくと、表の左側（改正前）の「公民（Kansalaistaito）」が、右側（改正後）では「保健（Terveystieto）」に置き換わっている。「公民科」を「保健科」に変更する手続きがとられたのである。他方、後期中等教育法では、「高等学校の教科は、第10条に定める通り、次の主要教科、即ち、母国語と文学、第二公用語と外国語、数理自然科学、人文社会科学、宗教または倫理、体育と芸術とともに保健を領域に含んでいなければならない」（下線筆者）とされ、保健は教科として加筆された。すなわち、教科の追加という方法がとられた。

その後、保健科教師が養成されるまでの移行期間は「体育科教師が保健の授

表1　改正前後の基礎教育法

改正前「基礎教育法」	改正後「基礎教育法」（2001）
11項教育の内容：基礎教育の教科は…（中略）…次の主要教科、即ち、母国語と文学、第二公用語、外国語、環境、公民、宗教または倫理、歴史、社会、数学、物理、化学、生物、地理、体育、音楽、図画、工作と家庭を含んでいなければならない	11項の改定教育の内容：基礎教育の教科は…（中略）…次の主要教科、即ち、母国語と文学、第二公用語、外国語、環境、保健、宗教または倫理、歴史、社会、数学、物理、化学、生物、地理、体育、音楽、図画、工作と家庭を含んでいなければならない

※下線筆者

業を進めること 」になったが、2000年代以降の急速な改革の経過は、本節1
項の4)で述べた通りである。

3●比較研究への誘い

　フィンランド語は、（私にとっては）難解な言語であった。しかし、調べれ
ば調べるほど、フィンランドの保健科教育には心を掻き立てられ、「知りたい」
という衝動に突き動かされた。一方で、調査前に配慮すべきこともあった。何
を比較するのかという分析単位の問題である。比較調査の初期段階では強く意
識はしていなかった。反省点である。

　フィンランドと日本では、子ども達が身に付けるべき保健科の「学力」がまっ
たくといっていいほど違っている。それは学力観が日本とは異なっているから
である。子ども達に求められている「学力」は、現実の生活で遭遇する真正の
課題の解決のための意味構成力である。フィンランドの大学入学資格試験の保
健科の問題では、この「学力」を何とかして評価しようとしていた。

＊

　世界にはまだ、保健科教育について明らかにされていない国がたくさんある。
もしかしたら、その中の一つが、あなたが生涯にわたって比較研究し続けられ
る国となるかもしれない。

（小浜　明）

注

＊1　入手可能なフィンランドの保健科教育に関する研究の一部を紹介する。
　　①小浜明「フィンランドの大学入学資格試験における保健科の試験」、『体育学研究』59(2)：pp.
　　　829-839、2014.
　　②小浜明「『センター試験』に保健科目がある国(1)〜(7)」として『体育科教育』62(1)〜63(1)に
　　　随時連載している。
　　③小浜明「フィンランドにおける健康に関する教育─保健の『学力』とは何か─」、『保健科教育研
　　　究』3(1)：p. 25、2018.
　　④Health Education as a real standalone school subject. -A success story from
　　　Finland, Lasse Kannas. 小浜明訳、板野百合恵記録『保健科教育研究』3(1)：pp. 26-30、
　　　2018.
　　⑤小浜明「諸外国にける保健教育」、日本保健科教育学会編『保健科教育法入門』pp. 29-36、大
　　　修館書店、2017.
＊2　Lasse Kannas(ラッセ・カンッナス)。フィンランドの保健を教科としての確立し、その発展に尽力
　　した中心人物。インタビュー時は、ユヴァスキュラ大学スポーツ健康科学部学部長(専門：保健科教
　　育学、大学入学資格試験評議会保健科専門評議員：2005〜2011)だった。
＊3　Leena Paakkari (2012) Widening Horizons. University of Jyvaskyla: Finland, pp. 15-

19. Leena Paakkari氏はユヴァスキュラ大学スポーツ健康学部健康学科のLectuor（インタビュー当時）。専門は保健科教育学。

*4　Pilvikki Heikinaro-Johansson, Risto Telama (2005) Physical Education in Finland. In: Uwe Puhse, Markus Gerber (Eds.), International Comparison of Physical Education: Concepts, Problems, Prospects, Meyer & Meyer Sport: Oxford (UK), pp. 250-271. 1970年代から2000年代前半までの、体育科から見た「健康教育との関係」が記述されている。

*5　質的研究でインタビューの際のデータ収集のための質問構造の一つ。半構造化面接では、大まかな方向性を決めたインタビューガイドに従ってデータ収集のための質問が行われ、対話の流れに合わせて質問を変化させることができ、柔軟にその意見を聞き取ることが可能となる。他方、特定の面談日を決めて行うインタビューなどは、質問項目をあらかじめ相手に渡すことで「形式的」となり、街頭などで直接質問項目をインタビューすることなどは「非形式的」となる。

*6　各項冒頭の教育制度史は、庄司良信・中島博『フィンランドに学ぶ教育と学力』pp. 309-336（明石書店、2005）、福田誠治『フィンランドは教師の育て方がすごい』pp. 55-136（亜紀書房、2009）を参考にした。

*7　Maija Rask氏は1999～2003年の間、教育大臣を務めた。国会議員の期間は1991～2007年。『高校生の健康認識力と健康評価力の現れ』では、2007年の大学入学資格試験における保健教科の問題を現象論的な解釈学的アプローチで分析して、仮説演繹的に分類した。その結果、基礎的・機能的・批判的レベルの上に4つの健康リテラシーを見出したと報告している。その4つとは、「リベラル性」「文化的気づき」「環境的な気づき」「世界状況との関連」であり、健康リテラシーの全体的レベルは、「ヒューマニズム」と「人間の幸福を促進する大志」と述べている。政治家だった彼女の分類は興味深い。

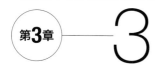

実践研究の事例

1●実践研究を始める意義

　一昔前までは、各学校で実践されてきた保健科の実践報告や学習指導案の紹介等は、学校の研究報告書や紀要などの冊子にまとめられることが多く、その配布先も限られるためごく一部の人しか目にすることはなかった。しかし、現在の情報化社会では、インターネット上で学習指導案や教材の実践例など多くの実践報告を容易に目にすることができる。しかしながら、その多くを容易に検索することができるものの、問題点は山積している。インターネット上に公開されている学習指導案はあくまでも紹介であって、評価に裏付けされているとはいい難く、授業内容の選定や方法も授業者の経験則によって得られた情報を元に作成されている。簡潔に表現するなら、理論に裏付けされた指導方法に基づいて実践がなされていなかったり、保健に関する科学的な認識（原理や概念）が教えられていなかったり、実践のみで評価がなされていなかったりするものが多い。実践された教育が子ども達のためになっているのかどうかの判断においては科学性を欠いているといわざるを得ない。

　さらに、これまでの保健科の実践に関する研究を検索すると、妥当な抽出方法で、妥当な研究デザインにおける研究は非常に少ない。例えば、医学の領域では疾患に対する診断から治療の選択肢について、根拠に基づいた医療 (Evidence Based Medicine) を実施するためのガイドラインが作成されている[1]。具体的には治療法に関するタイトルを設定し、これまでの実践研究の論文を検索して推奨されるか否かを検討している。論文の根拠はランダム化比較研究によるシステマティック・レビューからデータに基づかない専門家個人の意見までをレベル分けをして推奨の強さを導き出している。

　もちろん、医療と教育では対象者の質も目標も大きく異なり医療のようにはならないにしても、教育現場でもガイドラインのようなある程度の研究結果の積み重ねをまとめていく必要性がある。そのため、実践研究の実施にあたって

は、どのような対象者に対して（学年や属性等）、どのような教育内容を行ったのか、どのような教材や方法を用いたのか、どのような結果が得られたのか、という点を明確にする必要がある。実践研究は、文献や調査にて明らかにされた結果を実際に対象者に実践するという意味では、得られた結果は客観性が高く科学性も高い。科学性とは、誰が行ってもその結論に至り、その結論の内容や導き方が客観的で誤りがないことである。学校現場の子どもの教育権を保証しながら、単なる実践報告にならないように、コホート研究や症例対象研究、ランダム化比較研究を実践していかなくてはならない。

　ここでは、2000年以降の保健科の実践研究の中から、論文にまとめられた事例をいくつか取り上げ、それらの研究方法と結果の一部を示す。

2● 小学校体育科保健領域における実践

1) 石井ら[2]による発育に関する肯定的態度の育成を目指す実践研究

①対象者	A県の公立小学校2校、4年生
②実践時間及び教育内容	体育科保健領域「育ちゆく体とわたし」（4時間）、特別活動（学級の時間）「心身ともに安全な生活態度の形成」（2時間）の計6時間
③授業者	教職大学院生（養護教諭）、学級担任
④研究デザイン	対照群付き介入前後比較試験（準実験計画デザイン）
⑤対照群の有無	あり、介入群61人、対照群77人
⑥評価時期	授業1週間前、授業1週間後、授業4週間後、授業中（形成的評価）
⑦評価方法	授業1週間前後・4週間後に発育に関する態度の尺度（石井ら、2018）と小学生自尊感情尺度（荒木、2007）を実施、授業中に授業内容についての理解度と授業内容に対する気持ちを評価
⑧検定方法	二要因の分散分析（第1水準：評価時期、第2水準：群間）
⑨結果	介入群と対照群との比較において体型に関する肯定的な感情に有意差が認められた。また、授業前に体型に関する肯定的な感情が低い児童において効果が認められた。

2) 松下ら[3]によるけがの防止の実践研究

①対象者	B県の公立小学校3校、5年生
②実践時間及び教育内容	体育科保健領域「けがの防止」（3時間）
③授業者	同一の小学校教諭
④研究デザイン	介入前後比較試験
⑤対照群の有無	あり、介入群人数不明、対照群人数不明
⑥評価時期	授業前、授業直前、授業1ヶ月後
⑦評価方法	けがの防止に関する知識テスト、授業後のけがの発生件数

⑧検定方法	検定なし
⑨結果	介入、対照群ともに授業後のけがの防止に関する知識は高まった。また、授業1ヶ月後は介入群の知識がより高まり対照群は低下した。けがの発生件数は、介入群は減少したが対照群は増加した。

3) 菊池[4]による心の健康の実践研究

①対象者	A県の公立小学校3校、5年生
②実践時間及び教育内容	体育科保健領域「心の健康」（1時間）
③授業者	筆者
④研究デザイン	対照群付き介入前後比較試験
⑤対照群の有無	なし、介入群238人、ただし授業前に介入群50人に対して授業1ヶ月前と授業直前に調査を実施している
⑥評価時期	授業1ヶ月前、授業直前、授業10日後
⑦評価方法	小学生版QOL尺度
⑧検定方法	t検定
⑨結果	授業後評価尺度の自尊感情、身体的健康、学校の項目が上昇した。

4) 坂本ら[5]による食に関する実践研究

①対象者	C県の公立小学校1校、6年生
②実践時間及び教育内容	体育科保健領域「生活の仕方と病気」（2時間）、特別活動（学級の時間）「食に関する指導」（1時間）の計3時間
③授業者	栄養教諭、学級担任
④研究デザイン	介入後比較試験
⑤対照群の有無	なし、介入群40人
⑥評価時期	授業直後、授業1ヶ月後
⑦評価方法	授業のワークシートの分析（カテゴリー化）、鑑賞文の分析、授業1ヶ月後に行動目標の達成度を評価（セルフモニタリング）
⑧検定方法	Wilcoxonの符号付順位検定
⑨結果	多くの児童が設定した行動目標を達成することができた。

3●中学校保健体育科保健分野における実践

1) 佐見ら[6]による市販薬の使用における副作用の罹患性の自覚を高める実践研究

①対象者	国立大学附属中学校1校、3年生
②実践時間及び教育内容	保健体育科保健分野「医薬品の利用」（1時間）
③授業者	筆者
④研究デザイン	対照群付き介入前後比較試験（準実験計画デザイン）
⑤対照群の有無	あり、介入群（副作用の罹患性の自覚に視点をあてた授業）80人、対照群（自然治癒力に焦点をあてた授業）80人
⑥評価時期	授業1週間前、授業1週間後、授業3ヶ月後

⑦評価方法	副作用の罹患性の自覚・副作用への意識・副作用予防行動の自己効力感・市販薬の意識：計10問、授業後の感想文の分析
⑧検定方法	Friedman検定、Wilcoxonの符号付順位検定
⑨結果	副作用の罹患性の自覚に焦点をあてた授業は授業前・後・3ヶ月後に副作用への意識と罹患性の自覚の意識が高まった。また感想文からは副作用の身近さの実感を記述しているものがいた。自然治癒力に焦点をあてた授業では授業後に副作用への意識や副作用予防行動の自己効力感が低下した。

2) 上田ら[7]による医薬品の正しい使い方の実践研究

①対象者	A・B市の中学校2校、2・3年生
②実践時間及び教育内容	保健体育科保健分野「医薬品の利用」（2時間）
③授業者	筆者（保健体育科教諭）
④研究デザイン	介入前後比較試験
⑤対照群の有無	なし、介入群254人
⑥評価時期	授業1週間前、授業1ヶ月後
⑦評価方法	一般医薬品の使用状況、医薬品に関する知識・理解、医薬品の不適切な使用、医薬品の学習に対する意識
⑧検定方法	Wilcoxonの符号付順位検定、McNemer検定、t検定
⑨結果	授業の結果、医薬品に関する基礎的な知識、医薬品の学習に対する意識が向上した。しかし、医薬品の不適切な使用行動においてはわずかな改善しか見られなかった。

3) 江藤[8]による喫煙・飲酒のきっかけの実践研究

①対象者	C市公立中学校1校、3年生女子
②実践時間及び教育内容	保健体育科保健分野「喫煙・飲酒のきっかけ」（1時間）
③授業者	保健体育科教諭
④研究デザイン	介入後試験
⑤対照群の有無	なし、介入群35人
⑥評価時期	授業後
⑦評価方法	喫煙や飲酒のきっかけに関する認識、グループごとの広告分析の結果、保健授業評価票（七木田、2002）
⑧検定方法	なし
⑨結果	喫煙や飲酒のきっかけについて広告やテレビCMについて認識がされていない。グループでの広告分析から保健の授業に対する有益性や協力を高めることができた。

4) 吉本ら[9]による喫煙・飲酒・薬物乱用の要因と適切な対処の実践研究

①対象者	国立大学附属中学校1校、3年生
②実践時間及び教育内容	保健体育科保健分野「喫煙・飲酒・薬物乱用の要因と適切な対処」（1時間）
③授業者	保健体育養成課程大学4年生
④研究デザイン	対照群付き

⑤対照群の有無	あり、介入群（事前課題＋アクティブ・ラーニング群）40人　（アクティブ・ラーニング群）39人、対照群（講義群）38人
⑥評価時期	授業前、授業後
⑦評価方法	喫煙・飲酒・薬物乱用の要因や対処に関する知識、思考の状況についての主観的評価、学習活動への積極的な参加・思考、保健授業評価票（七木田、2002）
⑧検定方法	McNemer検定、χ^2検定、残差分析、t検定
⑨結果	ワークシート形式の事前課題を設定した上でアクティブ・ラーニングを促す活動を導入した授業は、思考活動の活性化、学習活動への積極的な参加、授業に対する意欲的な取組において成果が見られた。

4● 高等学校保健体育科科目保健における実践

1）冨岡ら[10]による医薬品の有効性や副作用及び正しい使用法の実践研究

①対象者	A高等学校1校、2年生
②実践時間及び教育内容	保健体育科科目保健「医薬品の利用」（1時間）、総合的な学習の時間（1時間）
③授業者	筆者（保健体育科教諭）
④研究デザイン	対照群付き介入前後比較試験（準実験計画デザイン）
⑤対照群の有無	あり、介入群293人、対照群414人
⑥評価時期	授業前、授業後
⑦評価方法	一般医薬品の使用実態、医薬品に関する知識・理解、医薬品の学習に対する意識、授業の感想
⑧検定方法	Wilcoxonの符号付順位検定、Mauu-Whitney U検定、McNemer検定、t検定
⑨結果	授業の結果、医薬品に関する基礎的な知識や理解度、医薬品に対する意識が向上した。しかし、医薬品を正しく使用する行動については若干の改善しか見られなかった。

5● 保健科の実践研究のまとめ

　保健科の実践研究の数は少なく、特に高等学校における実践研究が少なかった。研究デザインとしては対照群付き介入前後比較試験の研究もあれば介入前後比較試験の研究もあった。さらに、客観的な評価に裏打ちされた実践がなされていない研究もあった。筆者も数は多くはないが実践研究を行ってきたが[11][12]、現場に役立つ研究をして理論を構築し、理論に基づいた実践を評価して次の研究に活かすといったスタンスで研究を進めている。山本[13]は科学研究と実践研究の関係について、「実践研究は車の車輪のように互いの長所を提供し合うとともに、限界を補完しあって前進する。そして、どちらかの価値が高い低いということではなく、両者には対等の価値があることを認識する必要がある」

としている。教員が多くの子どもや保護者、他の教員からの信頼を得てその職務を遂行するにあたっては、大学と学校現場がともに共同の実践研究を行い、エビデンス（科学的根拠）を自ら作り出す努力を惜しんではならないと考えている。

＊

　保健科の実践研究を行うにあたっては、授業改善のためにアイデアを考え、工夫の積み重ねを行う場合もあれば、海外等で実践されている授業形態や授業方法を導入して展開される場合もある。また、教材等を開発する研究団体が紹介しているものを実践していく場合もある。どの方法を用いるにしても、授業を実践するにあたっては、学習指導案を作成することになる。学習指導案は、子どもを変革する仮説[14]、授業展開の青写真[15]とされている。魅力ある保健の授業を展開するにあたっては、授業の構想や計画をより具体的に文章で示した優れた学習指導案を作成する必要があり、研究でいうところの仮説にあたる。学習指導案の設計が精密であれば、介入後の評価検討がより明確になり、その効果や問題点が明確に浮かび上がるとともに、その後の方向性も的確に見出すことができる。

　佐伯[16]は、授業研究が研究的であろうとすればするほど実践から乖離し、教師が持ち得る具体的認識が失われ、平板な一般化と理論化が行われ、実践研究が栄えて授業が滅ぶと述べている。実践研究を実施する場合、研究としてバイアスを減らし、科学的に実践することとともに、保健の授業は子ども達が毎日を生き生きと過ごすための糧であることを忘れずに、楽しみながら実践することが期待される。

（山田浩平）

参考文献

1) 日本リンパ浮腫学会『リンパ浮腫診療ガイドライン 2018年版 第3版』金原出版、2018.
2) 石井有美子・西岡伸紀「発育に関する肯定態度の育成を目指す小学校4年生を対象とした指導の評価」、『学校保健研究』61：pp. 73-86、2019.
3) 松下健二・安藤毅・小原健治「健康行動の実践化をめざす保健授業の開発に関する研究」、『日本教科教育学会誌』25：pp. 51-60、2002.
4) 菊池紀美子「学校教育におけるエゴグラムを用いた心の教育プログラムの有効性について―小学校5年生の保健学習『心の健康』の中での実践から―」、『学校保健研究』53：pp. 429-436、2011.
5) 坂本達昭・萩真季・春木敏「6学年体育科保健領域と学級活動における食に関する指導の試み―健康的な生活習慣の形成を目指した授業実践―」、『学校保健研究』54：pp. 440-448、2012.
6) 佐見由紀子・植田誠治「市販薬の使用における副作用の『罹患性』の自覚を高める保健の授業」、『日本健康教育学会誌』25（4）：pp. 269-279、2017.
7) 上田裕司・鬼頭英明・西岡伸紀・富岡剛「中学校学習指導要領による医薬品に関する授業実践研

究」、『学校保健研究』55：pp. 220-227、2013.

8) 江藤真生子「中学校保健授業における『広告分析』授業の検討─生徒の思考力に及ぼす影響に関する一考察─」、『琉球大学教育学部教育実践総合センター紀要』18：pp. 153-161、2011.

9) 吉本篤史・久保元芳・鈴木智喜・加賀美愛「事前の学習課題を設定した中学校の保健授業の実践的研究─アクティブ・ラーニングの効果的な実施を目指した試み─」、『宇都宮大学教育学部教育実践紀要』3：pp. 183-190、2017.

10) 冨岡剛・上田裕司・鬼頭英明・西岡伸紀「新高等学校学習指導要領による科目『保健』の医薬品に関する授業実践研究」、『教育実践学研究』13：pp. 21-30、2012.

11) Yamada, K., Ohtsu, K., Maeuezato N. : Effective Teaching-Learning Process for Training Assertive Communication Skills, International Journal of School Health, Vol. 9: pp. 45-58, 2013.

12) 山田浩平・前上里直「自己認識スキルを効果的に形成するための学習指導過程の開発─認識形成と自己効力感形成の導入効果─」、『思春期学研究』31：pp. 376-383、2013.

13) 山本正嘉「体育・スポーツ分野における実践研究のあり方と方法論─スポーツ選手を対象としたトレーニングの研究を例に─」、『スポーツパフォーマンス研究』2017ed：pp. 12-34、2017.

14) 小倉学『現代保健科教育法』pp. 270-279、大修館書店、1974.

15) 斎藤喜博『授業の展開』国土社、1971.

16) 佐伯胖他『学校の再生を目指して』東京大学出版会、1992.

■執筆者一覧（執筆順，＊は編集委員）

今村　修＊　　　東海大学名誉教授 ……………………序章第1節，第1部第2章補節

野津有司＊　　　筑波大学教授／同大学附属中学校校長 …序章第2節，序章第3節，第2部第1章第1節

上地　勝　　　　茨城大学教授 ……………………………第1部第1章第1節

植田誠治＊　　　聖心女子大学教授・副学長 …………第1部第1章第2節

横嶋　剛　　　　スポーツ庁教科調査官 ………………第1部第1章第3節

物部博文　　　　横浜国立大学教授 ………………………第1部第1章第4節

長岡　知　　　　順天堂大学准教授 ………………………第1部第1章第5節

今関豊一　　　　日本体育大学教授 ………………………第1部第1章第6節

七木田文彦　　　埼玉大学准教授 …………………………コラム1

山本浩二　　　　文教大学准教授 ………………第1部第2章第1節，第2部第2章第6節

野村良和＊　　　筑波大学名誉教授 …………第1部第1章第4節，第1部第2章第2節

岡出美則　　　　日本体育大学教授 ………………………第1部第2章第3節

森　良一＊　　　東海大学教授 ……………………………第1部第2章第4節，コラム2

岡崎勝博＊　　　東海大学教授 ……………………………第1部第2章第5節

荒井信成　　　　白鷗大学准教授 …………………………第1部第3章第1節

藤原昌太　　　　了德寺大学講師 ……………第1部第3章第2節，第2部第1章第3節

西岡伸紀　　　　兵庫教育大学教授 ………………………第1部第3章第3節

伊佐野龍司　　　日本大学准教授 …………………………第1部第3章第4節

助友裕子　　　　日本女子体育大学教授……………………第1部第3章第5節

木原慎介　　　　東京国際大学専任講師………………………コラム3

片岡千恵　　　　筑波大学助教 ………………第2部第1章第1節，第2部第1章第7節

岩田英樹　　　　金沢大学教授 ……………………………第2部第1章第2節

久保元芳　　　　宇都宮大学准教授 ………………………第2部第1章第4節

小浜　明　　　　仙台大学教授 ………………第2部第1章第5節，第2部第3章第2節

徐　広孝　　　　静岡産業大学専任講師………………………第2部第1章第6節

杉崎弘周　　　　新潟医療福祉大学准教授…………………第2部第2章第1節

佐見由紀子　　　東京学芸大学准教授 ………第2部第2章第2節，第2部第2章第3節

赤田信一　　　　静岡大学准教授 …………………………第2部第2章第4節

菅沼徳夫　　　　大阪体育大学准教授 ……………………第2部第2章第5節

山合洋人　　　　筑波大学附属駒場中・高等学校教諭………第2部第2章第5節

渡部　基　　　　北海道教育大学教授 ……………………第2部第3章第1節

山田浩平　　　　愛知教育大学准教授 ……………………第2部第3章第3節

保健科教育学の探究──研究の基礎と方法

©IMAMURA O., UEDA S., OKAZAKI K., NOZU Y., NOMURA Y., MORI R., 2020

NDC375 / viii, 324p / 21cm

初版第1刷────2020年4月20日

編著者──────今村修・植田誠治・岡崎勝博・野津有司・
野村良和・森良一

発行者──────鈴木一行

発行所──────株式会社 大修館書店

〒113-8541　東京都文京区湯島2-1-1

電話 03-3868-2651（販売部）　03-3868-2298（編集部）

振替 00190-7-40504

［出版情報］https://www.taishukan.co.jp/

装丁・本文デザイン──石山智博

組　版──────加藤　智

印刷所──────横山印刷

製本所──────牧製本

ISBN978-4-469-26892-8　　　Printed in Japan